U0330246

大夏书系 | 语文之道

深究学理 教语文

程翔
语文课例
探析

刘 兆 刚 / 著

SHENJIU XUELI
JIAO YUWEN

华东师范大学出版社
·上海·

目录
Contents

前言

程翔老师说:"我走上自觉探索学理观照下的语文教学之路,教有所依,讲有所据,练有所控。"所谓"学理",就是必须遵循的教育教学的原理和法则,包括已有的和新生的。比如,阅读教学的学理包括汉语学原理、阅读学原理、文艺学原理、语言学原理、教学论和课程论原理,而写作教学的学理包括写作学原理、文章学原理、文体学原理、叙事学原理。

本书旨在探析程老师"课例"的基本学理。选取的课例是程老师40多年教学生涯的智慧结晶。程老师把这些课例称为"课堂作品",正如首都师范大学张彬福教授对程老师的课堂评价:"每一节课都是智力创作的成果。"本书所选取的课例不仅指教学实录、教学设计,还包括体现其课堂教学艺术的研究论文。

研读程老师的课例,宛如走进清幽的山林,令人流连忘返;又如观赏潺潺的溪流,清澈见底。程老师的课堂散落着珍珠般的"语文要素",那是学生把玩语文的珍宝;顺着程老师的课堂一路前行,学生或喜笑颜开,或沉思冥想,或激烈讨论,活泼泼的少年在课堂上尽显青春的活力。那是因为程老师"眼中有学生"。如何让学生在课堂的当下展现生命的历程?程老师告诉我们:应当树立课堂生命观。程老师的课堂教学,注重学生全面发展。他提出"三个不可怕",即"成绩落后不可怕,但要努力学习;家庭贫寒不可怕,但要有志气;长相不好不可怕,但要有一技之长"。在他的课堂中,关爱学生,与学生亲切交谈,培养学生的独立人格,须臾不离。他认为人性教育当属语文教育的灵魂,美好的人性——"良心、宽容、尊重",是教学中难以量化的,也是教育中最为重要的。

程老师的语文教学过程就是读、写、听、说、思的实践活动过程，培养学生的语文素养，是他的永恒追求。程老师潜心研究，以学术的眼光从事教育教学工作。因此，他的课堂阅读教学边界清晰。凡是学生能够在课堂上完成的，绝不增加学生的课业负担。他不提倡课前预习课文，总是让学生在课堂上阅读。目的是让每一名学生都有时间感受文本，在学生体验的基础上进行施教，以此避免隔靴搔痒，学生跑野马，而教师一厢情愿地夸夸其谈，以致各行其是，无效教学。程老师的课堂始终围绕阅读的能力点，启发学生内化吸收，形成素养。如此，提高了课堂阅读教学效率。学生喜欢这种高效的课堂，因为他们经历了"对课文理解由误及正、由浅入深的曲折经历"。

生成性是程老师探索学理的重中之重。学生参与到学习中，教师只是引导、点拨、启发、释疑，读、写、听、说、思全部由学生去完成。学生亲历课堂，由不会到会，由无趣到有趣，由不喜欢到喜欢，在文字的汪洋大海中搏击，享受生命的绽放，不仅吮吸知识，更重要的是获得了精神的成长。

在文言文教学中，程老师引领学生走进中国古代灿烂的文化，不回避对字词的解释与翻译，言文并重，总是让学生在阅读中感悟，在翻译中理解，在理解中走进古人的内心世界。他借助想象还原的方法，让学生走进课文。比如，教学《离骚（节选）》，他说"老师读这些句子有时想哭，同学们有没有这种情感"。程老师不仅自己走进了文本，还"调动学生的情感因素与课本的情感因素进行对接"，从而实现情感参与。教师的启发引导和熏陶感染，让学生真切感受到人物的情感，实现情感的碰撞和共鸣。学生在程老师的课堂上欲罢不能，为人物的命运而感动。学生成为作者、课文中的人物，与他们休戚与共，被人物伟大的灵魂洗礼——"屈原追求高远完美的理想，但是难以达到。然而正是因为有了这样的追求，人类才有希望"。语文的工具性，在人文精神的观照下，更加熠熠生辉。程老师认为，语文还具有民族性。中华民族的伟大精神在周敦颐《爱莲说》的"出淤泥而不染"中绽放；司马迁写《屈原列传》，为屈原遇到小人而悲悯。程老师说，"屈原遇到的小人，在这个世界上没有绝迹""同学们记住，上官大夫这种小人，过去有，现在有，将来还会有"，但"屈原对祖国深深的热爱，说明他具有高尚的人格"。因此，他说："教育是用真诚孕育真诚，用真实铸就真实——这是人性中最本质的东西。"

程老师认为，课堂阅读教学的基点是学情。学生的知识背景、生活经历不同，他们对课文的领会千差万别。基于此，他提出课堂阅读教学只要达到"基本理解"就可以了；不苛求学生整齐划一，能理解多少就是多少；要允许学生"背不过"，允许学生不喜欢课文。程老师的课例呈现的是真实的课堂。一篇课文学生可以用一生的时间来"后续理解"，他们会不断产生新的认识。程老师说，课堂允许学生出错，这正是教学的起点。教师的课堂教学艺术，正是在对学生的引导过程中体现的。比如，教学《谁是最可爱的人》，"防空洞谈话"这个故事，学生不喜欢，对所表现出来的战士对祖国的"忠"，很难理解到。程老师通过换词比较，顺着学生的思维，一步步引导、点拨，学生明白了战士的"吃苦"是有思想准备的，对祖国和朝鲜人民的要求则没有准备，所以"想了一下"。这一改大而无当的"英雄主义""国际主义""乐观主义"的标签化教学。课堂中，学生的学习真实发生。

而写作教学，程老师探索易学、管用、可操作的教学模式，克服了写作教学的随意、低效，代之以写作的系列化。从主题到文体，从语言到结构，从写前、写中到写后的讲评，形成一套行之有效的单元教学模式。比如《写作课设计：脉络句训练法》，程老师从训练学生写作的结构入手，探索如何写出结构严谨、富有美感的文章样态。学生易学，教师易操作。再如《写作课设计：学写咏物作品》用了六课时，每课时有目标、有设计，操作性强，让学生把托物言志的方法学到手，会运用。程老师主张，写作"要写学生心灵的疼痛"，不能无病呻吟，不痛不痒；要说真话，做真人，文如其人。程老师热爱文学，常常写下水文，深谙文章规律。因此，他的写作教学科学而高效，遵循写作规律，坚信"作文是可教的"理念。在他的写作教学之路上，美丽之花处处开。

程老师的课堂，教学设计框架易学。阅读教学往往遵循文章的结构施教，从文章的第一段到结尾，寻找教学的切入点，或一线串珠，或中间开花，或顺藤摸瓜……比如，教学《孔乙己》，运用台阶式教学，在"在笑声中出场—在笑声中度日—在笑声中死去"三个台阶上攀登；教学《背影》，运用"问题导学模式"，由"原始阅读"产生"原始理解"，进而产生问题，再沿着问题，寻找"作者意"，之后在教师引导下，产生"读者意"，实现基本理解；教学《秋天的怀念》，借助气声朗读，还原人物情感世界，从而传达文章的本意；教学《纪念白求恩》，采取与同题材文章相比较的方式探究文章写作特点及写作目的；教学《窗》，通过质疑教学，开展探究性学习，培养学生的批判性思维；教学《雷雨》，借助"话轮转换"的理论来解读话剧，使学生成为一名专业阅读者；教学《天文学上的旷世之争》，紧扣科学论文的非文学作品特点，运用语文的话语体系进行解读；教学《在马克思墓前的讲话》，围绕学生语文关键能力的提升，将学到的语文因素迁移到自己的写作中去，使语文知识系统化，语文能力程序化，阅读和写作一体化。

课例中的教学细节，体现出程老师的教学艺术——教学内容的确立、教学问题的设计、教学要素的安排、教学环节的推进、教学活动的设置、教学语言的灵动、教学形式的创新等，在程老师的课例中尽显。由于个人学养浅薄，难免有评析不到位之处，恳请读者朋友以此为契机，深入研究，让语文的百花园熠熠生辉。这里化用诗句，"咬定青山不放松，立根本在语言中"，抓住语言的缰绳，变"预设"为"生成"，努力提高学生的语文核心素养，是研究程翔语文课例的精髓所在。再次向读者朋友表示衷心的感谢！

刘兆刚

2024 年 5 月 20 日于深圳

第一辑

现代文
课例探析

台阶式教学

——以《孔乙己》课例为例

教学
背景

课例
呈现

年级：初三 / 课时：两课时

《孔乙己》教学实录 ①

第一课时

师： 上课。同学们好！

生： 老师好！

师： 鲁迅先生是伟大的文学家。他一生写了很多脍炙人口的小说。同学们回忆一下，以前学过鲁迅先生的哪些小说？收入了哪本小说集？

生： 《故乡》《社戏》《从百草园到三味书屋》，收入《呐喊》。

生： 《从百草园到三味书屋》是散文，不是小说。

师： 纠正得好。《从百草园到三味书屋》是回忆性散文，收入《朝花夕拾》。鲁迅先生一生写了33篇白话小说。有一次，他的朋友孙伏园问他："在先生的小说中，您自己最喜欢的是哪一

---

① 程翔．我的课堂作品（修订版）[M]．北京：商务印书馆，2023：11-20.

篇？"鲁迅先生说："是《孔乙己》。"不仅鲁迅自己喜欢，很多读者也喜欢这篇小说。著名作家巴金先生说："《孔乙己》写得多好啊！"（板书：孔乙己）这篇小说写于哪一年？

生：（众）1918年冬。

师：对。这是继《狂人日记》之后，鲁迅先生的又一篇白话小说。下面请同学们把课文读一遍。

（生读课文，约15分钟。）

师：读完了吗？

生：（众）读完了。

师：初步感受如何？

生：孔乙己很可怜。

师：这个感受不错。孔乙己是小说中的主要人物，他的一生的确让人同情。可是小说里有人同情他吗？

生：没有。

师：孔乙己生活的社会环境是很恶劣的。鲁迅先生先用了三个段落来写当时的社会环境。请同学们看书，这三段社会环境描写与表现孔乙己是什么关系？

生：写了两种喝酒的人，还写了人与人之间的冷漠关系。

师：写两种喝酒的人，与表现孔乙己有何关系？

生：为孔乙己出场做铺垫。孔乙己不属于这两种人。

师：好。孔乙己具有特殊的身份，第四段第一句话点明了。"孔乙己是站着喝酒而穿长衫的唯一的人。"请同学们在这句话旁边写一句旁批：孔乙己具有特殊的身份。

（生写）

师：那么他特殊在哪呢？

生：他是读书人，所以与靠种地为生的短衣帮不同。他参加科举考试，没有考上，穷愁潦倒，与长衫主顾也不同。

师：说得好。看看作者是如何描写他的。

生：描写了他的肖像、穿着和语言。

师：请一位同学读一遍。

（一生读课文）

师：孔乙己没有考上，反倒沾染了一身的迂腐气，说话总是酸溜溜的。来显示他的什么？

生：读过书。

师：读过书有什么值得炫耀的？

生：过去是"万般皆下品，唯有读书高"。

师：说得好。孔乙己深受其害。同学们看书，孔乙己是在人们的什么声中出场的？

生：笑声。

师：谁来给同学们读一遍？

生：我来试试。

（生读课文）

师：读得如何？

生：声音洪亮。不过，人物对话没有读好。

师：你听得很仔细。你来读一遍怎么样？

（生读课文）

师：怎么样？

生：（杂）有进步。

师：注意这句话："什么清白？"是问号。问号怎么读？"什么"之后顿一下，然后读出问的语气。可以加一个破折号："什么——清白？"下面请同学们听老师读这一部分。（师读，从"孔乙己一到店"到"店内外充满了快活的空气"。）

这里有语言描写，有动作描写，有神态描写。请同学们找出一个典型例子来分析一下。

生："排"字用得好。他明明很穷，却偏要在人面前摆阔气。

师：我看到有一种观点，是这样解释的："排"字既表示分文不少，自己是个规矩人，又表示对短衣帮的取笑若无其事，以掩饰内心的不安，活画了孔乙己拮据穷酸的本相。有道理吗？（生点头）有的。继续说。

生： 别人对他说话是"叫""嚷"，可见对他很不放在眼里。

生： 作者用"青筋条条绽出""争辩"来描写孔乙己的神态，很生动。

生： 孔乙己说自己"窃书不能算偷……窃书！……读书人的事，能算偷么？"，显得特别迂腐。

师： 同学们说得都很好。（板书：孔乙己　在笑声中出场　迂腐）请同学们写下来。这节课先上到这里。我们休息一会儿。

第二课时

师： 我们接着学习《孔乙己》。请一位同学读第五段。

（生读）

师： 这一段从叙述方式上说属于什么呢？

生： 是插叙吗？

师： 是的。这段插叙的作用是什么？你们讨论一下。

（生讨论）

师： 说一说吧。

生： 介绍了孔乙己的身世经历，让读者更多地了解他。

生： 这段插叙让读者觉得孔乙己这个人不怎么坏。

师： 使这个人物更加丰满了。这段插叙极其简练。如果拉长的话，可以写成一部长篇小说。比如可以写他读书的经历、科举考试的经历、落榜的经历、穷困的生活、写的一手好字、偷笔墨纸砚等。可以说，这段时间的跨度可能是十几年、几十年，是孔乙己的主要人生经历。要拍电视剧，怎么也能拍十多集。但是，鲁迅先生只用这一小段就介绍完了。那么，孔乙己在酒店的这段生活有多长呢？充其量一年。为什么？由此可以知道作者表现的重点。作者是借咸亨酒店这个特殊地点来集中表现孔乙己的悲剧人生，来展示酒店的人的精神状态。小窗口写大境界。好了，作者又把镜头拉回到眼前来。请同学们读。

（生读，从"孔乙己喝过半碗酒"到"店内外充满了快活的空气"。）

师： 哪几个词语用得好？

生： "不屑置辩"和"颓唐不安"用得好。

师： 分析一下。

生： 别人问孔乙己："孔乙己，你当真认识字么？"这个问题在孔乙己看来还用问吗？这不明明看不起我吗？我能不认识字吗？所以他"不屑置辩"。可是当别人问他"你怎的连半个秀才也捞不到呢？"，这话戳到了孔乙己的心上，于是他就像泄了气的皮球，变得"颓唐不安"。

师： 这两个成语形成了鲜明的对比，表现出科举考试失败对孔乙己来说影响是多么深刻啊！请同学们写下这句话，作为旁批。

（生写）

师： 同学们有问题吗？

生： 老师，作者写人物说话，为什么不用冒号？

师： 这个问题问得好。标点符号的使用一开始并没有统一的标准。1920年，当时的教育部才发布采用新式标点符号的训令。本篇小说写于1918年，冒号的使用并不规范。早在《狂人日记》中，鲁迅先生已经开始使用冒号了，但不是用在人物话语前面，而是用来做解释。同学们如果有兴趣，可以去找相关资料看一看。下面，请同学们自读七、八段，画出描写孔乙己语言、动作和神态的句子。

（生读七、八段）

师： 在第八段中，作者对孔乙己的言、行、神态刻画得十分生动。请一位同学来模仿一下。

（一生模仿孔乙己）

师： 这位同学摇头晃脑，模仿得很像。你有表演的才能。请同学们考虑，孔乙己伸开五指将碟子罩住，是真心不让小孩吃豆吗？

生： 是的。

师： 如果真心不让小孩吃豆，他就不是"罩住"碟子了，而应该是"捂住"或"盖住"。"罩住"这个动作，手指间漏出缝隙，小孩可以看见碟子里的豆。

生：孔乙己逗小孩玩呢。

师：好。这反映了他什么性格？

生：善良。

师：对。（板书：善良）刚才同学们笑了。孔乙己就是在人们的笑声中度日的。（板书：在笑声中度日）孔乙己来到酒店，店内外就充满了快活的空气。下一段写道："孔乙己是这样的使人快活，可是没有他，别人也便这么过。"这段话有什么深刻含义吗？

生：孔乙己虽然让人快活，但是没有人在乎他。他的社会地位很低，有他没他无所谓。

师：你说得很好。他是一个可有可无的人。

（生写旁批：他是一个可有可无的人）

师：接下来一段请一位同学读。

（一生读课文）

师：这一段是通过人物对话来叙述情节的。同学们听两个人的对话，有何感触？

生：孔乙己是旧习不改。

师：那就是说，他被打折腿，是罪有应得，是吗？作者就是要表现孔乙己遭受惩罚，是吗？

生：不是。我感到两个人都很冷漠。孔乙己被打折腿，他们无动于衷。

师：那么作者要表现什么呢？

生：人情冷漠。

师：是人心麻木！同学们接着往下看，孔乙己最后一次出场。听老师来读。

（师读课文倒数第三段）

师：同学们还能笑得起来吗？

生：笑不起来了。

师：可是掌柜的还在笑！同学们，酒店的酒客，还有掌柜的，是坏人吗？不是。从本质上说，他们都是善良的百姓，他们对自己的同胞非但不伸手帮一把，反而嘲笑、讽刺、挖苦。这是多么荒唐、无知、麻木啊！一个民族遭受了创伤，固然是可悲的，但是当这个民族不去医治这创伤，反而在围观鉴赏这创伤的时候，才是真正的可悲呀！鲁迅先生说："暴君的臣民，只愿暴政在他人头上，他却看着高兴，拿'残酷'做娱乐，拿'他人的苦'做赏玩，做慰安。"鲁迅先生写出了国民的劣根性。孔乙己说："不要取笑！"这四个字使我们心灵上产生多么大的刺痛！多么沉重！笑中也有泪，乐中也有哀。以喜剧的手法表现悲剧的主题，是本篇小说最突出的写作特点。请同学们把这句旁批写下来。

（生写）

师：老师讲到这里，想问同学们一个问题：鲁迅先生为什么要表现百姓的麻木呢？

生：因为麻木的民族是没有希望的。

师：好！为他鼓掌！还有吗？

生：因为鲁迅希望祖国强大起来。

师：对呀！鲁迅深深热爱着中华民族。当他看到这个民族的劣根性后，他就要用笔来唤醒民众。读鲁迅的作品，我们会深切感受到他的这种情怀。下面，我们把最后两段齐读一遍。

（生齐读最后两段）

师："大约孔乙己的确死了。"这是个病句吧？请同学们改一改。

生：不是病句。看似病句，其实表现了一种深刻含义。

师：什么深刻含义？

生："大约"的意思是，孔乙己究竟在什么具体时间死的，不知道。但孔乙己穷困潦倒到了这种地步，一定活不长。"的确"表现他悲剧的必然性。

师：你的水平很高，很到位。孔乙己就这样在人们的笑声中死掉了。（板书：在笑声中死去）孔乙己的死引起人们的关注了吗？

生：没有。

师：请同学们用比喻句来表现孔乙己死得静悄悄。

生：他的死就像树上无声地落下了一片叶子。

生：他的死就像田野里悄悄枯死了一棵小草。

师：很好。孔乙己是一个"苦人"。他在笑声中出场，在笑声中度日，最后在笑声中死去。他一直到死，也不知道自己究竟是怎么死的。他本身也麻木。（板书：麻木）同学们，我们对孔乙己持什么态度？

生：同情。

师：好。鲁迅先生说："哀其不幸，怒其不争。"（板书：哀其不幸，怒其不争）最后，我留给同学们一道思考题：小说中的"我"，是鲁迅先生吗？

生：不是。是第一人称的手法。

师：对。作者为什么让一个小伙计来担任叙述者呢？换句话说，这个"我"为什么是小伙计，而不是酒店的掌柜呢？请同学们写 200 字的答案。可以上网查找资料。这节课就上到这里。下课，同学们再见！

生：老师再见！

（注：教学实录略有删改。）

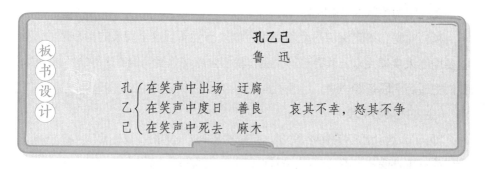

点评

程翔老师认为，课堂阅读教学是以"课堂"为时空边界，有其自身的规律。他经过实践，探索出课堂阅读教学的三个层级目标，即初级目标"习惯、积累和了解"，中级目标"体验、感悟和揣摩"，以及高级目标"评价、鉴赏和探究"，由此形成了课堂阅读的"台阶式教学"。程老师在全国首届中青年语文教师课堂教学观摩会上执教的《孔乙己》，获得一等奖。下面就以该课例为例，来谈谈"台阶式教学"。

一、奠定基调，导入课堂

师生进入课堂，犹如进入一个"场"，彼此紧密相连，享受当下生命的快乐。教学伊始，程翔老师问学生："同学们回忆一下，以前学过鲁迅先生的哪些小说？收入了哪本小说集？"这看似不经意的一问，使学生前后勾连。一位学生说："《故乡》《社戏》《从百草园到三味书屋》，收入《呐喊》。"学生回答错了，教师并未纠正，而是让学生纠错，明确了文体。显然，程老师遵循文体教学的原则。他把学生引入对话的情境——鲁迅与其朋友孙伏园的对话，以及著名作家巴金的评价。如此，师生对话，学生进入"语言场"，既富有语文味，又文化味十足。教师把同作者的同文体文章关联在一起，教给学生要善于链接已知的方法，这是积累，又是在培养思维习惯。学生的探究欲望被"喜欢"一词紧紧抓住，触发思考：文章到底好在哪里呢？

这样的导入，把学生从课外引入课内，集中了学生的注意力。它不仅让学生了解和积累了文体知识、文学常识，还培养了学生的思维习惯，为进入课文的学习奠定了课堂基调。那么，如何切入课文呢？

二、原始阅读，迈上台阶

程翔老师说："阅读课的第一步就是学生读书，教师不说过多的话，静静地观察学生读书。"[1] 他还说，"学生要有原始阅读的感受""没有亲身体验，他的学习就隔了一层，就没有进入学习的过程中来"。[2] 学生对课文有了第一印象，才能形成自己的阅读感受，进而对课文进行个性化的理解。

程老师让学生花了15分钟把课文读完，而后学生说出自己的原始体验，感受到孔乙己很可怜。程老师引导学生学习社会环境描写，破解孔乙

---

① 程翔. 课堂阅读教学论 [M]. 杭州：浙江古籍出版社，2005：125.
② 程翔. 一个语文教师的心路历程 [M]. 北京：清华大学出版社，2009：63.

己"可怜"的原因是恶劣环境使他变成了特殊的人。教师设问："请同学们看书，这三段社会环境描写与表现孔乙己是什么关系？"这一问题的抛出，先让学生回归课文，在"看书"之后，思考主人公在酒店处于怎样的关系之中。学生回答："写了两种喝酒的人，还写了人与人之间的冷漠关系。"程老师追问："写两种喝酒的人，与表现孔乙己有何关系？"学生发现"孔乙己不属于这两种人"，很特殊。程老师再次追问："那么他特殊在哪呢？"学生明白了孔乙己既不同于短衣帮，又有别于长衫主顾。至此，孔乙己生存在这样的社会环境下，势必出现悲剧命运，这就为孔乙己的悲剧做了铺垫。

原始阅读带来原始感受，为下面探究课文主人公的特点打开了通道——可怜的人儿，不伦不类，生存何其之艰！学生沿着文字的脉络，撬开文本，迈上了整体感知的台阶。正如程翔老师所说："当学生对课文有了真实的体验后，他就会产生感触，在不断的感触过程中，学生就会有所觉悟，或明白了其中包含的道理，或认识到艺术上的巧妙之处，或悟得了人生的真谛——这是课堂阅读教学的一种境界。教学贵在让学生自悟其道，比教师奉送答案强百倍。"①

据我所知，程翔老师不提倡学生课前预习，即便是《祝福》《阿 Q 正传（节选）》《变形记（节选）》《百年孤独（节选）》这样篇幅很长的课文也是放在课上阅读，将"预习"纳入课堂内部，成为阅读教学的重要组成部分。很多老师担心这样做耽误时间，程翔老师则认为，学生的原始阅读是课堂必不可少的内容。程老师这样做既减轻了学生的课业负担，又突出了课上学生原始阅读的重要性。事实证明，学生课前预习难以达到百分之百，预习效果也参差不齐。而课上原始阅读则完全可以达到百分之百，效果也明显好。因此说，程老师的课堂教学是高效的。

---

① 程翔.一个语文教师的心路历程［M］.北京：清华大学出版社，2009：64.

三、依据学理，拾阶而上

程老师认为，"当一篇课文的教学大于一课时的时候，就要把课文分解为几个课时"，因为"时间少了，水过地皮湿，不如不学。要学就学透"。[①]《孔乙己》的教学，程老师就分为两课时来教。学习"感知课文和孔乙己在笑声中出场"安排在第一课时，第二课时则学习"孔乙己在笑声中度日和在笑声中死去"。"笑声"成为两节课的课眼，一线串珠，引导学生拾级而上，循序渐进。"笑声"掀起层层波澜，人物的命运在笑声中展现，性格特点也逐渐清晰起来。教学小说，分析人物的特点是绕不开的。如何通过精妙的语言理解小说，是解读小说的钥匙。

学习"孔乙己在笑声中出场"时，程老师并没有一上来就让学生去找酒客对孔乙己的嘲笑，而是先引导学生思考："看看作者是如何描写他的。"学生读了描写孔乙己肖像和语言的句子后，抓住他"迂腐"的性格特点，进而理解其读过书，以此炫耀自己，从而引起众人的嘲笑。写人的方法，是学习小说要具备的"素养点"。关键是教师如何引导，为学生的思维指明方向。针对孔乙己的语言，程老师设问："孔乙己没有考上，反倒沾染了一身的迂腐气，说话总是酸溜溜的。来显示他的什么？"学生答："读过书。"教师接着问："读过书有什么值得炫耀的？"学生从过去"万般皆下品，唯有读书高"，看出其受害之深，其迂腐可见一斑。那么，酒客是怎样嘲笑他的呢？程老师引导学生读课文。在经过两位学生想读好而不得的情况下，教师拨开迷雾，巧妙点拨朗读的技巧："注意这句话：'什么清白？'是问号。问号怎么读？'什么'之后顿一下，然后读出问的语气。可以加一个破折号：'什么——清白？'"而后，教师再范读，学生不断接触，就会有所觉悟。教师让学生评价孔乙己的语言、动作和神态描写，进而理解其"迂腐"的特点。

如何从分析孔乙己在笑声中出场过渡到在笑声中度日呢？程老师抓住第

① 程翔 . 课堂阅读教学论［M］. 杭州：浙江古籍出版社，2005：21.

五段的插叙，让学生去读、去思考插叙的作用。在学生思考的基础上，为了让学生透彻地理解插叙的意图，程老师把这段插叙与长篇小说、电视剧相比较，从而让学生明白作者用如此简练的笔墨来介绍孔乙己的原因，目的是"小窗口写大境界"。文章插叙一段短小的话，借咸亨酒店的特殊地点，表现孔乙己的悲剧人生，展示了酒店的人的精神状态。

此环节的安排，既让学生学习了插叙的写作技法，又可以"窥一斑而见全豹"。孔乙己在笑声中出场的个性化和他在酒店的行为，层层蓄势，为下面的教学环节起到承前启后的作用。

迂腐气十足的孔乙己是怎样度日的呢？课文由对孔乙己的过往拉回到眼前。程老师在学生读过第六段之后，直接抓关键词，问："哪几个词语用得好？"学生在找出"不屑置辩"和"颓唐不安"的神态描写之后，描述还原了孔乙己的心理，由表及里，揭示造成他如此神态的本质原因。程老师扣住这两个词语，重锤敲打，训练学生进行深度思考，并点明这两个成语形成了鲜明的对比。"成语"是汉语词汇的精华，应进行积累；"对比"是思维的两端，要形成一种思维图式；而推敲词语，是揣摩人物特点的方法。这些对形成学生关注词语妙用的思维习惯，无疑是有促进作用的，可谓"一箭三雕"。叶圣陶说，"一字未宜忽，语语悟其神"。不仅如此，程老师还抓住标点，引发学生探究。学生发现："作者写人物说话，为什么不用冒号？"显然，这个问题需要学生对标点符号的使用时间有所了解。于是，程老师对标点符号的使用时间做了说明，使学生明白作者写作此文时还没有标点符号的统一要求，并且告诉学生："同学们如果有兴趣，可以去找相关资料看一看。"这就触发了学生课后不断探究的欲望。程老师的课堂总是对一词一标点的素养点，紧抓不放。

接下来，在学生自读第七、八段后，教师引导学生分析描写人物的方法，即言、行、神态的描写。那么，如何让学生贴近人物呢？程老师采用模仿还原的方法，把静止的语言文字转化为可视的学生动作表演，让学生通过模仿来感受孔乙己的性格特点。可学生仍认为，孔乙己伸开五指将碟子罩住，是真心不让小孩吃豆。显然，此时学生的思维受阻。于是，程老师引导学生品析，"如果真心不让小孩吃豆，他就不是'罩住'碟子了"，因为"罩住"不同于"捂住"或"盖住"，孩子是可以从指缝间看见碟子里的豆的。程老师通过设计词语置换比较的活动，使学生理解了孔乙己的"善良"。

如何依据课文内容来安排课堂结构的过渡？这需要"一箭双雕"的教学技艺。程老师紧扣文章中的过渡段——"孔乙己是这样的使人快活，可是没有他，别人也便这么过"，让学生理解孔乙己是一个可有可无的人。正是他在人们心目中的此种地位，才引起酒客的闲聊。学生通过阅读人物对话，认为他"旧习不改"。这样的思考是肤浅的，程老师顺着学生的思维追问。在教师的循循善诱下，有学生说："我感到两个人都很冷漠。孔乙己被打折腿，他们无动于衷。"还有学生说："人情冷漠。"可见，学生恍然大悟、茅塞顿开了。这是教师引导学生从态度和情感两方面来思考。接着，程老师范读了描写孔乙己最后一次出场的片段，学生被他的朗读所感染，内心沉寂了，不笑了。而此时的掌柜依然在笑。学生对掌柜笑背后的那种麻木能否深刻理解？教师对学情预判，而后相机诱导、铺垫背景：掌柜本是善良的百姓，不但没有帮助，反而讽刺、嘲笑。并且通过引用鲁迅的话"暴君的臣民，只愿暴政在他人头上，他却看着高兴，拿'残酷'做娱乐，拿'他人的苦'做赏玩，做慰安"，来揭示掌柜在孔乙己"不要取笑"的话语声中依然取笑的刺痛，从而水到渠成地总结出"以喜剧的手法表现悲剧的主题"的写作方法。学生不仅理解了为什么会出现麻木的人们，还理解了此种写法的突出效果。这就是紧扣语文素养点来教。教学中，教师要引导学生对课文进行深入探究，教学鲁迅作品尤其如此。程老师为了教好《孔乙己》，参考了大量文献资料。他说："刘再复先生写的《〈孔乙己〉的思想深度和悲剧力量》给了我很大的启发，我决定引用他的观点来深化学生对文本的理解，并对学生的心灵、情感产生影响。"[①] 由此我们得出结论，语文教师的深刻既来自教师本身的理解，也来自他人的理解，而获得"他人的理解"必然离不开对文献资料的掌握。程翔老师说过，他对于一篇经典课文的教学，是建立在阅读十几篇

---

① 程翔.路在脚下延伸［M］.北京：中国青年出版社，2010：55.

甚至几十篇文献资料基础之上的。他经常在中国知网查阅相关资料，这种做法值得青年教师借鉴。

这解决了"写什么"以及"如何写"的问题，那么作者"为什么这么写"？作者的写作目的正是学生的学习归宿，二者是契合的。学生的精神生长，要在语文学习的过程中潜移默化、润物无声地发生。这就要把课文的内容与学生生活实际相结合。程老师适时一问："鲁迅先生为什么要表现百姓的麻木呢？"这一石激起千层浪，有学生回答："因为麻木的民族是没有希望的。"还有学生说："因为鲁迅希望祖国强大起来。"如此，课文的学习与学生的心灵相契合。

在学生齐读了最后两段后，程老师先让学生理解"大约"和"的确"，的表层义，进而揭示其深层义——孔乙己就这样在人们的笑声中死去，这是他悲剧的必然。程老师并未止于此，而是启发学生思考，往学生的心灵深处走："请同学们用比喻句来表现孔乙己死得静悄悄。"两位学生做了精彩的回答："他的死就像树上无声地落下了一片叶子。""他的死就像田野里悄悄枯死了一棵小草。"如此，师生的对话，不仅发展了学生的语言修辞素养，还引导学生关注现实，以现实的事物表达人物内心之痛。这正符合程老师的写作教学观：要写心灵的疼痛。

当学生经过原始理解，亲身体验课文后，他们对课文的思想情感有了初步的认识。教师如何通过引导、启发和点拨来带领学生向文本深处漫溯，这体现出教师高超的教学艺术。孔乙己在笑声中出场，在笑声中度日，在笑声中死去。学生朗读，谈感受，深入人物内心世界，思考、作答。教师不断纠正学生理解的偏差，在纠错中，学生内化生成。

四、观照现实，走进心灵

程翔老师说："教师要拉近课文与学生的距离，使学生感觉到，虽然课文诞生年代离我们颇为遥远，但是课文所表达的情感、思想离我们很近，甚至就是我们现实生活的观照。也只有这样，学生才会觉得，课文和我有关系，我从课文中得到了教益。"①

学生在课堂上的初步感受，带着这种原始理解。师生平等交流、互相启发，在一段一段课文的学习中，拾级而上。孔乙己在笑声中出场、度日，直到死去，是麻木的。最后，程老师巧妙一问："同学们，我们对孔乙己持什么态度？"学生从课文的学习中走出来，心灵变得愈发柔软。学生此时回答说"同情"。从课前认为孔乙己"可怜"，经过文字的万水千山，作者对孔乙己的同情，已深深植根于学生的心中。那么，"我"要怎么做？由"作者为什么让一个小伙计来担任叙述者呢"这一问题，再次引发学生思考。他们带着问题离开课堂，真正成为学习的主人。

综上所述，学生通过理解课文的内容——"社会环境恶劣—在笑声中出场—插叙悲剧人生—在笑声中度日—茶余饭后谈资—在笑声中死去"，直至攀上精神的高地——"哀其不幸，怒其不争"，心灵之门徐徐打开，用生命拥抱语文。同时，教师在解读课文的过程中，让学生充分阅读课文，经过原始体验，形成感受；然后对语言进行涵泳、品味，感悟人物情怀，形成自己的认知结构；在此基础上，表达自己对文本内容和表现形式的评价，不断探究，形成富有个性的见解。当然，程老师的台阶式教学法，要依据文本类型、文体特点和学情，灵活加以处理，而不应是机械、割裂的，"台阶"之间是可以重组的。总之，要遵循学生的认知规律、语文能力，以及课文的"能力点"，或称"素养点"，即"学理"。"台阶式教学法"只是程翔老师依据学理教语文的方法之一。此种方法可操作性强，对一线教师提高教学技能具有借鉴意义。

① 程翔 . 敬畏母语 [M] . 济南 : 山东教育出版社，2021：240.

实际感受

——以《谁是最可爱的人》课例为例

年级：初一 / 课时：一课时

《谁是最可爱的人》教学实录①

师：同学们，学习课文之前，我先放一首曲子请大家听，听完后请同学们说出曲子的名称。（播放《中国人民志愿军战歌》）

师：知道曲名的请举手。

生：是《中国人民志愿军战歌》。

师：对。1950 年 6 月，新中国刚刚成立不久，美国政府武装干涉朝鲜内战，并派舰队侵入台湾海峡，公然干涉中国内政，阻挠中国统一大业。中国政府做出"抗美援朝、保家卫国"的决定，组成中国人民志愿军入朝作战。1950 年 10 月 19 日，志愿军浩浩荡荡开赴朝鲜战场，同朝鲜人民一起经过近三年的英勇战斗，把美军打回"三八线"，迫使美国签订了停战协定。在朝鲜战场上，中国人民志愿军在极其恶劣的条件下，同装备精良的敌人展开了殊死搏斗，谱写了一曲曲动人的乐章。著名作家魏巍

---

① 程翔 . 我的课堂作品（修订版）[M] . 北京：商务印书馆，2023：21-31.

以战地记者的身份两次到朝鲜战场采访，用饱含感情的笔触，报道了志愿军战士可歌可泣的英雄事迹。其中，他写的通讯《谁是最可爱的人》在《人民日报》上发表之后，在国内产生了强烈反响。人们争相传诵，感动得热泪盈眶，并亲切称呼志愿军战士是"最可爱的人"。后来，"最可爱的人"就成了中国人民志愿军的代称。（板书：谁是最可爱的人　魏巍）

师：我们这节课有两个学习重点：一是选取典型事例，二是运用多种表达方式。（板书）下面请同学们朗读课文。

（生读课文）

师：同学们已经读完了。下面我提一个问题：本文一共写了几个故事？请你们给每一个故事拟一个题目。

生：一共写了三个故事，分别是"松骨峰战斗""舍身救小孩""谈话"。

师：第三个故事叫"谈话"？笼统了，在什么地方谈话？

生：防空洞谈话。

师：好。"舍身救小孩"需要改一下吗？

生：我觉得改为"火中救儿童"更好。

师：同学们同意吗？

生：同意。

师：好！这就是概括能力。我们概括三个故事的字数一样多，有一种整齐美，易记。概括能力是语文的重要能力之一。（板书：1. 松骨峰战斗　2. 火中救儿童　3. 防空洞谈话）

师：这三个故事，最喜欢第一个故事的举手。

（部分学生举手）

师：这位同学，请你谈谈，你为什么最喜欢第一个故事？

生：第一个故事写出了志愿军战士对敌人的无比仇恨。

师：从哪些地方看得出来呢？

生：（读课文）"他们把枪一摔，向敌人扑去，身上帽子上呼呼地冒着火苗，把敌人抱住，让身上的火，也把占领阵地的敌人烧死。"

师：你找得对。不过，你没有把志愿军战士对敌人的仇恨读出来。这几句中有几字要重读，哪几个字？

生："摔""扑""冒""抱""烧"。

师：对。"烧死"怎样读才够味？

生：咬着牙。

师：对。听老师读一遍。

（师范读课文）

师：同学们一起读一遍。

（生齐读课文）

师：效果好多了。不同的文字有不同的读法。下面几句怎么读？从"烈士们的遗体"到"嘴里还衔着敌人的半块耳朵"。

生：我认为要比上面的几句慢一点。

师：对。这个营的营长叙说以上情形时，他的声调是缓慢的，他的感情是沉重的。因此，读这几句，基调是缓慢、沉重的。谁来读一遍？

生：我来试试。

（生读课文）

师：不错。下面听老师范读一遍。

（师读课文）

师："让我们的烈士们千载万世永垂不朽吧！"这一句应读得饱含感情。"千载万世"与"永垂不朽"中间略停一下。我们齐读一遍。

（生齐读课文）

师：同学们说，松骨峰战斗表现了战士对敌人的什么？

生：恨。

师：对。（板书：恨）

师：松骨峰战斗表现了战士对敌人的恨，那么"火中救儿童"表现了什么？

生：表现了战士对朝鲜人民的爱。

师：最喜欢这个故事的举手。

（部分学生举手）

师： 这位同学说说，哪些句子表现了对朝鲜人民的爱？

生： "他说：'我能够不进去吗？我不能！我想，要在祖国遇见这种情形，我能够进去，那么，在朝鲜我就可以不进去吗？朝鲜人民和我们祖国的人民不是一样的吗？我就踹开门，扑了进去。'"

师： 好。既是语言描写，也是心理描写和行动描写。正是有了热爱朝鲜人民的思想感情，才有了火中救儿童的行动。下面我们来齐读一遍，动词要重读。

（生齐读课文，师板书：爱。）

师： 同学们写作文时，也要善于使用动词。下面我们看第三个故事"防空洞谈话"。最喜欢这个故事的举手。

（无学生举手）

师： 竟然没有人举手。老师最喜欢这个故事。

生： 为什么？

师： 请同学们看书。（读）"谁都知道，朝鲜战场是艰苦些。但战士们是怎样想的呢？有一次，我见到一个战士，在防空洞里，吃一口炒面，就一口雪。我问他：'你不觉得苦吗？'他把正送往嘴里的一勺雪收回来，笑了笑，说：'怎么能不觉得？我们革命军队又不是个怪物。不过我们的光荣也就在这里。'"老师提一个问题，战士回答时"笑了笑"，把"笑了笑"去掉行不行？

生： 不行。"笑了笑"表现战士的乐观主义精神。

师： 什么是乐观主义？你们会解释吗？

生： 就是想得开。

师： 那我觉得"笑了笑"远不足以表现展示的乐观主义。我们可以改一改："一点也不苦，这个地方很好玩呀！"行吗？

生： （笑）不行。

师： 请同学们考虑，"笑了笑"三个字说明战士对作者提的这个问题有没有现成答案？

生： 没有。

生： 有。

师： 不统一。同学们再考虑：战士到朝鲜来，做好吃苦的思想准备了吗？

生：做好了。

师：别说吃苦的准备，甚至——

生：甚至牺牲的准备都做好了。

师：对！战士以为作者要问什么高深的问题，原来是问"苦不苦"，这个问题他早就考虑好了，根本不是问题，难不住他，所以"笑了笑"。仅仅概括为乐观主义精神，一是笼统，二是偏了。

生：应该分析得具体一些。

师：对了。"笑了笑"之后，战士回答："怎么能不觉得？我们革命军队又不是个怪物。不过我们的光荣也就在这里。"你们说，战士的回答说明什么？

生：战士很实在。

师：对。如果不这样写，采取另外两种写法呢？一是问"苦不苦啊"，战士回答"没事，没事，一点也不苦"。

生：这样回答显得战士没说实话。

师：是的。二是问"苦不苦啊"，战士说"怎么不苦啊，太苦了，简直受不了啦！"

生：这样写不符合战士的实际，是对战士的丑化。

师：好。战士怎么回答的？首先承认，的确苦，革命军人也是人，不是怪物。战士朴实、坦诚。但是，战士认为这正是他们的光荣所在。那么，光荣在哪里？

生："就拿吃雪来说吧。我在这里吃雪，正是为了我们祖国的人民不吃雪。他们可以坐在挺豁亮的屋子里，泡上一壶茶，守住个小火炉子，想吃点儿什么就做点儿什么。"

师：好。一起往下读。

（生读课文："再比如蹲防空洞吧……就是我们最大的幸福。"）

师：哪一句话从根本上反映出战士的思想觉悟？

生："只要能使人民得到幸福，就是我们最大的幸福。"

师：好。请同学们把这句话画下来。

（生画线）

师：同学们说，"防空洞谈话"这个故事表现了战士的什么？

生：对祖国的爱。

师：刚才有一个"爱"了，重复。先不急着回答，放一放。我们接着往下看。"我接着问：'你们经历了这么多危险，吃了这么多苦，你们对祖国对朝鲜有什么要求吗？'他想了一下，才回答我：'我们什么也不要。可是说心里话——我这话可不一定恰当啊，我们是想要这么大的一个东西……'他笑着，用手指比个铜子儿大小，怕我不明白：'一块"朝鲜解放纪念章"，我们愿意戴在胸脯上，回到咱们的祖国去。'"我问同学们，当作者问战士对祖国对朝鲜有什么要求时，战士"想了一下"。如果把"想了一下"换成"笑了笑"，行不行？

生：不行。因为战士对这个问题没有现成答案。

师：为什么没有现成答案？

生：他从来没想过这个问题。

师：他为什么不想呢？

生：他觉得向祖国和朝鲜提要求是不光彩的。

师：说得好。那么，他想什么呢？

生：想打敌人。

生：想吃苦。

生：想牺牲。

师：好！我们的战士到朝鲜来，就是来奉献的，随时准备献出自己的宝贵生命。他们压根儿就没想过要索取任何东西，索取的念头连闪都没闪过。但是，作者既然问了，战士还要回答，真得动脑筋想一想。想了一下之后，战士提出了一个要求：要一块"朝鲜解放纪念章"。这个要求应该不应该？

生：太应该了。

师：回到刚才的问题，"防空洞谈话"表现了战士的"爱"吗？是不是换一个词？

生：忠。

师：好！为什么是"忠"？

生：忠，就是忠诚。

师：对！忠，就是尽心竭力，毫无二心。（板书：忠）

师："笑一笑""想了一下"，看似平凡的文字，内涵却很丰富。读课文就要读出它丰富的内涵。作者用这样的文字赞美了我们战士伟大的心灵。在课文开头部分，作者以真挚的感情，用排比句赞颂了我们的战士。我们来齐读一遍。

生：（齐读课文）"他们的品质是那样地纯洁和高尚，他们的意志是那样地坚韧和刚强，他们的气质是那样地淳朴和谦逊，他们的胸怀是那样地美丽和宽广！"

师：我们学习了三个故事。老师问一个问题：这三个故事的顺序能颠倒一下吗？

生：能。

生：不能。

师：不一致。不要紧，你们讨论一下。

（学生讨论，教师倾听。）

师：谁来回答？

生：不能颠倒。前两个故事表现的是恨和爱，第三个故事则是揭示恨和爱的思想基础。

师：说得好！同学们鼓掌！

（生鼓掌）

师：志愿军战士可写的事迹太多了，但不外乎这三个方面。作者的初稿写了几十个感人的故事，后来删减到只有这三个故事，就说明这三个故事各具代表性、典型性，而且它们之间有这样的逻辑关系。这就是选取典型事例，是我们这节课的学习重点。你们明白老师为什么最喜欢第三个故事了吧？

生：明白了。

师：我再问同学们：三个故事是怎样衔接起来的？

生：用过渡句。

师：请你读一下。

生：第一个故事"松骨峰战斗"写完后，作者写道："我们的战士，对敌人这样狠，而对朝鲜人民却是那样地爱，充满国际主义的深厚热情。"这就接上了第二个故事"火中救儿童"。写完第二个故事后，作者又写道："朋友，当你听到这段事迹的时候，你的感觉又是如何呢？你不觉得我们的战士是最可爱的人吗？""谁都知道，朝鲜战场是艰苦些。但战士们是怎样想的呢？"引出第三个故事"防空洞谈话"。

师：正确。写文章就像做衣服一样，需要穿针引线，方法之一就是运用过渡句或者过渡段。本文在这方面值得同学们学习。以上是我们要解决的第一个学习重点——选取典型事例。下面我们简单地学习一下第二个重点——运用多种表达方式。表达方式一般指记叙、议论、抒情、描写。请同学们说说，本文哪些地方是记叙？

生：作者写三个故事主要运用了记叙的手法。

师：哪些是议论？

生：开头部分，第三段是议论。

师：哪些是描写？找你认为最精彩的一段。

生：（读）"他长着一副微黑透红的脸膛儿，高高的个儿，站在那儿，像秋天田野里一株红高粱那样淳朴可爱。"

师：好。这段描写表现战士什么特点？

生：淳朴。

师：哪一段抒情文字最好？

生：最后一段。

师：我们齐读一遍。

（生齐读课文）

师：最后一句与什么相照应？

生：题目。

生：文章开头两段。

师：前后照应，这是写文章的基本要求。好，我们已经把两个学习重点解决了。这节课就上到这里。下课。

（注：教学实录略有删改。）

谁是最可爱的人

魏　巍

学习重点：　　　　　　　　1. 松骨峰战斗——恨

一、选取典型事例　　　　　2. 火中救儿童——爱

二、运用多种表达方式　　　3. 防空洞谈话——忠

点评

　　程翔老师说："教师要有意识地培养学生良好的语言感受能力，日积月累，习惯成自然。"① 又说："教师的任务在于使这种外在的课本中的情感让学生感受得到，并进入学生的情感世界。由于学生原本内在的情感因素中有悲悯之情，再加上教师的启发引导和熏陶感染，外在情感和内在情感就会发生碰撞，进而融为一体，产生共鸣。"② 下面以程老师执教的《谁是最可爱的人》为例，谈谈教师如何引导学生来感受课文中所表达的情感。

一、概读指导，形成阅读初感

　　"概读"，即朗读概括的方法，也就是学生通过朗读来概括文章内容。该课选取了三个典型事例，教师引导学生朗读概括出故事的内容，进而从整体上感受文章作者所表达的情感。

　　学生经过朗读，对课文有了亲身感知。程老师让学生给每一个故事拟一个题目，以题目的形式来概括，语言不仅要简练，还要表述准确。学生往往

① 程翔.一个语文教师的心路历程［M］.北京: 清华大学出版社, 2009: 68.

② 程翔.长在语文课堂［M］.北京: 语文出版社, 2023: 51.

读进课文就很难读出来，甚至把概括故事变成复述故事。程老师为学生搭建支架——以题目的形式来概括，学生就会想起学过的课文标题，或者文章中的小标题。这个问题的设计隐含着概括能力所必备的要素——言简而意赅，妙在"题目"二字。这不仅训练了学生的概括能力，还训练了学生拟写文章题目的技巧，这正是程老师所倡导的"读写结合"的教学理念。舍此，读写必然出现割裂的现象。程老师的语文教学要培养学生"下笔成文，出口成章"的能力，怎会在阅读教学中只教阅读呢？

对于第一个故事，学生能够从课文中抓住"松骨峰战斗"这几个字，准确提取信息。其余两个故事概括得就很笼统。于是，程老师引导学生加上表示地点的词语，形成了"地点加事件"的五字短语结构，精练而具体。这样的设计是在学生出错，产生纠错的欲望，从而内化生成的。教师没有奉送答案，而学生有了修正的过程，学习行为真正发生了。这一教学环节有三位学生发言。那么，其余学生概括得如何呢？程老师问："同学们同意吗？"这一问看似不经意，全班学生异口同声——"同意"。这既活跃了学习气氛，又让学生动脑、动口。一致的意见，使学生认识到语言表达的整齐美。审美教育在学习语言的过程中有机融为一体。学生不仅学会了概括，还培养了审美意识。

如此，教师引导学生从课文的阅读体验入手，初步感受文章内容及其情感倾向，为下面课文的具体分析做了铺垫。

二、注重读法，形成真切感受

学生对课文进行概括之后，教师引导学生不断朗读感悟。在此过程中，学生会产生困惑，需要教师帮助学生拨开迷雾，为学生深入理解文本搭设台阶，启发学生一步步走进文本，也就是朱熹说的"虚心涵泳，切己体察"。

"松骨峰战斗"表现了战士对敌人的恨。如何让学生感受到战士的这种感情？程老师引导学生找到战士与敌人搏斗的相关句子，让学生去读。在读的过程中，学生徘徊在文字的表面，读不到位——没有把握住情感。于是，教师引导学生抓住动词，进行重读，并对"烧死"这一情感强烈的动词进行读法处理——从牙缝发出声音，这样把仇恨之情淋漓尽致地表现出来。如此，重读指导，学生循声入情，仿佛置身战场，激活了学生的情感因子，学生走进了文字的内里，从而进入"以声传情"的朗读佳境。对"烈士们遗体"的描写，程老师则引导学生通过缓慢的语速、沉重的语调，情感饱满地读出志愿军战士与敌人同归于尽的英雄气概。"千载万世"和"永垂不朽"两词之间略作停顿，不仅突出了战士对敌人的恨，同时也传达出战士的精神光照万世，他们永远活在人民心中。正如程老师所说："朗读，不仅仅在于表达作者的意图，更重要的是表达读者的一种理解。"① 教师进行读法指导，把教师领会的情感，以朗读技法为支撑点，引领学生产生共鸣。因此，"教师一定要善于调动学生内在的情感因素与课本的情感因素进行对接，即实现情感参与"②。这种情感的参与无疑要借助朗读的技法。因为不同的学生对课文的理解不同，而教师从重音、语速、语调、停顿等方面来指导，学生就有了可以攀爬的脚手架。

接着，程老师又进行范读，这就激发了学生模仿朗读的欲望。此时，程老师让学生齐读课文，一展对课文情感的理解，就读出了课文独特的情味。因此，好的范读能调动学生的积极性，正所谓"言传不如身教"。教师范读，引导学生自读。战士对敌人的恨，学生就领会于心了。

因此，阅读教学中，当学生不能感受到人物的情感时，教师要善于引导学生落实重音、语速、语调和停顿等技法，做出必要的朗读处理，来感受人物情感。如此，学生以战士的视角来感受，静止的文字就变活了——有声音，会说话，会传情。学生自然就会感同身受。

---

① 程翔.课堂阅读教学论［M］.杭州：浙江古籍出版社，2005：149.
② 程翔.长在语文课堂［M］.北京：语文出版社，2023：51.

三、创设情境，还原心路历程

程老师说："教师的教学应该以学生的个性化理解为依据展开。没有学生的个性化理解，也就谈不上阅读教学。"[①] 该课的第三个故事，学生都不喜欢。程老师正是以此为教学起点，鲜明地表达出自己最喜欢这个故事，而后紧扣"笑了笑"和"想了一下"，创设情境，深入文本内核。

如何开启这个故事？程老师抓住与问题中"苦"字相对的"笑了笑"作为突破口，试图从这一缝隙进入。作者之所以用"笑了笑"一定有其用意，程老师采用删除"笑了笑"的方式，让学生进行比较，而学生在文字表面滑行，认为作者是"表现战士的乐观主义精神"。如何抓住学生的这一理解向文本深处漫溯？程老师顺着学生的理解来改写比较。程老师设问："我们可以改一改：'一点也不苦，这个地方很好玩呀！'行吗？"显然，答案是否定的。学生的思维阻滞，程老师引导铺垫——"请同学们考虑，'笑了笑'三个字说明战士对作者提的这个问题有没有现成答案？"这是程老师从思维的方向上来引导学生，而学生意见存在分歧。于是，程老师创设情境："同学们再考虑：战士到朝鲜来，做好吃苦的思想准备了吗？"如此，学生从战士的视角思考来朝鲜战场的目的——不仅做好了吃苦的思想准备，甚至连牺牲的准备都做好了。这就是战士"笑了笑"的深刻意蕴。在学生恍然大悟之时，程老师点石成金、画龙点睛——"战士以为作者要问什么高深的问题，原来是问'苦不苦'，这个问题他早就考虑好了，根本不是问题，难不住他，所以'笑了笑'"。如此，程老师还原了战士的心路历程，学生不断涵泳，认识到标签化的理解是大而无当的，感悟了词语的秘妙。

那么，战士到底"苦不苦"？程老师通过化抽象为具体，遵循学生的认识规律，从感性的角度将战士的语言加以改写，从而让学生理解不苦不是事实，而太苦了又是对战士的丑化。学生的思维不断往深处走。如此，就感受

---

① 程翔. 一个语文教师的心路历程［M］. 北京：清华大学出版社，2009：96.

到战士回答的三层意思：首先承认的确苦，其次表现战士朴实、坦诚，最后点明这是战士的光荣之所在。学生从表现战士光荣的句子中，拎出反映战士思想觉悟的语言："只要能使人民得到幸福，就是我们最大的幸福。"

至此，学生经过品味、咀嚼，仍没有领悟到事件背后的情感。如何进一步点拨？程老师采取暂时搁置问题的方式，另辟蹊径，为学生"拨开迷雾"：当作者问战士对祖国对朝鲜有什么要求时，战士"想了一下"。程老师引导学生将"想了一下"换成"笑了笑"进行比较分析。师生通过对话交流，学生领悟到"笑了笑"是有现成答案的，"想了一下"则没有。程老师又追问没有现成答案的原因——从"没想什么"和"想了什么"正反两方面引导学生思考，抽丝剥茧、层层追问，还原了战士的心理："我们的战士到朝鲜来，就是来奉献的，随时准备献出自己的宝贵生命。他们压根儿就没想过要索取任何东西，索取的念头连闪都没闪过。但是，作者既然问了，战士还要回答，真得动脑筋想一想。想了一下之后，战士提出了一个要求：要一块'朝鲜解放纪念章'。"学生理解了战士没有丝毫索取的想法，明白了"防空洞谈话"表现了战士的"忠"，而不是"爱"。

学生由不喜欢到喜欢，由肤浅到深刻，由不能到能，体现了程老师相机诱导的教学艺术：教师沿着学生的思维轨迹紧跟不放，当学生出现思维阻滞时，就从思维方向上引导；当学生出现思维中断时，就辅以铺垫；当学生迷茫时，就为其拨云见日；而当学生清醒时，就画龙点睛、点石成金，让学生"曲径通幽"。如此，"学生在亲身参与、体验、出错、纠错、内化、生成，从而形成学习的全过程，这才是好课"[①]。

四、讨论结构，抵达文本内里

程老师在引导学生理解了三个故事所表达情感的基础上，让学生思考两个问题：一是故事的顺序能否颠倒，二是故事之间衔接的方法。这是从结构

---

① 程翔.敬畏母语［M］.济南：山东教育出版社，2021：35.

的角度让学生对课文所表达的情感进一步深化。

学生对故事的顺序能否颠倒意见不一。于是，程老师组织学生小组讨论交流。这种学习方式可以弥补教师"做不到让每一个学生都有自我表现的机会，一节课上，总有一部分'积极分子'占据着相当多的时间，而另一部分学生处于被忽略的角落。……长期这样下去，学生的学习心理会受到严重影响，甚至有个别学生被教师遗忘"①的不足。学生只是孤立地就一个故事本身有了感受，而如何把单一的事件与整体结合，共同为表达中心服务，这需要整体思维。因此，讨论的目标是明确的。学生通过讨论，对这三个故事逻辑关系的认知就清晰了，明白了运用典型事例的方法——事例不仅要有代表性、典型性，还要讲究顺序性，彼此之间要紧密衔接。同时，学生在记叙、描写、议论和抒情的表达方式上也得到了训练，充分感受到战士对祖国的忠诚。程老师又通过找前后照应的句子，进一步强化了学生对志愿军战士的深切感受——"他们确实是最可爱的人！"

文章结构之所以这样安排，就是为了突出战士的忠诚，水到渠成地点明战士对敌人的恨和对朝鲜人民的爱，其根源是对祖国的忠诚。战士的言语展示了他们美好的内心世界。读者正是通过文章的外部结构走进作者的内部结构——作者的心灵世界。因此，程老师扭住了文本结构的鼻子，明晰了其脉络关系，进而抵达文本内里。

综上所述，教师要从学生对课文情感的实际感受出发，围绕课文的"素养点"——典型事例的选取、表达方式的运用、文字内蕴的品味、文章结构的顺序、故事之间的衔接以及前后呼应，通过听、说、读、写、思等实践活动，指导学生从概读上感受，从读法上感受，从情境中感受，从结构上感受，让学生对课文有实实在在的真切感受，从而实现对课文的真正理解。

---

① 程翔 . 课堂阅读教学论［M］. 杭州：浙江古籍出版社，2005：250.

问题导学

——以《背影》课例为例

年级：初二 / 课时：三课时

我教《背影》[①]

  我很喜欢朱自清的《背影》，教过很多遍，每次都会被感动。随着自己年龄的增长、阅历的丰富，我对此文的感受就越来越深切。我认为，《背影》对于中学生的成长非常有益，是"教文育人"的典型课文。我最近一次教《背影》是2018年12月，用了三个课时。下面我把自己的教学过程向大家做一汇报，以就教于各位方家。

  我先让学生自己读课文。这是我的一贯做法，我把它叫作"原始阅读"。我教学36年了，除了刚参加工作的头几年喜欢放录音外，后来就一直坚持让学生自己读书。我也不主张学生课前预习，就在课上读。我认为，学生认真读课文是语文课堂的组成部分，不是可有可无的。课上阅读与课前预习是两种读法，我更加注重课上阅读。课上阅读有一个"场"，一种特定的氛围，我

---

① 程翔.我的课堂作品（修订版）[M].北京：商务印书馆，2023：299-308.

很喜欢这种氛围。很多学生晚上不喜欢在家中自习，偏偏愿意大老远跑到学校上晚自习，要的就是这个氛围。

学生读毕。我说："内心受到触动的举手。"有几位举手了。我又说："没有受到触动的举手。"也有几位举手。我叫了一位学生，让他说说为何没有触动。他说："作者太夸张了。短短一篇文章，作者哭了好几回。太夸张了！"我问学生："和他一样感觉的举手。"有几位学生也举手了。我说："有不同意见的举手。"一位学生说："我觉得语言很质朴。"于是，我在黑板上写了两个词："夸张""质朴"。同一篇文章，学生的最初感受明显不同，我把这种现象叫作"原始理解"。学生的"原始理解"是教师教学的逻辑起点。

我叫说"夸张"的学生读开头一段，然后让他说说感觉。他说，很普通，我们写作文就常这样开头，一点也不绕弯子，开门见山。我问他："夸张吗？"他说："不夸张。"他有了最初的转变，于是我和学生开始讨论。作者说自己"与父亲不相见已二年余了"，第二段的"那年冬天"指什么时间？学生说是两年前。我更正道："已二年余了"是从写《背影》的时间算起，即 1925 年 10 月的前两年；"那年冬天"则是指八年前，即 1917 年冬天。前后相隔八年。这样，时间概念清晰了。

"那年冬天"，朱自清家祸不单行，祖母死了，父亲失业。父亲在徐州的家中一片狼藉，作者不禁流下眼泪。请学生回答"谁遇到这样的情形不难过呢？流泪是不是自然的事情？夸张吗？"学生说："自然，不夸张。"学生进一步发生转变。作者写道："父亲说：'事已如此，不必难过，好在天无绝人之路！'"我问学生："父亲似乎很想得开，似乎不怎么难过，对吗？"父亲的话很值得玩味。父亲为什么不说"人死不能复活，已经尽孝了，没有遗憾"呢？作者为什么流泪？作者看到满院狼藉又想起祖母去世才流泪的。祖母去世很可能与父亲失业有关。父亲说"不必难过"，主要是针对自己失业，意思是反正工作已经丢了，难过也无济于事，干脆就不必难过，车到山前必有路。这是朱父的无奈之语，宽慰自己，同时也宽慰儿子。儿子看到父亲失业，由原来有身份、有地位的头面人物沦落到这般境况，为父亲感到难过。这是第一次流泪的主要原因。

第三段写回到老家扬州的情况。变卖典质，还亏空，又借钱办丧事，境况凄惨。作者写道:"这些日子,家中光景很是惨淡,一半为了丧事,一半为了父亲赋闲。"由此可见,父亲失业对这个家庭来讲是一件大事,顶梁柱折了。至于朱父失业的原因,朱自清应该清楚,但文中没有明讲。不讲也等于讲了,1928年朱父看到这篇《背影》,"手不住地颤抖",其心情一定是复杂的。朱父有没有自责的成分在里面呢?或许多少有点吧。但是,当时的朱父没有被击倒,他为了这个家庭,要继续谋份差事,去南京找工作;朱自清也要回北京念书,到南京浦口车站乘火车,于是同行。这样,作者的路线图就很清楚了:北京—南京—徐州—扬州—南京—浦口车站。

第四段的开头很费解。作者写道——"到南京时,有朋友约去游逛,勾留了一日",这句话与全文很不协调。按说,家有丧事,父亲又失业,作者哪有闲情逸致去游逛?我问学生:"这话是不是多余?可否删掉?"学生说不能删,因为能够说明朱自清对父亲很不在乎,与父亲对自己的关心形成了对比。我觉得有点道理,不过,我认为这样写可能与交代时间有关。会不会是当年浦口至北京的车次不是每天都有的原因呢?这有待于考证。叶圣陶先生在《文章例话》中说,因为此处与"背影"没有关系,所以就一笔带过,并没有解释究竟是闲笔还是另有深意。

接下来写父亲送我到浦口车站。浦口车站在长江北岸,去浦口乘车需过江,要花费一些时间。因为朱父"事忙",本说定不送儿子到车站,让茶房去送,但是朱父踌躇了一会儿,还是决定亲自送。注意,此处的茶房,与火车上的茶房当为两人。朱父后来改变主意,亲自去送,表现了对儿子的关心。可是,父亲的关心并没有得到儿子的理解。第五段主要写这层意思。对于讲价钱,作者嫌父亲说话"不大漂亮"。这是什么意思?大概嫌父亲太计较,不够大方。父亲嘱托茶房"好好照应我",作者就暗笑父亲"迂",并且觉得自己长大了,能独立生活了。我问学生,"聪明过分""太聪明"是什么意思?学生说"反语",可以;理解为"自嘲"更好。我又问:"作者为什么花一段的笔墨写自己不理解父亲呢?"学生回答:"表达后悔之情。"很好。作者写本文时,已经为人父,理解了做父亲的一片爱心,对八年前自己的不懂事表示后悔。这里就产生了一个问题:当年20岁的朱自清真的不理解父亲吗?我以为,很可能是当年朱自清对父亲心有不满。因为父亲的失业是自作自受,好好的局长职务被撤了,体面的工作弄丢了，家庭乱成一团，祖母因此悲伤过度而死。也就是说，正在北京接受高等教育的朱自清心中对父亲有些埋怨。带着这样的心情，看着父亲讲价钱，托茶房，暗笑其"迂"，就是正常的了。

如果文章按照这样的情绪写下去，《背影》就不会如此感人了，毕竟怨诽父亲不是一件光鲜的事。

第六段集中写背影。我先让学生读这一段，然后问："这是怎样一个背影？"一位学生说："这是一个让我心酸的背影。"我马上肯定她的回答："很好！"我接着问："心酸，这不是作者说的，而是你感觉到的。作为一个读者，你有自己的阅读感受，非常好。那么，作者笔下的背影是怎样的呢？"我让学生抓住课文中的关键词来加以概括。学生总结为：这是一个肥胖的背影、黑色的背影、蹒跚的背影、努力的背影。我又引导学生抓住几个动词，发挥想象，体会作者白描手法的生动感人效果。然后，我问学生："作者看着父亲这样的背影流泪了。这里的流泪与前面流泪的原因一样吗？"学生说："不一样。前面是为祖母去世、父亲失业、满院狼藉而流泪，这里是看到父亲为自己艰难地上下月台买橘子的背影而流泪。"我接着问："这里的流泪是夸张吗？"学生说："不夸张。因为作者看了父亲的背影也感到心酸，父亲遭受了沉重的打击，却仍然疼爱儿子，亲自送他上火车，还为他买橘子，内心感动了。"我接着问："作者内心还埋怨父亲吗？"学生说："可能不埋怨了，开始心疼父亲了。"如此理解才能读懂"我赶紧去搀他"这个动作的含义。上段写到一件"紫毛大衣"，这是一件皮大衣，很贵重，是父亲给朱自清做的，因为北京冬天寒冷。所以，这时的作者，心中极不平静，情绪难以自持，等到父亲的背影混入来来往往的人群看不见的时候，就又流泪了。这时的流泪，包含着对父亲的理解和原谅。这一段写朱自清感情的微妙转变，转变的原因是出现了象征父爱的背影。

阅读这一段，我很重视学生的阅读感受。学生说感到"心酸"，这叫"读者意"。作者在这一段中并没有直接抒发"心酸"的感受，而是用白描手法再现父亲的背影，那肥胖的背影、黑色的背影、蹒跚的背影和努力的背影是作者表现的重点，这是"作者意"。"读者意"和"作者意"可以相吻合，也可以不相吻合。"读者意"有可能超越"作者意"，因为读者在文本面前不是被动的，可以根据自己的生活经历和阅读感受，产生个性化的理解。教师不要因为学生的"读者意"不符合"作者意"就予以否定。但是"心酸"在这里体现了"读者意"与"作者意"的高度契合，即共鸣。产生共鸣往往是一种高峰体验，在读者内心深处会产生强大的情感冲击。我们可以据此揣摩、想象一下，朱自清的两眼自始至终没有离开父亲的背影，就像一台摄像机，紧紧盯住父亲，看他上下月台，看他"穿过铁道"，看他"蹒跚"，看他"探身下去"，看他"两手攀着上面"，看他"两脚再向上缩"，看他"身子向左微倾"，看他"努力的样子"……这画面太感人了，没有一点渲染、夸张，全是客观的描述，但是作为读者，你不能不心酸，作为儿子的朱自清也不能不心酸。人的情感具有共性，即人性。心酸就容易流泪——朱自清流泪了，读者流泪了，这就是共鸣！

　　"心酸"促使朱自清转变了对父亲的情感态度，这是朱自清内心柔软的地方，是他善良的表现。我问学生："既然心酸了，既然心疼父亲了，似乎不应该仅仅写一个背影，应该重点写父亲的正面，比如满脸皱纹呀，饱经沧桑呀，等等。可是作者偏偏只写了父亲的背影。为什么？"学生七嘴八舌，兴趣高涨。最后，我引导学生接受了一个写作的观点：写作要善于选取感情的"聚焦点"。写父亲的正面固然可以，但是作者心酸进而心疼父亲并流下眼泪，是由背影触发的，于是"背影"就成了感情的聚焦点，是一个特殊的视角。抓住背影，便于集中表达这种感情。

　　朱自清写到这里，内心的情感再也控制不住了，于是有了最后一段的感情抒发。如果说上一段主要是叙述、描写的话，那么，这一段主要是抒情和议论，作者内心的情感一涌而出。"近几年来，父亲和我都是东奔西走，家中光景是一日不如一日。"这话符合实际。朱家的败落始自朱父失业，再也没有重振辉煌。朱自清北京大学毕业，寄托着父亲的希望，可是朱自清偏偏选择了当教师。父子之间摩擦不断，一度十分尖锐。近两年来，朱父开始主动示弱，想缓和父子之间的矛盾，于是写信给朱自清，惦记儿子，问候孙子，还说自己"大去之期不远矣"。这话深深打动了朱自清，毕竟是自己的父亲，血浓于水！作者写道："他少年出外谋生，独立支持，做了许多大事。"这是敬佩父亲，没有父亲就没有这个家！"哪知老境却如此颓唐！"这是同情父亲。"他触目伤怀，自然情不能自已。情郁于中，自然要发之于外；家庭琐屑便往往触他之怒。"这是理解父亲、原谅父亲。"唉！我不知何时再能与他相见！"这是思念父亲。至此，作者感情达到了高潮，然后戛然而止。

最后这段写得非常感人。我问学生："你们写作文，有这样大胆暴露自己家庭矛盾的吗？"学生说："没有。"我接着问学生："同学们与自己的父亲发生过矛盾冲突的举手。"一多半举手。我又问："后来理解了父亲、原谅了父亲的举手。"很多同学举手。"不原谅的举手。"竟然有一位学生举起了手。我说："我不让你来解释，我会单独找你谈。"我一直认为，教师要拉近课文与学生的距离，使学生感觉到，虽然课文诞生的年代离我们颇为遥远，但是课文所表达的情感、思想离我们很近，甚至就是对我们现实生活的观照。也只有这样，学生才会觉得，课文和我有关系，我从课文中得到了教益，这是一篇好课文。比如我让学生读晏殊的《浣溪沙》，在品味"无可奈何花落去"一句时，我问学生："你们谁对此句有共鸣？"一位学生举手说："我。"我问她："能说说吗？"她说："我不能说。"我理解她："好的，咱们不说。你有共鸣就足够了。"我接着说："同学们，下一句是'似曾相识燕归来'，充满了希望。其实，真正的希望不在别人身上，而在自己身上，在于自己的努力奋斗。"那位同学点点头。我想，这就是在课文与学生之间建立了联系。我们阅读课文，心中要有学生，我们学习课文的主要目的是为了学生的健康成长。要知道，家庭影响对于一个学生的成长太重要了。俗话说"家家有本难念的经"，托尔斯泰说"不幸的家庭各有各的不幸"。这都是说，每个家庭都会有这样或那样的问题，这些问题对未成年人来讲，可能会摧毁他（她）对生活的希望。有些学生对人生失去信心，对社会产生怀疑，甚至仇恨这个社会，包括仇恨父母，首要原因来自家庭。教师的责任在于，用课文的阳光去照亮学生，用自己内心的阳光去温暖学生，鼓励学生强大起来，引导学生懂得用写作去书写自己的人生，取得人生的成功。

于是，我问："同学们，朱自清先生为什么要写《背影》呢？"学生七嘴八舌地回答。我说："你们说得有道理，但是，你们没有从写作的触点上来回答。写作，要写触动心灵的事情，要写心灵的疼痛，不要写不疼不痒的东西，不要简单地、粗浅地歌功颂德。古今中外，优秀作品大都是心灵受到触动之后的产物.'盖文王拘而演《周易》；仲尼厄而作《春秋》；屈原放逐，乃赋《离骚》……《诗》三百篇，大抵圣贤发愤之所为作也.'白居易写《琵琶行》，是在贬官江州之后；苏东坡写《赤壁赋》，是在贬官黄州之后。古人讲'文章憎命达'。同学们，内心受到折磨，人生遭受苦难，才会产生表达的欲望，才会产生感人的文章。朱自清先生也是这样。家庭的变故，亲人间的矛盾，使作者内心悲痛、感伤，尤其是对父亲，从不理解到理解，到心疼，到原谅的这个过程，具有启迪人生的重要意义。"

我问学生："这样的课文是夸张呢，还是质朴呢？"

开头说"夸张"的学生站了起来，说："老师，我改变了自己的看法。这篇文章非常质朴。"我接着问："如果与散文《春》相比，哪一篇语言华美？哪一篇语言质朴？"学生回答："《春》华美，《背影》质朴。"我问："为什么？"学生说："因为本文表达的是真情实感。"我说："很好。表达亲情的文字不需要华美的语言。越质朴的文字，越能表达真情实感。"这样，教学实现了对课文的基本理解。这个基本理解是在经历一系列后续理解的基础之上实现的。当然，基本理解不是"唯一理解"，更不是"绝对理解"。在未来漫长的人生道路上，学生会对《背影》继续理解下去。生命有多长，理解就会有多长。

最后，我想说的是，在整个教学过程中，学生的原始理解和后续理解给了我诸多触发。如果没有学生的触发，我就没有这些深切的体会；同样的道理，没有我的引导、启发，学生就不会有诸多个性化的理解，就不会闪现思维的火花。所以，在教学过程中，教师和学生都是"主体"。教师的主导作用并不排斥教师的主体地位，恰恰是主导作用构成了教师作为教的主体地位。学生是教师教授的对象，是学习的主体，与其内因作用共同奠定了学的主体地位。

以上就是我教《背影》的基本情况。

（注：此文略有删改。）

"问题导学"，是程翔老师对教案导学、学案导学的发展，充分体现了程老师提出的"教师和学生都是主体"的教学理念。在问题导学的过程中，问题的提出及其答案，都强调生成性。课堂上，程老师把传统的"以教师为主导，以学生为主体"发展为"双主体"——教师教的主导作用，体现教的主体地位，学生的内因作用则奠定了学的主体地位。其基本构成包括：学生读课文，提出问题；小组交流，提出组内不能解决的问题；教师辅助，补充学生遗漏的问题；解决问题，培养批判性思维。当然，这四个部分是彼此联系的，要根据不同的课文和学情灵活运用。下面以程老师的《背影》课例为例，谈谈问题导学的课堂教学模式。

一、在导中质疑

问题驱动是课堂阅读教学的基本手段，而是否能够围绕"真问题"展开学习，是衡量学生的学习是否真正发生的课堂要素。什么是"真问题"？就是能引起学生深度思考的问题，而不是用"是""不是"来回答的问题。那么，如何引导学生提出"真问题"？程老师说，课上阅读是阅读教学的重要组成部分。有的老师则认为，课前学生已经预习过课文，课上就没有必要再让学生阅读了。那么，学生究竟读得如何，有多少学生读过，又有多少学生没读过，教师没做调查。课堂上，教师生怕预设的内容不能完成，于是拖着学生往下赶。课堂沉闷，多数时间是教师在唱"独角戏"。众所周知，语文课上学生没有读课文，教师的分析无法点燃学生的思维火花，就很难进入文本。程老师认为，应让学生在课上第一次朗读课文，即"原始阅读"，经过阅读就会有亲身体验，即"原始理解"。如此，教师就顺着学生的"初感"，引导学生对课文有所思考，毋庸置疑，课堂就会有"活气"。学生犹如一个"猛子"扎进文字的汪洋大海，文字浸润着、簇拥着学生的肌肤，学生酣畅淋漓，感受到文本的魅力。程老师让学生读课文，读毕，果然有学生认为作者在文中哭了几次太夸张，还有学生则觉得文章语言很质朴。这是两种不同的体验。于是，程老师以此为契机，引导他们打开文本之门。教师以学生提出的问题为教学起点。至于谁来解决问题？当然是让学生自己来解决问题，而教师在课堂上把自己"隐藏起来"。那么，教师在课堂上起到怎样的主体作用呢？

程老师让说"夸张"的学生去读课文的第一段，然后谈感受。学生认为"我们写作文就常这样开头，一点也不绕弯子，开门见山"。显然，学生的认识发生了变化。继而教师扣住"那年冬天"家中的变故，引导学生读出课文中"冬天"的故事。程老师遵循"文本教学的原则"，重锤敲打文本段落及句子。学生在文本中徜徉、把玩，进而思考自己提出的问题。基于此，程老师设问："谁遇到这样的情形不难过呢？流泪是不是自然的事情？夸张吗？"学生将作者祖母去世、父亲失业、满院狼藉这样的情形与自身生活勾连，扣情感之弦，进生活之世界，由此理解作者触发"难过"之情而落泪，属人之常情。教师"导"之以铺垫，"启"之以联结，自然生成学生的认识转变。

不仅如此，程老师的"问题导学"，注重教师"导"、学生"学"的同时，还对学生思维存在的缺陷及时予以纠正。比如，作者写道："父亲说：'事已如此，不必难过，好在天无绝人之路！'""不必难过"与前文作者叙述的家庭状况是否矛盾呢？程老师引导学生还原矛盾处，进而把"不必难过"改为"人死不能复活，已经尽孝了，没有遗憾"，让学生进行比较理解，从而探究出父亲无奈、宽慰、接纳现实的复杂心理。于是，学生对朱自清第一次流泪有了更深切的理解——作者不仅为家里的变故，更为父亲的失业而落泪。父亲的失业，勾起作者对父亲今昔处境的对比，父亲身份地位的变化，天壤之别。这种落差，不仅父亲，连作者也难以接受。情感的冲击，才是作者流泪的主要原因。这就是导思维的过程，从而培养学生的思维能力。

如此，学生的学习随着教师的引导不断变化，他们找到了主要原因。这种经历比较与综合的思维过程，是教师对文本展开由表及里的批判，这种批判性思维能力正是问题导学的终极目标，正符合《义务教育语文课程标准（2022年版）》提出的"思维能力是指学生在语文学习过程中的联想想象、分析比较、归纳判断等认知表现""思维具有一定的敏捷性、灵活性、深刻性、独创性、批判性"。因此，课堂上的"问题导学"，是提升学生思维品质的有效路径。

二、在导中生成

程老师说："问题导学模式，目的在于学生的学，在于让学习发生，在于掌握学习方法和规律，在于提高学习能力，它区别于教案导学、学案导学的本质之处是注重生成的过程，问题是生成的，答案也是生成的。"[1] 又说："学生的观点可能显得幼稚，但是富有启发意义，会丰富教师的理解。教师的教学应该以学生的个性化理解为依据展开。"[2] 在学生的问题中，有时会有遗漏，需要教师辅助补充，进而深入文本的内核。

程老师抓住学生易忽略的句子"到南京时，有朋友约去游逛，勾留了一日"，于无疑处设疑："这话是不是多余？可否删掉？"学生认为不能删，理由是朱自清对父亲不在乎，而父亲对他很关心，这就起到了对比的作用。教师首先予以肯定，进而激发学生思考：会不会是当年浦口至北京的车次不是每天都有的原因呢？这一问，如尺水兴波，掀起学生思维的涟漪，引导学生进入更加广阔的社会背景，使思维逐渐走向周密。教师告诉学生"这有待于考证"。接着引用叶圣陶先生的说法——"只用一句话带过……游逛的事情和父亲的背影没有关系"[3]。是闲笔还是另有深意，也会引起学生探究的兴趣。这句话的理解就有了三种答案，从作者、教师和名家解读三种不同视角来比较，突破"非此即彼"的固化思维模式，培养了学生的发散思维和批判性思维。允许答案的多样性，是对学生尊重的体现。课堂的教授对象是学生，学生是鲜活的生命个体，在课堂上应允许他们各抒己见。因为每个学生的生活阅历不同，知识基础不同，自然认识会有差异。教师要树立课堂的生命观。师生应互为启发，平等交流，不能以答案的对否论"英雄"，要激发学生的问题意识和质疑精神，树立批判性思维，"从而体现问题导学模式中用问题

---

① 程翔 . 做有灵魂的教育［M］. 北京：中国大百科全书出版社，2015：165.
② 程翔 . 一个语文教师的心路历程［M］. 北京：清华大学出版社，2009：96.
③ 叶圣陶 . 叶圣陶语文教育论集［M］. 北京：教育科学出版社，2015：170.

导、导思维方法的本质特点"①。

第五段写父亲关心儿子，表现在浦口车站送别。可父亲的关心没有得到儿子的理解。程老师就此设问："作者为什么花一段的笔墨写自己不理解父亲呢？"学生的答案是"后悔"，这固然不错，但这是从回忆的视角来看的，符合作者写作此文的心理。然而，当时朱自清是一种怎样的心理呢？教师设问："当年20岁的朱自清真的不理解父亲吗？"也就是说，从当时"我"的视角还原作者的心境。教师进行资料铺垫："好好的局长职务被撤了，体面的工作弄丢了，家庭乱成一团，祖母因此悲伤过度而死。"学生就理解了朱自清心中对父亲是有些埋怨的，因而，看着父亲讲价钱、托茶房，就暗笑其"迂"，就是正常的了。如此，学生从回忆的视角来思考，借助生活经验而知。教师的补充提问，使学生生成了由过去到现在的情感变化。这种理解，程老师称为"绝对理解"，是客观的，这就是学生必须明确的"作者意"。

理解"作者意"，只是完成阅读教学的基本任务。程老师说："阅读教学不仅培养学生准确把握作者意的能力，同时也培养学生表达读者意的能力。"②因此，在分析"父亲过铁道买橘子"时，程老师用"问题链"的方式引导学生思考：

（1）这是怎样一个背影？

（2）作者笔下的背影是怎样的呢？

（3）作者看着父亲这样的背影流泪了。这里的流泪与前面流泪的原因一样吗？

（4）这里的流泪是夸张吗？

（5）作者内心还埋怨父亲吗？

以上问题是教师补充的。问题（1）是从学生的感受——"读者意"出发——"这是一个让我心酸的背影"。学生读完课文，调动已有的生活经历和知识经验，受到触动，从而产生个性化的理解。"读者意"与"作者意"

---

① 程翔.做有灵魂的教育［M］.北京：中国大百科全书出版社，2015：165.
② 同①：168.

二者有时对等，有时会出现偏差。问题（2）则让学生抓关键词"肥胖""黑色""蹒跚""努力"来拨动心弦，同化已有感受。程老师让学生对父亲的一连串动作展开想象。于是，"读者意"与"作者意"在这样的活动中达成了高度的契合，从而产生情感冲击。朱自清看到父亲为自己艰难地上下月台买橘子的背影，情感决堤了，就流泪了。问题（4）就解决了——不夸张。作者开始心疼父亲，不再埋怨了，于是有了"搀"的动作。"紫毛大衣"在眼前，父亲的背影则在人群中消失了，此时作者因心酸而流泪，泪水中有对父亲的理解和原谅。朱自清感情转变的原因正是象征父爱背影的出现。

程老师引导学生分析"心酸"是"读者意"，同时又是"作者意"。学生从原始理解，经过教师的相机诱导、问题"搭桥"、想象还原，产生了人类亘古不变的情感共性，即人性。读者心酸流泪了，朱自清心酸流泪了，共鸣产生了！学生对课文的原始理解，在问题导学的后续理解中达成了基本理解。"读者意"与"作者意"之所以没有错位，就在于程老师为学生补充的"真问题"。这些问题是从课文中生成，而又触及作者心灵。学生借助生活经验和知识积累，进行综合判断，符合他们的生活逻辑和情感逻辑，凸显问题的生成性和答案的生成性。

三、在导中促写

朱自清的《背影》是"教文育人"的典范，那么，如何从该文中发现经典文本的写作密码呢？程老师引导学生探索作者聚焦"背影"的意图——"选取感情的'聚焦点'"，引导学生把阅读和写作结合起来。

程老师让学生思考："既然心酸了，既然心疼父亲了，似乎不应该仅仅写一个背影，应该重点写父亲的正面，比如满脸皱纹呀，饱经沧桑呀，等等。可是作者偏偏只写了父亲的背影。为什么？"学生经过探究发现，本文之所以聚焦"背影"来写，是因为作者心酸进而心疼父亲并流泪是由背影触发的，"背影"这个视角便于集中表达这种感情，这就解决了"怎么写"的问题。聚焦背影是描写、叙述，还要通过抒情和议论来表达作者内心的感情——理解父亲、原谅父亲、思念父亲。作者所要表达的情感就是写作的主要内容。由此程老师结合课文设计了这样两个问题：（1）你们写作文，有这样大胆暴露自己家庭矛盾的吗？（2）朱自清先生为什么要写《背影》呢？以此拉近课文与学生的距离，建立课文与学生之间的联系，从而激发学生当经受苦难、挫折，要像朱自清那样，把经历诉说出来。我们生活中家庭的变故，亲人之间的矛盾，生活的挫折，内心的纠结、苦闷等，都会使内心疼痛。这种疼痛往往会伴随我们一生，我们要学会与苦难相处。从课文中吸收阳光，滋养身心，温暖心灵，并汲取释怀的方法，从而达到阅读与写作的主要目的——为了学生的健康成长。这是程老师读写结合的学理观照。正如王荣生教授所说："在认识和理解别人的所见、所闻、所思、所感的过程中，观照自我。"①

经过后续理解，学生认识到所有这些都是不夸张的，颠覆了原始理解，共鸣了朱自清心灵疼痛才多次流泪，产生了情感的高峰体验，与作者同呼吸共命运，沐浴在人性的光辉中。对于语言的质朴，程老师则勾连朱自清的《春》，从语言上比较，让学生明白了表达亲情类的文章越质朴越感人。

综上所述，程翔老师的"问题导学模式"，由原始阅读产生原始理解，进而深入文本，产生问题；沿着问题，寻找"作者意"；经过教师的引导铺垫，或通过讨论交流，进行后续理解，产生"读者意"；进而实现超越现有水平的理解，即基本理解。教学中，程老师摒弃了"预设—讲授"的教学方式，而代之以"预设—生成"。学生亲历问题生成的过程，而教师始终把自己"隐藏起来"，只是引导启发，穿针引线。这是程翔老师"教有学理的语文"的"学理"之一。程老师提出的"教师和学生都是主体"的教学理念，必将推动课堂阅读教学的变革。

---

① 王荣生.阅读教学设计的要诀［M］.北京：中国轻工业出版社，2014：180.

借助气声朗读

——以《秋天的怀念》课例为例

教学背景

课例呈现

年级：初一／课时：一课时

《秋天的怀念》教学实录 ①

师：上课，同学们好！

生：（起立）老师好！

师：请坐。我的名字叫程翔。打开你们的书，看编写人员，找到了吗？

生：找到了。

师：这个教材是我参加编写的，我很想知道同学们对这个教材是不是喜欢。今天我们学习《秋天的怀念》。学习本文，要重视朗读，把握文章的感情基调，注意语气、节奏的变化。在整体感知全文内容的基础上，体会作者的思想感情。有的文章情感显豁直露，易于直接把握，有的则深沉含蓄，要从字里行间细细品味。下面先给同学们两分钟，自己把这篇文章放声读一遍。

（生各自朗读课文）

---

① 程翔.我的课堂作品（修订版）[M].北京：商务印书馆，2023：35-52.

师：好，停下来吧。下面我请一位同学给大家读一段，你随便挑一段来读。这位同学，请你来读。你想读哪一段呢？

生：第六段。

师：好。

生：（读）"邻居的小伙子背着我去看她的时候，她正艰难地呼吸着，像她那一生艰难的生活。别人告诉我，她昏迷前的最后一句话是：'我那个有病的儿子和我那个还未成年的女儿……'"

师：好，请坐。这位同学，你来评价一下，他读得如何呢？

生：我觉得他没有把最后一句母亲的那种遗言的感觉读出来，读得有些快了，没有把感情抒发出来。

师：如果满分是 10 分，你给他打几分呢？

生：7 分。

师：还有 3 分没读出来？

生：嗯。

师：好，我再请一位同学来读。这位女生，你想挑哪一段呢？

生：我想挑第七段。

师：好。

生：（读）"又是秋天，妹妹推着我去北海看了菊花。黄色的花淡雅，白色的花高洁，紫红色的花热烈而深沉，泼泼洒洒，秋风中正开得烂漫。我懂得母亲没有说完的话。妹妹也懂。我俩在一块儿，要好好儿活……"

师：好，请坐。同桌同学评一评，她读得怎么样？

生：她读得其实还是很挺棒的，因为我感觉她的感情非常充沛。

师：你为什么用了一个"其实还是挺棒的"？

生：因为有一个问题。

师：你给她打几分？

生：9 分，因为有一个地方不是很熟练。

师：同学们，你们究竟读得怎么样？有两个同学现在给大家展示了一下，一个得了 7 分，一个得了 9 分，那你们平均得几分呢？我不太清楚。现在四个人一组，互相来读一读，挑其中的一段，读给你这个小组的同学听。开始吧。

（生分小组朗读，师倾听。）

师：好了。哪个组推荐代表来读一读？

生：推荐我们组的×××。

师：好，请到前边来，站在这个地方读。你想读哪一段？

生：读第一段。

师：好。

生：（读）"双腿瘫痪后，我的脾气变得暴怒无常。望着望着天上北归的雁阵，我会突然把面前的玻璃砸碎；听着听着李谷一甜美的歌声，我会猛地把手边的东西摔向四周的墙壁。母亲就悄悄地躲出去，在我看不见的地方偷偷地听着我的动静。当一切恢复沉寂，她又悄悄地进来，眼边儿红红的，看着我。'听说北海的花都开了，我推着你去走走。'她总是这么说。母亲喜欢花，可自从我的腿瘫痪后，她侍弄的那些花都死了。'不，我不去！'我狠命地捶打这两条可恨的腿，喊着，'我可活什么劲儿！'母亲扑过来抓住我的手，忍住哭声说：'咱娘儿俩在一块儿，好好儿活，好好儿活……'"（生鼓掌）

师：好！你觉得自己读得怎么样？

生：还可以。

师：打几分？

生：8分。

师：那2分是什么问题？

生：那2分就是情感处理得不好。

师：读错了一个音，侍（sì）弄，应该读侍（shì）弄。减1分，另1分是什么？

生：就是文中儿子说的那个话的语气没有读出来。

师：语气？其实是感情。你能说说这篇文章的基调是什么吗？是欢快吗？

生：不是。

师：是什么呢？

生：很深沉。

师：深沉。还可以有其他的词吗？

生：愤怒。

师：怎么是"愤怒"呢？

生：因为他的双腿瘫痪了，不能自己单独行走。

师：同学们，她回答的这两个词，其中第二个词是不恰当的，这篇文章的基调不能叫"愤怒"。请你回到座位上去。这篇文章的基调是什么？有同学举手了，好的，你说。

生：我觉得是暴怒无常。

师："基调"是贯穿全文的。"暴怒无常"没有贯穿全文，肯定不是基调。还有哪位同学说？你说。

生：我感觉这篇文章的基调有可能是伤感。

师："伤感"，这个词好。说说理由。

生：我觉得前面是他的双腿瘫痪了，他非常伤感，因为他以后就不能走路了，并且到最后他的母亲还去世了，我感觉这个伤感贯穿全文。

师：好的，请坐。说得有道理，但还不准确。哪位同学继续来说？这篇文章的基调，感情的基调是什么？好，你讲。

生：我认为应该是惆怅。因为母亲非常心疼儿子，每次母亲都是躲在一个角落来看他的，其实这里也有一段是母亲对儿子双腿瘫痪后惆怅的感情。

师：那我问你，这篇文章主要是写妈妈疼爱儿子吗？

生：不是。

师：那是写什么呢？

生：是写儿子怎么怀念母亲，思念母亲。

师："怀念"这个词，题目上是这样写的，但是这个词很笼统，怎么怀念呢？

生：在用心怀念。

师：是的，用心怀念。还有哪位同学要说吗？没有了是吧？好的。那么我想再请一位同学来，还是读第一段。谁来读？有举手的吗？好，小伙子，你来。通过刚才同学们的回答，我发现文章虽然学过了，但是孩子，你们并没有真正理解，对它的感情基调你们并没有把握准。好，我再听你朗读，来，我给你拿着话筒。

生：（读）"双腿瘫痪后……"

师：停。基调不对，我看没瘫痪。要沉重，知道吗？你会沉重吗？

生：（读）"双腿瘫痪后……"

师：好一点。

（生读课文）

师：好的。孩子，你拿着话筒，咱俩有一个对话。我问你，这母亲原来挺喜欢养花的是吗？

生：对。

师：后来那些花都死了，为什么呀？

生：因为她把精力全都放在照顾儿子上了。

师：这儿子觉得应该，是吧？

生：我感觉他现在是觉得这是应该的。因为他现在没有对母亲……

师："现在"是什么？

生："现在"就是他没有理解母亲的这些做法。（众生：当时。）

师：其他同学说了一个"当时"，你说了一个"现在"，究竟是"当时"还是"现在"？

生：当时。

师：对了，当时他觉得这是应该的。那现在呢？

生：现在他就感觉母亲为他付出了太多，并且他还没有去回报母亲。

师：他想过他母亲吗？

生：当时没有。

师：对，当时没有。这个时间概念就把握对了。当时他只想什么？

生：他只想自己的腿瘫痪了。

师：对。他自己腿瘫痪了，这是一件很令人同情的事，他很年轻，他觉得老天对他不公。是这样吗？

生：对。

师：他暴怒无常，这都是可以理解的，但是他就从来没想过谁？

生：母亲。

师：对，因为他母亲已经怎么着了？

生：已经去世了。

师：还没去世呢，孩子，你让他母亲去世得有点早啊。当时他母亲怎么了？

生：当时他母亲已经患病了。

师：什么病？

生：肝癌。

师：对了，已经是病入膏肓了。作者当时知道吗？

生：不知道。

师：他不知道，他就只沉浸在对自己的什么当中？

生：对自己的伤痛之中。

师：后来他在写这个文章的时候，怎么样？

生：他感觉很后悔。

师：对了。同学们，基调是什么？

生：后悔。

师：好！回去坐吧。写下来，这篇文章感情的基调是"后悔"。朗读课文一定要把握住感情基调，要不然你就读不好。那么这个感情的基调是什么呢？他非常自责，或者叫内疚，甚至是忏悔。作者当时只是在想自己怎么这么倒霉呢，从来没想过母亲已经病入膏肓了。所以，第一段怎么读呢？我还想请一位同学上来读第一段，谁来读呢？（生举手）好，你来。知道感情的基调了，再朗读就应该不一样了。

（生读）

师：好。写这些的目的是什么？

生：是为了体现出他当时的暴怒无常。

师：只是为了这个吗？和表现他自责、内疚有什么关系呢？

生：不知道。

师：好，先回去。哪个同学来？请举手。再上来继续读这一段。好，你来。你是第几次朗读了？

生：第二次。

师：你想要——

生：想要改变一下。

师：很好！

（生读）

师：语速有点快，重新来，慢一点。因为自责、内疚的这种感情基调不可能是快的，所以慢一点，表达自己的内疚。当时"我"是那么不什么？

生："我"是那么不去想母亲。

师："我"是那么不懂事，不想母亲，"我"的那种行为，实际上是在扎母亲的心啊。

（生读）

师：读得不错，有明显进步。但我总感觉还是有不满足的地方，你有点读《春》的那种味道，读《春》和读《秋天的怀念》感情基调是截然不同的。好，请同学们听老师来读。

（师带有感情地读课文。全体鼓掌。）

师：这两个"好好儿活"，它的读法是不一样的。同学们看，史铁生捶打自己双腿说："我可活什么劲儿！"这句话等于拿着一把刀子在戳母亲的心呐，母亲最伤痛的就是儿子不想活了，所以下面作者用了两个动词，母亲就——

生：扑。

师：把"扑"这个动词画下来，换成"走"行不行呢？不行，扑的动作既快又猛，你不要再捶打你的腿了。抓住"我"的手，不让"我"再捶打腿了，然后说"咱娘儿俩在一块儿，好好儿活，好好儿活……"第一个"好好儿活"是表达要活下去的什么？

生：信心。

师：信心！可是母亲又一想，自己有这病，还能活多长呢。所以第二个"好好儿活"，那就是带着哭腔读出来的。她多么想陪着孩子好好儿活，可是自己将不久于人世，儿子又不知道，所以第二个"好好儿活"是非常痛苦的，在处理上是不一样的，懂了吧？

生：懂了。

师：好，下面一起来读一读这一段。

（生齐读）

师：好。这篇文章不太适合齐读，个体朗读比较好。（指一生）孩子，我现在就想请你再把第一段读给大家听一听，看看效果怎么样。好不好？来，到前面来，一定要全身心地投入进去。

（生读课文）

师：好！有进步吗？

生：（众）有。

师：大有进步！老师最高兴的就是看到你们有进步。好，同学们接着往下看，写完了第一段之后，作者接着这样写，"可我却一直都不知道……"用了一个转折词"可"，能把这个词去掉吗？为什么？

生：我觉得如果把这个词去掉，就无法表达他之前不关心母亲的那种心情。

师：对，以前他只关心自己，所以这一转，转到谁身上来了？

生：转到母亲身上。

师：好，你来读一读这一段。

生：（读）"可我却一直都不知道，她的病已经到了那步田地。后来妹妹告诉我，她常常肝疼得整宿整宿翻来覆去地睡不了觉。"

师：这个转折是他自己的心理活动，表达自责、后悔、内疚。只考虑自己，没想过母亲那个时候的病已经到了这个地步。在表达自己内心活动的时候，发音的技巧上要会用气声。

生：怎么读？

师：如果是用实声朗读的话，就像你刚才这样（实声朗读），这是实声。气声呢，是这样的："可我却一直都不知道，她的病已经到了那步田地。"（气声朗读）会了吗？

生：嗯。

师： 好，你用气声来读好吗？

（生用气声读）

师： 这效果怎么样啊？（全体鼓掌）好多啦，你已经会发气声啦！孩子请坐。这又是一个进步。好的，同学们，接着往下看，下一段谁来读啊？请举手，好，那位同学到前边来读。

生：（读）"那天我又独自坐在屋里，看着窗外的树叶'唰唰啦啦'地飘落。母亲进来了，挡在窗前：'北海的菊花开了，我推着你去看看吧。'"

师： 这句话好像不够温柔，是吧？小伙子，你想想，妈妈的话是很温柔的，重新来读这一句。

生：（读）"'北海的菊花开了，我推着你去看看吧。'她憔悴的脸上现出央求般的神色。'什么时候？''你要是愿意，就明天？'她说。我的回答已经让她喜出望外了。'好吧，就明天。'我说。她高兴得一会儿坐下，一会儿站起：'那就赶紧准备准备。''哎呀，烦不烦？几步路，有什么好准备的！'她也笑了，坐在我身边，絮絮叨叨地说着：'看完菊花，咱们就去"仿膳"，你小时候最爱吃那儿的豌豆黄儿。还记得那回我带你去北海吗？你偏说那杨树花是毛毛虫，跑着，一脚踩扁一个……'她忽然不说了。对于'跑'和'踩'一类的字眼儿，她比我还敏感。她又悄悄地出去了。"

师： 孩子，你读的有一个地方是不对的。"絮絮叨叨地说"就是说起来——

生： 说起来很快。

师： 说起来没个完，说得多，儿子不愿意听。这叫"絮絮叨叨地说"，是这样吗？

生： 嗯。

师： 好，那么这个母亲为什么要"絮絮叨叨地说"？

生： 我觉得是高兴吧。

师： 为什么高兴啊？

生： 因为儿子之前都是说不去，现在同意了，所以母亲特别高兴。

师： 这一高兴就回忆——

生： 就回忆起了小时候快乐的事情。

师：当母亲回忆起小时候快乐的事情，能忍得住吗？

生：忍不住。

师：对，忍不住。这就是母亲。母亲说着说着就刹不住了，就突然说出了什么字？

生："跑"和"踩"。

师：对，说到这里，母亲突然感觉到——

生：不能提儿子的伤心事。

师：不是伤心事，是很敏感的字眼儿，因为儿子现在已经不能跑，也不能踩了。所以读到这个地方呢，要停下来，停下来之后，看后面是什么呢？

生："她忽然不说了。"

师：对，你刚才读的呢，紧接着就读"她忽然不说了"。你看后面有省略号，省略的是什么？

生：省略的是当年那一段非常开心的记忆。

师：对，开心的内容，然而现在却不能说。多么复杂的心理！孩子，把这几句话再重新来读一遍。

生：（读）"她也笑了，坐在我身边，絮絮叨叨地说着：'看完菊花，咱们就去"仿膳"，你小时候……'"

师：注意这个地方，母亲已经沉浸在对美好过去的回忆当中了，所以这个地方一定要读得稍微——

生：慢。

师：不是慢，而是快。是这样吗？一想起美好的回忆的时候，她絮絮叨叨就快起来了，快着快着就刹不住了，就把那个忌讳的字眼给说出来了，然后发现了，立马就停了下来，知道母亲这样的心理了吗？

生：嗯。

师：所以要把这个给读出来。好，开始。

（生读课文）

师：好的，回去坐吧。还有哪位同学觉得自己能读得好的？孩子，你来。

（生读后，师指导。）

师：朗读，技巧是次要的，关键是情感，当你真正处在那样的一个情境当中的时候，你会自然而然地停顿下来，请同学们听老师来读。（师范读）接下来这一段更重要。大家看，这一段非常短，是吗？为什么要单独成段呢？我们在朗读的时候怎么来处理呢？谁来说？

生：（深沉、伤痛地读）"她出去了，就再也没回来。"

师：为什么这样读呢？你知道这一句作者的感情是什么吗？

生：就是那种对母亲……

师：你先坐。单独成段是在强调他的感情，这个地方的感情特别复杂。哪位同学来试一试？（生举手）好，你过来。

（生读课文）

师：这个时候作者的感情该达到什么程度了？

生：非常非常后悔。

师：好。非常非常后悔，控制不住了。当一个人的感情控制不住而又想控制的时候，知道发音有什么特点吗？

生：声音大，但是又刹不住的那种感觉。

师：好。要断断续续。你重新来读。

（生读课文）

师：好一些了。听老师来读。（师范读）"她出去了，就再也——没——回——来。"作者极度地自责、后悔、内疚就是这一段，你们试着这样读一读好吗？自己试着读一读。

（生各自读）

师：全用了气声。同学们，在朗读的时候，在技巧上，气声是非常重要的。气声和实声是我们发音的两种基本的方法。（师示范气声和实声两种发音）你们说哪一种表达的感情比较好呢？

生：气声。

师：好的，再请一位同学接着往下读，谁来读？（一生举手）那位同学读好几次了是吧？后面的那位女生请你到前边来读好吗？把后面这两小段连起来读。

生：（读课文）"邻居们把她抬上车时，她还在大口大口地吐着鲜血。我没想到她已经病成那样。看着三轮车远去，也绝没有想到那竟是永远的诀别。

"邻居的小伙子背着我去看她的时候，她正艰难地呼吸着，像她那一生艰难的生活。别人告诉我，她昏迷前的最后一句话是：'我那个有病的儿子和我那个还未成年的女儿……'"

师：感情的投入还是欠点儿。好，回去坐吧，还有哪位同学？好，你来吧。

（生读课文）

师：注意这一段当中是吐（tǔ）还是吐（tù）？

生：吐（tù）。

师：注意这个字音，是吐（tù）着鲜血。还有呢，有两个"没想到"，你看是吗？两个"没想到"在发音的时候要重读，他为什么就没想到呢？孩子，你知道吗？

生：因为他之前就没想过母亲。

师：对了，他只想着自己了，他没想到母亲，所以连用了两个"没想到"，而且第二个"没想到"前面还有一个"绝"。重新来读这一段。

（生读课文）

师：这样读是不行的。"我没想到"应该用气声，还得重读。（用气声读）你看那位同学已经会了，让他来试一试好吗？

生：好。

师：这就是跃跃欲试啊！非常好！

（生读课文）

师：很好，你会用气声了！刚才就会了，现在用得更好了。孩子，你会朗读了！会朗读是一件很幸福的事情！好，接着往下读。

生：（读）"邻居的小伙子背着我去看她的时候，她正艰难地呼吸着，像她那一生艰难的生活。别人告诉我，她昏迷前的最后一句话是：'我那个有病的儿子和我那个还未成年的女儿……'"

师：这最后一句话有点问题了，母亲在这个时候说话还有力气吗？

生：没有了。

师：对，没有力气，这句话怎么读啊？重新来。

生：（读）"我那个有病的儿子和我那个还未成年的女儿……"

师：很好，太好了！请坐。会朗读了，老师真高兴。最后一段了，谁来读啊？没读过的同学请来读一下。

（生读课文）

师：孩子，你注意了吗？你太好用气声了，不是所有的时候都要用气声的，这一段你知道为什么可以不用气声吗？

生：我认为他是在陈述，而不是在表达自己的感情。

师：他是要表达感情，他要表达什么样的感情呢？母亲这个时候已经怎么了？

生：去世了。

师：他和妹妹是要一直消沉下去呢，还是——

生：好好活下去。

师：对呀，那你怎么读呢？要怎么表达好好活下去？

（生读课文，师指导并实声范读。）

师：很好！"泼泼洒洒，秋风中正开得烂漫"，表达了什么感情？

生：生命的一种感悟。

师：生命的坚强，菊花是在百花开后还在秋风中坚强地开着，是这样吗？

生：明白了。

师：好，接着读。

生：（读）"我懂得母亲没有说完的话。妹妹也懂。我俩在一块儿，要好好儿活……"

师：不对不对，不应该这样，"我"和妹妹在一块要怎么着？

生：好好儿活。

师：这个"活"字应该怎么读？再调整一下，要表现活下去的什么？母亲最希望的是什么？

生：儿子活下去。

师：儿子和妹妹相依为命，坚强地——

生：活下去。

师：很好，明白了吗？

生：明白了。

师：好，重新来。（生读课文）这个"活"字可以拖腔拖得长一点，而且有声音的。再来读一遍，声音再稍微高一点。

（生读课文）

师：好！孩子，不容易吧？朗读有没有技巧啊？

生：有。

师：你终于明白了，是不是啊？真好，咱俩拥抱拥抱吧。（师生拥抱）同学们，我们这节课主要是朗读了这篇文章，你们说通过朗读跟你们在第一遍学的时候相比有没有提高啊？

生：有。

师：有提高！好，这节课就上到这儿。下课，同学们再见！

（注：教学实录略有删改。）

点评

　　程翔老师说："朗读既是一种训练，也是读者表达理解的一种形式。这种形式是读者借助声音将内在的理解外化，通过空间进行传递，使听者受到启发、熏陶和感染。书声琅琅是语文课的本色。"[1] 又说："朗读的过程就是把书面语言变成口头语言，把无声语言变成有声语言的过程。朗读者既要准确地传达文章的本意，又要融进个人的感情色彩，在一定程度上进行再创造。"[2]《义务教育语文课程标准（2022年版）》也明确要求"能用普通话正确、流利、有感情地朗读""在通读课文的基础上，理清思路，理解、分析主要内容，体味和推敲重要词句在语言环境中的意义和作用。对课文的内容

①　程翔.课堂阅读教学论［M］.杭州：浙江古籍出版社，2005：148.

②　程翔.语文课堂教学的研究与实践［M］.北京：语文出版社，1999：128.

和表达有自己的心得，能提出自己的看法，并能与他人合作，共同探讨、分析、解决疑难问题"。因此，朗读在阅读教学中不容忽视，教师要注重教授学生朗读的技巧。比如，声音的高、中、低，舒缓、急促，停顿、延长，颤动、升降。除此之外，还有虚和实，即气声朗读和实声朗读。气声朗读，就是"运用气声，带有一种夸张的味道"的朗读；实声朗读，则"发出实实在在的声音，不用气声"。[①] 下面就结合程翔老师执教的《秋天的怀念》，来谈谈如何借助气声朗读来实现高效阅读。

一、实声朗读，调动尝试

程老师先让学生自由朗读课文，获得原始体验。为了检测学生的朗读情况，在学生朗读展示后，程老师让学生以赋分的方式进行评价，由此推测其他学生的朗读情况。这样，学生明确了朗读中存在的问题。接下来，程老师组织学生分小组，互读互评，其中一个小组分享了第一段的朗读。针对此段，程老师共安排了七次学生朗读，每次朗读的评价，并不是教师直接进行评判，而是让学生评价并说出理由，教师再因势利导。比如，当读完此段后，该生认为文章的基调是"深沉""愤怒"的，程老师让学生说出原因并予以评价。还有学生说出"伤感"，程老师先肯定，然后引导学生说出理由。这充分调动了学生的积极性和主动性。学生对课文有了进一步的体验——一是作者瘫痪，二是母亲去世。显然，学生还没有准确把握文章的感情基调。于是，程老师再牵引一步，在"基调"前加上"感情"，学生就会从表达感情的词语中来调取已有的记忆。学生说出了"惆怅"，显然，角度又偏了。程老师又进行铺垫，问："这篇文章主要是写妈妈疼爱儿子吗？"学生的思路回到了标题中的关键词"怀念"上。五位学生发言，都没有准确回答。这时，程老师让学生继续朗读第一段，让学生在读中领悟，可学生仍无法把握文章的情感。学生多次接触课文，为下面程老师与学生展开对话做了铺垫。

---

① 程翔.语文课堂教学的研究与实践［M］.北京：语文出版社，1999：134.

程老师从母亲养花的细节入手，针对母亲养的花都死了，学生思考其中的原因，明白了过去母亲一心扑在儿子身上，儿子却全然不知，沉浸在自己瘫痪的苦痛中。而今想来，母亲当时病入膏肓，儿子从未想过。程老师在与学生的对话中，捕捉学生思维的火花——"他没有理解母亲的这些做法"，学生从过去的视角来思考。程老师顺势引导："当时他觉得这是应该的。那现在呢？"这就从过去转入现在。看似轻轻一转，就由儿子的瘫痪、母亲的病情，转到写作此文时的心情——后悔。教师相机诱导，学生思考的热情高涨，潜能得到了挖掘，不断"头脑风暴"，纷纷发言，课堂气氛活跃。学生终于感悟到了文章的感情基调。

　　那么，如何带着"后悔"的情感来读呢？程老师教给学生朗读的技巧：语速要放慢，读出母亲的心痛。学生朗读后仍然无法读出这种情感。如何进一步引导？程老师抓住作者的语言"我可活什么劲儿！"，母亲的动作"扑"——既快又猛，以及母亲的语言"好好儿活"。要读好，先要理解第一个"好好儿活"。第一个"好好儿活"是母亲给孩子信心，而想到自己将不久于人世，因此，母亲在说第二个"好好儿活"时是痛苦的，要进行读法处理——带着哭腔去读。母亲的伤痛，在学生的朗读中得以理解。如此，学生理解了作者现在的自责和愧疚。

　　学生经由"纠正字音，读通文意—师生对话，一再阻塞—启发诱导，仍寻不到—问题铺垫，读出基调—朗读品味，内化情感"，触摸到作者的心灵之痛。

二、气声朗读，注重技巧

　　如果说读第一段是用实声朗读，那么，第二段则用气声朗读直击作者心灵。程老师并没有给学生讲述气声的概念，而是从"可"字入手，让学生品味出作者由想着自己，转变到想着母亲。那么，作者的自责心情怎么才能读出来呢？程老师告诉学生：当读到表达人物心理活动的文字时，要用气声朗读。当学生仍惯用实声朗读时，教师纠偏、示范，学生模仿、尝试朗读，进而让学生实实在在地学会这种读法。众所周知，气声朗读，没有教师的示范，学生很难掌握。程老师示范朗读，"授之以渔"，学生初步体会程老师朗读的技巧。然后，教师抓住"可"字，让学生体会作者的后悔、自责和内疚。在气声朗读中，学生体会出舒缓、隐隐之痛。程老师通过精彩的示范、细腻的语言赏析，带着学生涵泳，从而入情入境。

第三段展开回忆，母亲央求儿子去北海公园。程老师引导学生用明快温柔的语调、稍快的语速来读。先咂摸"絮絮叨叨"的意思，母亲因高兴而说个不停，以至于说出了"跑"和"踩"的敏感字眼。对于"一脚踩扁一个"后面的省略号，程老师则引导学生探寻母亲复杂的心理——母亲因回忆而高兴，因说错话而痛苦，由快而慢，自然就停下来。这种情感的表达，同样是在程老师的范读中传达给了学生，学生尽情演绎，从而对课文有了深度解读。如此，"牵一发而动全身"，重锤敲打"絮絮叨叨"，学生在朗读中仿佛身临其境，感受到母亲无奈的痛楚。作者而今的后悔之情，学生就感同身受了。

第四段，程老师引导学生读出作者复杂的情感：想控制却控制不住的极度后悔。教师先范读，然后分析单独成段的作用——强调后悔之情。在教师范读和学生练读的基础上，他告诉学生欲控制而不得时的发音特点。学生既学会了气声的读法，又明白了实声和气声这两种发音的区别。在接下来第六段和第七段的朗读中，学生仍然没有学会程老师教的朗读方法——朗读的关键是情感。于是，程老师一步步进行引导，先正音"吐"，重读两个"没想到"，而且要读出气声。第七段，母亲的遗言，要用缓慢的语气，读出母亲没有气力。当母亲去世后，作者懂了母亲临终的嘱托，决心与妹妹一起好好儿活，运用实声来读。

程老师借助朗读品析的方式，不断为学生铺垫，继而在学生"愤""悱"之处引向深入。学生不仅学会了朗读的技巧，而且思维也逐步打开。这是按照课文的段落顺序，逐段朗读，以"读"为主线，结合课文的思路，生发后续理解。基本理解是课堂阅读要达成的任务。程老师提出要遵循三个层次。第一，是对课文字词句的理解。比如，第一段中的"好好儿活"，要带着哭腔读，因为母亲的话是"忍住哭声说出"的，这些理解是客观存在的。第二，有对课文写作技巧的理解。比如，第四段"她出去了，就再也没回来"。母亲去世，作者极度后悔、自责、内疚。单独成段，为突出强调这种情感。第三，是对主题思想的理解。程老师认为，课文的"作者意"与"读者意"之间有时是一致的，但由于学生的知识背景、生活阅历等不同，会产生二者之间的差异，而主题是客观存在的。那么，教师如何引导学生理解主题呢？首先要遵循主题从课文中来，其次要遵循课文的文体规律，还要遵循作者的时代背景和历史文化语境。"作者意"与"读者意"会出现重合或部分重合，因此，须在二者之间寻找平衡点，也就是基本理解。由于课堂阅读的时间是有限的，教师需要从学生异彩纷呈的答案中，对原始理解进行整合，继而驱动学生的后续理解。学生反复诵读，师生互相启发，辅以相应的教学铺垫，让学生进入作者创造的作品之境。有的课文有表层意和深层意，还有的课文涉及政治因素的第三层含义则没有必要理解，因为学生无法读出。如果深刻解读或硬塞给学生，那就是过度解读。课堂阅读教学要符合学生的心智水平，适度教学才是正道。程老师依照课堂阅读教学的规律，经由原始理解、后续理解，最终抵达课堂阅读教学的基本理解。

基本理解的达成，基于教师引导学生学会了朗读。正如程老师所说："一篇陌生的课文，学生不会读，教师就范读。范读之后就万事大吉了吗？远远不够，还要让学生按照教师的要求反复练读。学生在练读的过程中，暴露问题，然后得到教师的指点，最后才能够顺利地读下来。这样训练，学生读课文的能力自然会有明显提高。"①

三、借助评价，达成目标

一堂阅读课，有其明确的目标。教者根据目标施教，才能有的放矢。否则，就会陷入泥潭，学生则一头雾水。因此，明确的目标是课堂成功的关

---

① 程翔.一个语文教师的心路历程［M］.北京：清华大学出版社，2009：103.

键导向，课堂阅读教学难以绕行。很难设想一节没有目标的课堂是有效的课堂。因此，设计一堂好课的目标要可测量、可评价，就显得尤为重要了。那么，设计课堂目标要注意什么呢？程老师提出，目标的呈现要体现培养学生的阅读素养。该课例中，程老师设计的教学目标是：重视朗读，把握文章的感情基调，注意语气、节奏的变化；在整体感知全文内容的基础上，体会作者的思想感情。教学中，程老师始终引导学生朗读课文，在朗读中寻找文章的感情基调。学生一开始理解不到位，程老师紧扣这个问题，相机诱导。在学生把握不住感情基调时，与学生展开对话，在对话中引导；学生的思考偏离了感情基调时，用对话铺垫，用朗读牵引，让学生始终走在体验作者情感的道路上，围绕"当时作者想的什么"进行思考。对于作者写作此文的感情，学生说得出，能体验到，在作者的行为与母亲的语言中，得到洗礼，了然于心。有了明确的课堂阅读目标，教师引导学生朝着目标进发，在师生评价中拨开云雾，突破目标。

此外，课堂阅读目标要恰当。所谓"恰当"，就是要符合语文学科特点，抓住语文要素，培养学生的语文素养，不能"种了别人的田，荒了自家的地"。因为课文有自身的功能，它充当一个例子的作用，正如叶圣陶先生所说，"教材无非是个例子"。要让学生学过一类文本，有效迁移到同类文本的阅读活动中。朗读教学同样如此，比如学习气声朗读，要明白在什么情况下用这样的方法去读，如何读到位，读出感情。选取恰当的目标，是在给学生树立边界意识，这里的边界要符合学习的规定性，符合学生的心理特点。

程翔老师"预设—生成"的理念，体现学生在参与中体验，不断出错、纠错、内化，从而实现生成。比如，教读"她出去了，就再也没回来"一句时，学生没有读出作者内心复杂的感情，程老师辅以支架："这个时候作者的感情该达到什么程度了？"学生认识到作者非常后悔，因而不仅声音要大，还有刹不住的感觉。但该生再次朗读时，仍然没有读到位。此时，程老师范读："她出去了，就再也——没——回——来。"如此，读得断断续续，就把作者极度自责、后悔、内疚的复杂情感通过气声朗读外化出来。最后，程老师让学生自由朗读，学生把握了气声朗读的技巧，这就是生成的效果。

程老师整堂课以"读"贯之，他先让全体学生各自大声朗读，继而指名挑段朗读、分小组互相朗读，之后引导学生从头开始，一段一段读下来。全体学生都参与了"读"与"思"，通过阅读体验、内化生成，走进了作者的内心世界。正如程翔老师所说："任何朗读都是一种理解。"[①] 钱梦龙老师也说过："朗读是一种眼、口、耳、脑协同动作的过程，朗读时，通过抑扬顿挫、轻重徐急的语调、语速变化，可以加深对文章的理解，更好地把握作者思想感情发展的脉络。"[②] 由此可见，朗读课文，让课文作者与读者直接对话，学生就会从课文的字里行间读出作者的情感，从而走进作者的内心世界。因此，朗读是促进学生思考的有效方法——运用和调整声音的长短、快慢、轻重来朗读，以声音促思考。正如孙绍振先生在《名作细读》中说："语文老师一定要讲出学生感觉到又说不出来，或者以为是一望而知，其实是一无所知的东西来。"所谓以读代讲，也可以说，要把学生感觉到读不出，或者一读尽知，其实读了也无知的东西读出来。在程老师的指引下，学生由品不出、读不透，到开始浅表化的模糊认识，逐段朗读，逐渐深入文本。课堂阅读教学，要使朗读声情并茂、快慢有致，成为一种外化的学习方式，其中的技巧能够通过训练获得。所以，精准的朗读指导训练是语文教师必须掌握的基本教学技能。

---

① 程翔.一个语文教师的心路历程［M］.北京: 清华大学出版社，2009: 212.
② 钱梦龙.教师的价值［M］.上海: 华东师范大学出版社，2015: 232.

纲举目张

——以《散步》课例为例

年级：初一 / 课时：一课时

《散步》教学实录 ①

师：上课。同学们好！

生：老师好！

师：我问同学们一个小问题：咱们班的同学有经常和父母一起散步的吗？请举手。

（生举手）

师：请一位同学谈谈和父母一起散步时有什么感受。

生：没有什么感受。

师：都没有吗？

生：我觉得和父母一起散步可以谈谈心，一家人有说有笑，即使父母批评自己，也不像在家中那么严肃。

师：很好。散步是家庭生活的一项内容，它是一种温馨幸福的家庭生活。今天，我们来学习一篇叙事散文——《散步》。（板

---

① 程翔．语文课堂教学的研究与实践［M］．北京：语文出版社，1999：165-170.

书：散步 莫怀戚）

师：请一位同学把课文朗读一遍。

（生读课文）

师：这位同学读得很流畅，吐字也较清楚。有读错的字吗？

生："背着我"的"背"应读一声，他读成四声了。

师：什么情况下读四声？

生："脊背""手背"。

师：对。文中有不太好写的字吗？

生："熬""嫩""霎""粼粼"。

师：这几个字笔画比较多，请同学们用手比画着写一遍。

（生写）

师：本文一共写了几个人？

生：四个人。作者、作者的母亲、作者的妻子和儿子。

师：对。这四个人中，最喜欢母亲的举手。

（生举手）

师：请一位同学说说你为什么最喜欢母亲。

生：这位母亲很理解儿子的心意，很疼爱自己的孙子。

师：请你把写母亲的地方读一遍。

（生读第二段）

师：母亲尽管走远一点就觉得累，但体谅到儿子一片孝心，就出来了。这是写母亲的动作。"她现在很听我的话，就像我小时候很听她的话一样。"这句话说明了什么？

生：母亲十分信赖儿子。

师：对。哪一个地方写到了母亲的语言？

生：倒数第二段。

师：请你读一下。

（生读课文）

师："还是走小路吧。"母亲为什么改变了主意？

生：因为母亲知道了孙子要走小路的原因，"那里有金色的菜花，两行整齐的桑树，尽头一口水波粼粼的鱼塘"。孙子想去看看，当奶奶的应该满足孙子的要求。

师：很好。那么母亲的这句话怎么读才好呢？谁来试一试？

（生读课文）

师：同学们注意，文中写道："但是母亲摸摸孙儿的小脑瓜，变了主意"。这是一个思想转变的过程，怎样读才能表现出这个转变的过程呢？

生：我觉得"还是"两个字带点拖音："还——是——走小路吧。"

师：很好。你体会得很到位。母亲的第二句话怎么读呢？

生：（大声）"我走不过去的地方，你就背着我。"

师：用不着这么大声。母亲让儿子背着自己，提这点要求用不用事先跟儿子商量商量？

生：不用。

师：对呀。母亲说这话时很放心，很坦然。读的时候，要把这层意思表达出来。请听老师读。

（师范读课文）

师：你们试着这样读一读好吗？自己试着读一读。

（生各自读）

师：以上我们分析了对母亲的描写。（板书：母亲　善解人意、疼爱孙子　动作、语言）

师：最喜欢作者的举手。

（生举手）

师：请一位同学说说你为什么最喜欢作者。

生：他很孝敬母亲。

师：从哪里看出来的？

生："我决定委屈儿子，因为我伴同他的时日还长。我说：'走大路。'"

师："因为我伴同他的时日还长"这句话的隐含意义是什么？

生：伴同母亲的时日短。

师：对。作者希望在母亲的有生之年能多出来散步几次。作者对这次一家四口在田野散步是很珍惜的。作者的这种感情在前面哪一段中表露过？

生："天气很好。今年的春天来得太迟，太迟了，有一些老人挺不住。但是春天总算来了。我的母亲又熬过了一个严冬。"

师：哪几个字应重读？

生："太""总算""又"。

师：好。作者在内心深处为母亲又熬过了一个严冬而高兴。这是什么描写？

生：心理描写。

师：对。那么作者的那句话怎么读？

生：应读得干脆利索："走大路。"

师：或者说是斩钉截铁。有没有商量的余地？

生：没有。

师：对。说一不二，"走大路"。我们把第六段齐读一遍。

（生齐读课文）

师：刻画作者本人，较多地使用了心理描写，也有语言描写。（板书：作者孝敬母亲　心理、语言）

师：最喜欢文中这个小孩的举手。

（生举手）

师：请你说说理由。

生：这个小孩没有坚持非走小路不可，他听从了爸爸的话，是个懂事的小孩。

师：很正确。文中小孩说了两句话，谁来读一下？

（生读课文）

师：这个小孩发现了一个很有趣的现象，是靠自己细致的观察得出的，说明这个小孩怎么样？

生：很聪明。

师：对。（板书：小孩　懂事、聪明）

师：只剩下妻子一个人啦。最喜欢妻子的举手。

（没有学生举手）

师：请你说说为什么不举手。

生：我不喜欢这个人物。

师：为什么？

生：妻子没说一句话。

师：不说话你就不喜欢？

生：书上写"妻子呢，在外面，她总是听我的"。就是说，妻子在家里就不听……

师：就不听丈夫的。你是这个意思吧？

（生点点头）

师：同学们想一想，妻子难道必须一切听从丈夫的吗？

（生点点头）

生：不行。

师：对呀。丈夫说得对才听，说得不对还能听吗？那就另当别论。为什么这个妻子在外面总是听丈夫的呢？那是因为她维护夫妻之间在外界的美好形象，她很给丈夫什么？

生：面子。

师：对呀。用现在的话说，就是妻子在外面是很尊重丈夫的，但是回家就不同了。在家里，夫妻之间完全可以互相批评。这叫内外有别嘛！妻子没说一句话，那是因为她在等待丈夫的决定。一旦丈夫说"走大路"，妻子就毫不犹豫地支持丈夫的意见，也走大路。妻子不说一句话，正说明她是一位默默奉献、更多地操持家务的贤妻良母。她说得少，做得多。同学们不喜欢这样的妻子？反正我喜欢。你们同意我的观点吗？

生：同意。

师：喜欢的举手。

（生举手）

师：看法发生变化了，这就是理解了。好，下面我们把文章最后一段齐读一遍。

（生齐读课文）

（师板书：妻子　默默奉献、贤妻良母）

师：同学们，这一段内容就好像一幅电影画面，你们从中感受到了什么？用一个字表示。

生：爱。

师：对。（板书：爱）

师：家庭的幸福大厦就是由爱支撑起来的。散步所体现出来的温馨与幸福就在于此。希望同学们以后经常与父母在一起散步，去感受美好的家庭生活。这节课就上到这里。下课。

（注：教学实录略有删改。）

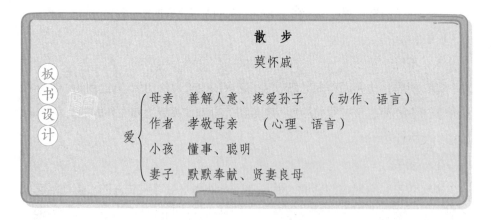

点评

纲举目张，意思是做事抓住主要的环节，带动次要的环节。那么，一节课怎样安排才能做到纲举目张呢？程翔老师说："优秀的教师，课之所以上得好，关键在于对课的结构和一篇课文的教学有精到周密的考虑和设计，对教学环节安排得有条不紊，各环节之间紧密相连，形成有机的整体。"①下面结合程翔老师执教的《散步》，试论如何打造"纲举目张"的课堂结构。

一、汉字教学，抓住总纲

程翔老师说："人们对事物的认识，是从感性认识开始，然后进入理性认识的。因此，整体感知教材就成为课堂教学中必不可少的一个环节，而且是教学得以进行的基础。要留给学生较充足的时间读课文。那种不让学生读课文，只是进行架空分析的教法是违背科学规律的。"②因此，程老师先让学生朗读课文，发现学生读不准的字音予以纠正，同时要求学生用手比画字形。正如程老师所说："学生读得不理想，字音都有读错的，不要紧，正好给他纠正嘛，课堂就是要让学生有发展提高。"③他又说："一个字写错了，怎么办？需要老师适当讲一讲，但讲过之后必须让学生动手写几遍才管用。听、说、读、写、思这五方面的能力（或者叫素养），是在实践中逐步形成的，是经过内化然后生成的。"④又说："语文教育的重要内容之一是汉字教育。汉字是中华民族的伟大发现，汉字文化是中华文化的重要组成部分，是国之灵魂。传承中华优秀传统文化，离开了对汉字的学习是不可想象的。"⑤因为"学生在阅读材料过程中，支撑其完成阅读任务的技能，主要包括认读技能和领悟技能。认读技能，首先是认字的技能，它是阅读技能的基础"⑥。以上都说明程老师对汉字教学的重视。

学生扫除了文字障碍，对课文有了整体感受，产生了原始理解。那么，设计怎样的问题，才能收到"牵一发而动全身"的效果呢？程老师从文章所写的四个人物入手，把分析人物特点作为课堂阅读的总纲，然后逐一解读。

---

① 程翔. 课堂阅读教学论［M］. 杭州：浙江古籍出版社，2005：21.
② 程翔. 语文课堂教学的研究与实践［M］. 北京：语文出版社，1999：61.
③ 程翔. 敬畏母语［M］. 济南：山东教育出版社，2021：94.
④ 同③：79.
⑤ 同③：11.
⑥ 同③：51.

如此，纲举目张，整堂课环环相扣，水到渠成，从而突出一家人相互关爱、无比幸福的美好感受。

二、架构课堂，纲举目张

在逐一分析人物的过程中，程老师以学生最喜欢的人物为抓手，带领学生走进文本，从而还原人物内心世界，把握人物特点。他首先从母亲这一人物入手，尊重学生的原始体验，遵循文本教学的原则，教给学生朗读方法，使其把握叙事散文的语文因素。

学生认为"这位母亲很理解儿子的心意，很疼爱自己的孙子"。这是学生的概括，如何将学生的这一理解还原出来？程老师让学生把写母亲的地方读一遍，对母亲的动作描写加以引导——她理解儿子的一片孝心。有了教师对人物描写方法的示范，学生就依据描写方法来思考人物特点。写人采用的方法，是学生必须掌握的语文要素。教师引导学生找出母亲的语言描写。学生先读，而后围绕母亲的第一处语言"还是走小路吧"展开分析：教师引导学生理解这句话的言外之意——"走小路"的原因，从而勾连出景物描写的句子。正是因为这些美景，孙子想走小路的要求才得以产生，而孙子的要求使母亲改变了走大路的想法。也正是母亲的改变，才把母亲疼爱孙子的特点还原出来。因此，母亲由"走大路"而变为"走小路"，其间经历了思想的转变。那么，如何把母亲这种思想转变的过程读出来？程老师问："谁来试一试？"他鼓励学生勇于尝试，树立学生的自信心。正如程老师所说："我始终认为，大凡优秀的教师，都有一个突出的品质，就是不断树立学生的自信心；而一个糟糕的教师，就在于不断地去泯灭学生的自信心。当学生的自信心树立起来后，他的学习积极性自然也就调动起来了，学习成绩也就自然会有所提高。"[1]学生进行了朗读的技法处理："还——是——走小路吧！"如此，母亲思想转变的过程就在拖音中被还原出来了。

---

[1] 程翔.一个语文教师的心路历程［M］.北京：清华大学出版社，2009：215.

对于母亲的第二处语言描写"我走不过去的地方，你就背着我"，程老师从声音的高低这个角度来引导学生。声音是高还是低，要根据当时的情境：母亲让儿子背着自己，是不用事先与儿子商量的。因此，要把母亲很放心、很坦然的心情读出来——声音是不用太大的。基于学生没有读准，教师给学生示范朗读，并让学生自己试着来读。正如程老师所说："我们语文老师让学生读课文，学生如果读得不理想，教师会示范朗读，会传授给学生一些具体的方法。学生知道了这些具体的方法之后如果不去实践，不在实践中纠正错误的读法，仍然读不好。学生只有用这些方法去实践了，去练习了，并在练习中不断修正自己，才能真正读好。在这个从不会读到会读、从读得不好到读得较好的变化中，是什么因素起了关键作用呢？是实践，是内化生成。"①他又说："初次阅读，学生并不知道自己的理解是正确的还是错误的，他们只是用自己的眼光来对待课文，然后，经过教师的帮助才知道自己是对了还是错了。对了，学生会增强信心；错了，学生会接受教训。假如教师没有给学生提供这个过程的话，学生只是接受现成的答案，他的学习就少了一次自砺的机会。"②

学生在教师的引导下，经由朗读品析、理解句意，把握如何用适当的语气、语调，来读出母亲的特点，从而归纳出描写方法，这就是分析人物形象的重点。这些重点如何从课文的分析中给学生留下清晰的印象？板书无疑是很好的呈现方式。那么，语文教师如何板书，有什么要求？程老师说："我认为是八个字，即'准确规范、美观大方'。语文教师应写规范的汉字，一笔一画都应力求规范。语文教师不能写错别字，不能倒插笔顺。……教师的板书还要美观大方。字体既不要太大，也不要太小；既不要太粗，也不要太细；既不要太重，也不要太轻。布局要合理，疏密相间，左右对称，上下连贯。要适当运用彩色粉笔，互相搭配，醒目点题，印象深刻。要以横写为主，尽量不竖写。"③此外，板书还要遵循"简明扼要""体现思路""形象生

① 程翔.敬畏母语［M］.济南：山东教育出版社，2021：79.
② 程翔.一个语文教师的心路历程［M］.北京：清华大学出版社，2009：95-96.
③ 程翔.语文课堂教学的研究与实践［M］.北京：语文出版社，1999：63.

动""新颖别致""灵活多样"这几个原则。如此，程老师板书：母亲的特点"善解人意、疼爱孙子"及其描写方法"动作、语言"，作者"孝敬母亲"的特点及其描写方法"心理、语言"，小孩"懂事、聪明"，而妻子是"默默奉献、贤妻良母"。在"爱"的统摄下，构成了家庭的幸福大厦，体现程老师板书设计的独具匠心，给学生以美的享受。此板书的设计，也体现了纲举目张的课堂结构。

三、抓关键词，纲举目张

程翔老师说："朗读既是一种训练，也是读者表达理解的一种形式。这种形式是读者借助声音将内在的理解外化，通过空间进行传递，使听者受到启发、熏陶和感染。书声琅琅是语文课的本色。"

教师引导学生分析作者的特点时，学生说出了喜欢作者的原因在于孝敬母亲，并找到了相关的语句。这看似完成了人物形象的分析，而教师又引导学生往前走了一步。"我决定委屈儿子，因为我伴同他的时日还长。我说：'走大路。'"此句中"因为我伴同他的时日还长"具有隐含意义——伴同母亲的时日短，由此生发开去，引导学生勾连前文，让学生找出作者珍惜一家人一起散步的句子："天气很好。今年的春天来得太迟，太迟了，有一些老人挺不住。但是春天总算来了。我的母亲又熬过了一个严冬。"于是，教师引导学生重读"太""总算""又"，还原作者的情感历程，深入作者的内心世界，从而感受到作者内心深处为母亲又熬过了一个严冬而由衷的高兴之情。学生对文本所表达的情感有了真切的感受。接着，程老师追问"这是什么描写"，提取语文要素——描写方法，就水到渠成了。程老师采用"曲问"的方法，由"珍惜"与母亲一起散步的时光，上升为"孝敬"的情感，让学生触摸作者的心灵，抵达文本的内核。学生再来读"走大路"，就读出了干脆利落的语气了。

这种抓住关键字词进行朗读、品味、推敲的做法，对于学生加深理解课文和丰富词汇都有意义。"许多作家把字词的选用当作一件大事，极为严肃认真。古人有'吟安一个字，捻断数根须'的苦吟冥思，有'语不惊人死不休'的执著。外国作家也是这样。福楼拜指导莫泊桑写作时，要求他表达事物选取最佳字词。在阅读过程中，教师要有意识地引导学生品味精彩的字词，体会作者选词用字的良苦用心。"① 如此，"对语言进行积累、品味、揣摩、运用，从而形成良好的语言感受能力，这就是中学生学习语言的基本内涵"②。

四、抓空白处，纲举目张

程翔老师说："当阅读与学生的心灵建立联系后，学生才能感觉到阅读的必要性，阅读的意义才会显现出来。但是这种联系，不是必然地出现在学生的阅读过程中，它需要一个媒介，教师的作用就是努力在二者之间建立起这种联系。"③

学生对文章中妻子的形象有鲜明的情感倾向，即不喜欢。如何引导学生从不喜欢到喜欢，从而感受到妻子是一位默默奉献的贤妻良母？教师在其中发挥着不可替代的作用。在整个散步过程中，妻子没有说一句话，学生自然无法感受人物的内心世界。俗话说，言为心声。程老师正是抓住这一空白处，体现出教师高超的引导艺术。课文中有关妻子的叙述语言为："妻子呢，在外面，她总是听我的。"那么，如何从这句话打开妻子的心扉，进而还原妻子的内心世界？程老师说："成年人的生活阅历和思想境界与青少年相差甚远，很难直接建立起感情的通道和阅读背景。""如果没有教师的引导铺垫，学生的阅读效果就很难说了。"④ 因此，当学生理解到妻子在家里就不听从丈夫的时，教师为学生打开了思维的空间，问："妻子难道必须一切听从丈夫

① 程翔.课堂阅读教学论［M］.杭州：浙江古籍出版社，2005：145-146.
② 程翔.一个语文教师的心路历程［M］.北京：清华大学出版社，2009：192.
③ 程翔.敬畏母语［M］.济南：山东教育出版社，2021：253.
④ 同①：13.

的吗？"学生予以否定。显然，学生的思维慢慢打开。教师顺着学生的思维追问："丈夫说得对才听，说得不对还能听吗？那就另当别论。为什么这个妻子在外面总是听丈夫的呢？那是因为她维护夫妻之间在外界的美好形象，她很给丈夫什么？"程老师还原了妻子当时的想法："用现在的话说，就是妻子在外面是很尊重丈夫的，但是回家就不同了。在家里，夫妻之间完全可以互相批评。这叫内外有别嘛！妻子没说一句话，那是因为她在等待丈夫的决定。一旦丈夫说'走大路'，妻子就毫不犹豫地支持丈夫的意见，也走大路。妻子不说一句话，正说明她是一位默默奉献、更多地操持家务的贤妻良母。她说得少，做得多。同学们不喜欢这样的妻子？反正我喜欢。你们同意我的观点吗？"教师如此铺垫，学生纷纷举手，由不喜欢而变为喜欢，情感发生了变化。课文中妻子的美好品质如一缕阳光照亮学生、温暖学生、触动学生，这种美好的人性，即人的情感的共性，引起学生的共鸣，这就达成了对课文的基本理解。正如程老师所说："我一直认为，教师要拉近课文与学生的距离，使学生感觉到，虽然课文诞生的年代离我们颇为遥远，但是课文所表达的情感、思想离我们很近，甚至就是对我们现实生活的观照。也只有这样，学生才会觉得，课文和我有关系，我从课文中得到了教益，这是一篇好课文。"[1]整堂课围绕四个人物展开教学，在学生对最后一段的朗读中，他们感受到了"家庭的幸福大厦就是由爱支撑起来的"。

纲举目张的课堂结构，充分体现了程老师整体阅读的教学理念。程老师说："所谓整体阅读，指的是对课文的整体进行把握，了解课文的思路，理清课文的情节、脉络，分清课文的主次轻重，从而把握作者的基本态度或主要观点。"[2]教师引导学生对该篇散文的人物进行整体把握，从喜欢的人物中厘清其特点，紧扣语文因素，条分缕析。人物之间各自独立，又相互联系，共同构筑爱的家庭大厦。当然，除纲举目张之外，课的结构方法还可以变化

---

① 程翔.敬畏母语 [M].济南：山东教育出版社，2021：240.
② 程翔.课堂阅读教学论 [M].杭州：浙江古籍出版社，2005：137-138.

多样。"课的结构之所以可以多变，是受教学方法和教师的教学个性影响，方法和个性的多样性，决定了课的结构的多样性。但是，结构万变不离其宗。从未知到知，从不能到能，这是教育教学的基本规律，课的结构变化只能围绕这一宗旨发展变化，如果脱离，就不是教育教学了。"①

---

① 程翔.课堂阅读教学论［M］.杭州：浙江古籍出版社，2005：22.

注重比较

——以《纪念白求恩》课例为例

年级：初一／课时：两课时

《纪念白求恩》教学设计 ①

课前下发杨成武的《回忆国际主义战士白求恩》，并且要求学生预习。学生在预习中要了解白求恩的事迹。

一、整体感知，朗读课文，明确学习目标

朗读环节不可缺少，最好安排学生个体朗读。朗读完毕，其他学生可以进行评价，教师示范朗读，处理字词。

本文是毛泽东为纪念白求恩大夫而写的。从纪念文章的角度，请学生思考：本文的写作有何特点？

全文共分四段，学生先给每段标出序号。一般的纪念文章，以记叙人物事迹为主，可是本文记叙的文字较少，议论的文字占了主体。

作者为什么这样写？这与作者的写作目的有关。如果按照

---

① 程翔.我的课堂作品（修订版）[M].北京：商务印书馆，2023：185-190.

一般纪念文章的写法来写，作者就要回忆白求恩的生平事迹，写成一篇记叙文，来缅怀白求恩。比如杨成武写的《回忆国际主义战士白求恩》，很感人。但是，毛泽东与白求恩接触较少，对白求恩的了解都是听别人介绍的，不是自己亲身经历的，那样写出来会有些隔膜。毛泽东想通过纪念白求恩来号召全党学习白求恩"毫不利己专门利人"的精神；号召全党以白求恩为榜样，对照检查自身存在的问题，从而明确前进的方向。这也是纪念白求恩的方式。两种写法都可以。毛泽东的身份、地位决定了他要按照第二种写法来写。因此，《纪念白求恩》一文就带上了浓厚的议论色彩，以至于有些老师把本文的文体定为议论文。这固然有一定道理，但是从根本上来说，本文是纪念文章，不能按照传统意义上的议论文思路设计教学。本文共四段，每一段都以"白求恩同志"开头，这就是纪念文章的体现。两节课的学习目标是：探究这篇纪念文章的写作特点和写作目的。

二、学习第一段，具体分析文章的写作特点

文章有没有叙述白求恩的事迹呢？如果有，请学生找出来。

文中用了少许笔墨来记述白求恩的生平事迹，比如第一段开头两句话。学生读，教师评价。这个介绍虽然简单，但重点突出："加拿大共产党员""五十多岁""帮助中国的抗日战争""不远万里""以身殉职"。为何要突出这些信息点呢？为下文的议论做铺垫。议论是与叙述紧密相关的。如果作者不这样叙述，而是换成杨成武《回忆国际主义战士白求恩》中的内容，行不行呢？比如换成"白求恩大夫身披土黄色粗布军袄……英国皇家医学院的院士呢"。你能说杨成武写得不生动吗？能不能换呢？不能。杨成武写得固然生动，但是不能与下文的议论对接，那就只能改为别的议论了。改成什么议论呢？可以是这样："白求恩大夫真是艰苦朴素啊，他不搞特殊，与普通士兵打成一片，这怎能不让我感动呢？"如果这样写下去，就与毛泽东的《纪念白求恩》一文相差太远了，毛泽东不是这个思路。由此可见，怎样叙述取决于议论的需要。这就是记叙与议论的关系。板书：记叙为议论服务。看来，这是本篇纪念文章在写作上的一个特点。那么，下文作者是怎样议论的呢？学生读，教师评价。"一个外国人，毫

无利己的动机，把中国人民的解放事业当作他自己的事业，这是什么精神？这是国际主义的精神，这是共产主义的精神，每一个中国共产党员都要学习这种精神。"这就把白求恩的精神实质写清楚了，同时也表明纪念白求恩的目的是号召全党向他学习。

作者为何要引用列宁的话？不引用，文章似乎更加通顺。比如，本段写到"每一个中国共产党员都要学习这种精神"就结束，然后另起一段，写"白求恩同志毫不利己专门利人的精神，表现在……"文章不是更加紧凑吗？

毛泽东这样写是有背景故事的，不知道这个背景就感觉不出来。有这样一个细节，白求恩来到中国后，去了延安，见到了毛泽东。毛泽东看着白求恩，风趣地说："你长得像列宁。"白求恩说："因为我是列宁主义的实践者嘛。"所以，毛泽东就把列宁的话放在了文章中。列宁关于无产阶级国际主义的论述，见于多篇文章，可以参考李爱敏写的《论列宁无产阶级国际主义思想的形成及其体系结构》一文（见《湖州师范学院学报》2017 年第 3 期）。因为世界上的共产党是以马克思、列宁主义的理论为指导思想的，白求恩是加拿大共产党员，白求恩的行为实践了列宁主义。文中哪一句话表达了这个意思？"白求恩同志是实践了这一条列宁主义路线的。"另外，中国共产党也是以马克思、列宁主义为指导思想的政党，所以中国共产党人也应该实践这一条路线。否则，只顾自己国家，不关心别的国家，那就是狭隘的，应该反对的。这一部分是站在"全世界无产者联合起来"的高度来论述白求恩精神，这是对白求恩的高度评价；同时，也体现了毛泽东对这个问题的深刻认识。所以，这一段必须有。这在写作中属于"引用"的手法，教师联系学生写作实际，让学生思考可以受到怎样的启发。这是第二个写作特点。

三、分析第二段

第二段在写法上有何特点？作者为何要这样写？

运用"正、反、正"对比的手法。先写白求恩"毫不利己专门利人"的精神表现在两个方面：一是对工作，对工作极端负责；二是对同志、对人民，对同志、对人民极端热忱。这是正面。然后结合现实，指出我们党内"不少的人"存在的问题：一是对工作不负责任、拈轻怕重、先替自己打算、自吹；二是对同志、对人民冷冷清清、漠不关心、麻木不仁。运用对比手法的好处是什么？鲜明，有说服力。这个层次可以划分到哪里？应该划分到"至少不能算一个纯粹的共产党员"。一般情况下，只有"正、反"对比就可以了，可是毛泽东在后面又来了一段正面写作："从前线回来的人……无不为之感动。"形成了"正、反、正"的写作思路。这是为什么？这里有一个逻辑上的问题：如果先写"反"，后写"正"，只有一个"正、反"对比就可以了。但是作者先写的"正"，后写的"反"；"正"在前，"反"在后；如果写完了"反"就结束本段，感觉似乎没有说完，因为对"反"的情况没有提出解决的办法，容易给人造成迷茫的感觉。因此，有必要再写一次"正"，然后结束本段。这样写有利于强调白求恩精神的伟大，再次号召全党向他学习。这是本篇纪念文章的第三个写作特点。教学本段过程中，教师要安排学生讨论的环节。

四、分析第三段

第三段很短，可以不写吗？如果不写，上下文衔接会显得更加紧密。作者为什么要写第三段呢？

这一段仍然是运用对比的写法，但是角度变了。毛泽东从职业道德的角度评价白求恩，谈了一个很实际、具体的问题，就是一个人要有实际本领。没有本领，单凭喊口号是不行的。查阅相关资料得知：白求恩到任的第一周内就检查了500多名伤员，一个月内就使147名伤员重上战场。在一次激烈战斗中，白求恩连续工作69个小时，为115名伤员做了手术。他还两次为伤员输血，说："我是 O 型血，万能输血者，抽我的！"他挽救了许多战士的宝贵生命，使医疗死亡率大大降低。但他仍不满足，用尽全部力量把死亡率降到最低。他还写了专著《游击战中师野战医院的组织和技术》，被称为"他一生最后心血的结晶"。这些都需要有扎实的医疗技术做基础。白求恩说过："这世界只要还有流血的伤口，我的内心就一刻不得安宁。"这是多么高尚的职业道德啊！这里，毛泽东充分肯定了白求恩作为一个医生的高超水平，批评了那些鄙视技术工作的人。白求恩是又红又专的典型。语文课负有德育的任务，但与德育课中的德育路径不同，不要把语文课上成德育课。语文课中的德育应该是"润物细无声"。上面所引相关资料可以印发给学生，安排学生讨论的环节，让学生去思考。

五、学习最后一段

最后一段写什么？排比句的作用是什么？

写与白求恩的交往，表达对白求恩之死的悲痛之情，再次号召全党向他学习，做一个有益于人民的人。这是本文第几次号召全党向白求恩学习了？第四次。由此可见，毛泽东写这篇纪念文章的目的是号召人们向白求恩学习。因为把白求恩的精神学到手是最好的纪念。这就与别人写的一般纪念性文章不同了。这应该是本文最显著的特点，也是第四个特点。排比句是为了强调白求恩精神的意义，加强力度。能否把"一个人能力有大小，但只要有这点精神"这句话去掉呢？去掉的话，语言力度一点也没有减弱啊。其实，毛泽东这句话是照应上一段的。上一段说到白求恩"医术很高明"，那么，医术不高明的人就会想：我不如白求恩水平高，我做不到"大有利于人民的人"。于是，毛泽东加上了一句"一个人能力有大小，但只要有这点精神"。毛泽东想得多周到啊，也强调了"精神"的伟大作用。"这点精神"指的是什么？是"毫无自私自利之心的精神"。请学生读，教师评价。排比句的顺序能否调整？比如把"一个有益于人民的人"提前，把"一个脱离了低级趣味的人"放在最后。行吗？毛泽东是文章大家，行文非常严谨。布置作业，结束两节课的教学。

（注：此文略有删改。）

点评

程翔老师说："一篇文章的特点往往是在比较中显现出来的。从比较的内容看，有题材、主题、体裁、结构、风格的比较，也有人物、手法、景物、字词、句的比较。从比较的角度看，有古今比较、中外比较；同类比较、不同类比较；课内比较、课内外比较。从比较的方法看，有教师示范比较，有学生体验比较，还有师生结合比较。比较法的原则是，确定比较的内容，选好比较的角度，考虑比较的方法。"①下面结合程翔老师执教的《纪念白求恩》来分析其运用此法的独到之处。

一、阅读比较，明确学习目标

阅读比较，就是选择文章进行对比，借助"参照物"，对文本的形式和内容两方面加以比较，以此达到扩大视野的目的。程老师围绕该文，勾连同题材的文章，在比较中明确学习目标。

同为纪念性文章，如何突出该文所独有的特点？程老师课前让学生阅读杨成武写的《回忆国际主义战士白求恩》。经过比较，学生对纪念性文章有了新的认识：一般的纪念性文章主要叙述人物的生平事迹，而该文以议论为主。那么，如何根据课文的特质确立恰当的教学目标呢？这正是程老师安排学生先阅读课外文章的目的。学生阅读了《回忆国际主义战士白求恩》，对白求恩的事迹形成了具体的感受，就为学习毛泽东这篇偏于理性精神的文章做好了铺垫。那么，程老师让学生读《回忆国际主义战士白求恩》的目的仅止于此吗？答案是否定的。程老师更重要的目的是引导学生思考毛泽东这样写的原因。经过探究，学生一致认为毛泽东的这种写法是顺理成章的，也是必然的：一是毛泽东与白求恩接触少，缺少事迹材料；二是面对党内当时的现状，结合纪念白求恩学习其精神，用于解决党内实际问题。因此，学习该文的目标在于探究这篇纪念文章的写作特点和写作目的。

正如程老师所说："在新课标提出'语文学科素养'的今天，一线教师要努力做好转化工作，将课标的素养理念转化成一个个具体的'教学点'。这些'教学点'其实就是'知识点''能力点''陶冶点'，是'学科素养'的具体化。当然，怎样才能转化好，转化得恰当、实用可操作，这就是一线教师的任务了。"②因此，程老师通过引导学生比较阅读两篇文章，从文本特

---

① 程翔．课堂阅读教学论［M］．杭州：浙江古籍出版社，2005：243-244.
② 程翔．敬畏母语［M］．济南：山东教育出版社，2021：152.

点引导学生从语文因素的视角出发，培养语文关键能力；同时，从写作目的的角度汲取精神养料，从而提升语文素养。

二、改删比较，语言精神相生

所谓改删比较，就是把原文的词语、句子、段落，改换或删除之后进行比较，从而发现作者遣词造句、谋篇布局的匠心，进而在阅读中感悟，在写作中运用，形成读写融通的语言技巧。

该文以议论为主，其中也有记叙的表达方式。如何理解记叙与议论之间的关系？程老师运用改删比较的方法，把课文中的语句换成杨成武《回忆国际主义战士白求恩》的语句，从而引导学生思考记叙与议论之间应该如何对接，让学生明白记叙是为议论服务的，是为议论做铺垫的；而议论要对接记叙，由感性上升到理性，二者有因果关系，不可割裂，否则，议论就成了无源之水、无本之木了。程翔老师说："观点和材料之间建立联系，从而形成因果关系……初中生学起来有难度。"[1]可正是因为有这种难度，程老师才采用比较法。比如，第一段记叙白求恩的生平事迹，突出了这些信息点："加拿大共产党员""五十多岁""帮助中国的抗日战争""不远万里""以身殉职"，而换成杨成武《回忆国际主义战士白求恩》中的内容——"白求恩大夫身披土黄色粗布军袄……英国皇家医学院的院士呢"，就不能与下文的议论对接，也就体现不出观点和材料之间的因果关系。如此，学生就明白了记叙要为议论服务。这正符合《义务教育语文课程标准（2022年版）》中所说的："能区分观点与材料（道理、事实、数据、图表等），发现观点与材料之间的联系，并通过自己的思考，作出判断。"由此看来，改换观点与材料，即对记叙与议论之间的关系加以比较，就把叙议结合之"结"转化成可操作的程序，进而让学生学会了这一"素养点"。

同样，也可以通过删除比较的方式来学习"引用"的手法。程老师紧

---

① 程翔. 敬畏母语［M］. 济南：山东教育出版社，2021：55.

扣引用的手法设计问题："作者为何要引用列宁的话呢？不引用，文章似乎更加通顺。比如，本段写到'每一个中国共产党员都要学习这种精神'就结束，然后另起一段，写'白求恩同志毫不利己专门利人的精神，表现在……'文章不是更加紧凑吗？"如此，把引用的部分删去进行比较分析。程老师引导学生先从白求恩的精神层面出发，追溯由此而产生的思想根源，即列宁的观点。至此，学生判断引用的手法并不难。记叙性文章中的引用，需要与前后文的内容衔接起来；而以议论为主的纪念性文章，如果只摆出引用的观点，难免有生硬地"贴标签"之感，比较突兀。那么，如何把引用同说理紧密结合？毛泽东引用列宁的观点，其目的不仅高度评价了白求恩，还阐释了毛泽东的深刻认识——"中国共产党也是以马克思、列宁主义为指导思想的政党，所以中国共产党人也应该实践这一条路线"。这就把学习白求恩与中国共产党的实际结合起来，进而站在"全世界无产者联合起来"的高度，向党内发出号召。如此，学生不仅理解其内涵，更重要的是学会了引用的手法。只引用，不阐释，行不行？答案是否定的。因为引用一个观点，辐射多个角度，全面、深刻地阐述，对学生的写作启发很大。这就是掌握引用的程序性知识，即"怎么做"的知识，体现了程老师读写结合的学理观照。

纪念白求恩要有宏观的国际视野，这是基于毛泽东的身份、地位和高瞻远瞩的眼光；同时，又从工作和个人生活的微观层面，两者共同组成了白求恩精神的伟大之处。因而，程老师设计删除第三段。那么，如何通过删除比较来分析此段的重要性？白求恩的事迹学生知之甚少，要使学生与课文建立联系，引用资料不失为铺垫的好方法。程翔老师说："课堂阅读教学中，教师必然要引用相关材料，以佐助教学的实施。引用材料的好处是：可以丰富教学内容，使课堂变得更加多彩；可以激发学生兴趣，使课堂变得更加活泼；可以深化学生的理解，使得课堂更加厚重。"[1]此处引用材料为学生了解白求恩的职业道德提供了感性的认识。基于这种认识，教师组织学生展开讨论。那么，如何运用讨论法？程翔老师说："讨论法，指的是把一个班的学

---

① 程翔.课堂阅读教学论［M］.杭州：浙江古籍出版社，2005：174-175.

生分成若干小组，教师向小组提出一定的任务或问题，要求小组成员通过讨论，共同完成，共同解决。其实质就是以小组为组织形式，借助小组成员之间的协作，完成阅读任务。"①小组讨论要遵循这样的原则：以阅读为基础——无论是课文还是表现白求恩职业道德的相关资料，学生都已经读过；有明确的目标——第三段不能删除的原因；有时间限制——规定具体的时间；小组成员积极参与——学生去思考，去回答；小组成员分工明确——设计一人读材料，一人说出如何体现白求恩技术之高明，一人记录产生的新问题，一人负责代表小组汇报；教师深入小组倾听、参与，总结归纳并就学生提出的共性问题做解答。经过讨论交流，教师把白求恩到任第一周救治伤员之多、战斗时连续工作时间之长、两次为伤员输血、竭力降低死亡率，以及著书立说等叙述性材料中所表现出的职业道德，进行概括，从而让学生认识到一个人有实际本领，才是一个有职业道德的人。如此，为学生提供了优质的精神食粮。"这种精神食粮引起了学生的共鸣，照亮了学生的心灵，于是学生就产生了一种欲望。但是这种欲望之火要燃烧起来还需要一种外力，需要教师的'煽风点火'。"②程老师引导学生从结构的角度思考，教师的助推作用就体现出来了。前文从国家、工作、同志和人民各个角度评价白求恩，都是从情感、态度的维度，而此段谈的是实际问题，学生能切身感受到学习白求恩精神的实质——实际本领。程老师引导学生朝着一个明确的方向努力——"毛泽东充分肯定了白求恩作为一个医生的高超水平，批评了那些鄙视技术工作的人"，从而深切领悟白求恩不辞辛劳、忘我工作、无私奉献的优秀品质。"当学生的欲望之火燃烧起来之后，他们的心灵世界就会得到净化，灵魂得到升华，于是德育的效果也就水到渠成地显现出来。"③白求恩的精神浸润了学生的心田。这就达到了德育的最高境界——"润物细无声"。

正如程翔老师所说："语文，承载着丰富的人为因素，作用于人的思想情感世界，对人的心灵健康起着重要的感染熏陶作用；人生的道理，做人的

---

① 程翔.课堂阅读教学论［M］.杭州：浙江古籍出版社，2005：250.

① 程翔.课堂阅读教学论［M］.杭州：浙江古籍出版社，2005：250.
② 程翔.一个语文教师的心路历程［M］.北京：清华大学出版社，2009：183.
③ 同②.

道理，社会的道理，很多可以从课本中得到。"①他又说："语文课本中的篇篇课文，都打上了中华文化的印记，是传承中华文化的基因密码。工具性和人文性，其他国家语言中都有体现，是共同的；中华文化的特性则是中国语文特有的。人文性不能涵盖民族性。工具性、人文性和民族性三位一体，才能全面深刻体现中国语文的本质特征。"②

三、顺序比较，培养逻辑思维

叶圣陶先生说："作者思有路，遵路识斯真。"说的是文章要条理清晰，文脉贯通。程翔老师说："理清课文的思路是实现基本理解的必由之路。"③因此，我们明白了文章的思路，也就明白了作者的写作意图，有助于我们理解课文。文章中词不离句、句不离段、段不离篇。程老师引导学生探讨句子间、段落中的顺序，从而破译毛泽东文章的高妙之处。

所谓对比，就是两种事物相比较，学生并不陌生。可文章第二段"正、反、正"的对比方式，有别于一般的"正、反"对比。如何引导学生学习呢？程老师组织学生讨论："第二段在写法上有何特点？作者为何要这样写？"学生从正面和反面思考对比手法的好处——鲜明、有说服力。这是本段的前半部分。学生似乎并没有感到此处对比的独特性。随着讨论的不断深入，程老师引导学生从这一个问题引入下一个问题——"这个层次可以划分到哪里？"在解决了这个问题之后，似乎对比的手法已经学完了——找出文中对比的句子并完成其作用的分析。此时教师又抛出了一个问题："一般情况下，只有'正、反'对比就可以了，可是毛泽东在后面又来了一段正面写作：'从前线回来的人……无不为之感动。'形成了'正、反、正'的写作思路。这是为什么？"一石激起千层浪，讨论的问题呈现出层次感，形成了问题串。学生沉浸在问题的漩涡中，从一个问题进入另一个问题，出没在问

① 程翔.路在脚下延伸［M］.北京：中国青年出版社，2010：159.
② 程翔.敬畏母语［M］.济南：山东教育出版社，2021：10.
③ 程翔.一个语文教师的心路历程［M］.北京：清华大学出版社，2009：117.

题的解决中，活跃了思维，品尝到了成功的快乐，从而明白了这样写的严密逻辑：如果"反"在前，"正"在后，一个"正、反"对比就可以了。而作者按照先"正"后"反"的顺序，"反"后结束本段，给人以迷茫之感——问题如何解决，似乎没有答案。因此，再写一次"正"，就进一步突出白求恩精神，纪念白求恩的意义就旗帜鲜明了——再次号召全党向他学习。如何运用对比，其顺序如何安排，"正"与"反"的关系要根据具体的内容，灵活处理。这要与表达的语境相吻合，既要符合事实，又要遵循逻辑思维的规律。运用逻辑分析的方式，是很重要的语文学科素养。从学生思维发展的角度说，应重在培养理性思维。这样的教学，"能力点"清晰，避免了一滑而过。整段构成的对比，有其严密的逻辑顺序。那么，一组排比句的分句之间又有怎样的逻辑特点呢？程老师让学生把最后一段中的排比句读过之后，问："排比句的顺序能否调整？比如把'一个有益于人民的人'提前，把'一个脱离了低级趣味的人'放在最后。行吗？"学生探究的结果是：行文非常严谨，句句深入。厘清排比句之间层层递进的关系，训练了学生的逻辑思维能力。

　　语文核心素养包括思维能力，而逻辑思维又是思维能力之一，它与直觉思维、形象思维、辩证思维和创造性思维共同指向语文学习的全过程。要在发展学生语言运用能力的同时培养思维能力，并使学生的思维发展在语言经验发展过程中得以实现。运用比较分析的方法，引导学生学习引用、对比、排比的手法，不仅让学生掌握了语文因素，还充分发挥了课文的育人功能，体现了程老师语文课堂的魅力。

情境还原

——以《我一生中的重要抉择》课例为例

年级：初二 / 课时：一课时

《我一生中的重要抉择》教学实录①

师：同学们，今天我们要学习的这篇课文叫什么？

生：《我一生中的重要抉择》。

师：谁来上黑板把这个题目写一写？哪位同学主动地来写一写？有吗？我就不信没有。

（学生怯场，不敢主动上台，老师多次鼓励，有一位女生站起来健步走上讲台。）

师：你将来很有可能变成最热爱语文、最喜欢语文的一个人。

生：很有可能。

师：所有同学在本子上书写这个课题。

师：来，这位女生，你来读读这个课题。（生读课题）"抉择"是什么意思？

---

① 程翔. 长在语文课堂［M］. 北京：语文出版社，2023：187–193.

生：决定的意思。

师：那为何不改成"我一生中的重要决定"呢？

生：选择。

师：抉是选，择也是选的意思。请问，这个词对于你们来说是熟悉的还是陌生的？我估计你们没有学习过。刚才这个词有没有写错的？（对一生）你写成言字旁了。注意，题目"抉择"两个字都是提手旁，"抉"是用手亲自挑选，这个"择"也是用手来回地挑选。既然抉择是选择，那为何不用"我一生中的重要选择"，而要用"我一生中的重要抉择"做题目呢？

生：应该是决定好了的，比较有决心的。

师："抉择"是指在重要场合、对重大事情所做的很重要的选择，不是一般的选择。那么，王选如果把标题写成"我一生中的重要选择"，这个"选择"就和语境不太协调，而用"抉择"再加上"重要"就很协调。

师：同学们再看本文作者"王选"，熟悉他的举手。

生：计算机科学家，曾经为我国的激光照排技术做出过重大贡献。

师：同学们读过报纸吧？也看过书吧？读过报纸、看过书的人，都要感谢王选，因为他发明了激光照排技术。你们知道他研究的激光照排技术当时取得的成就是怎样的吗？

生：当时我国对这个行业了解得不是很深入，没人知道，后来知道了都很感谢王选。

师：你知道在发明激光照排之前我们印书、印报纸，是怎么个印法吗？

生：铅字印刷。

师：你知道铅字印刷是谁发明的吗？

生：西方国家。

师：你知道谁最早发明了活字印刷技术吗？

生：宋代的毕昇。

师：对。毕昇发明了活字印刷术，极大地推动了社会进步。遗憾的是，毕昇发明活字印刷之后，我们的技术就停滞不前了。后来，西方人发明了铅字印刷，后来还有激光照排。激光照排是西方人发明的。西方人要用他们的激光照排技术占领中国市场。这个时候，王选教授站出来了，提出要跳过第三代，直接研制第四代汉字激光照排技术。没有人相信他，甚至说他是个骗子。王选教授跟他的同事默默研制着、奋斗着，终于成功研制出第四代汉字激光照排技术。美国人说：王选先生，你把这个技术转让给我，多少钱都行！王选说：你给我多少钱我都不卖！王选教授的先进技术彻底占领了中国市场。这就是王选，被称为"当代毕昇"，使我们国家的汉字激光照排印刷技术领先世界！

师：了解了王选，你打心眼里对他的感情怎样？敬佩。是不是权威？肯定是权威。1998 年，北京大学安排王选给北大博士生、硕士生、本科生做了一次学术报告，实际上是一场教育演讲。在这次演讲中，他讲了自己一生中的八次重要抉择。我们课文中选的是第几次？

生：第六次。

师：第六次抉择主要写什么内容？

生：扶植年轻人。

师：他自己呢？给自己的定位是什么呢？

生：他觉得自己是过时的科学家，要把年轻人推上去。

师：他为什么要这样做？他好不容易取得如此大的成就，取得这么大的荣誉，自己在这个位子上占着多好，一直是权威多好，为何让给年轻人？来，四人一桌，同学们一起交流交流。

（生交流）

师：谁愿意跟我对话，请举手。（一生举手）我们俩对话，你们愿意加塞进来也行。

生：王选教授比较谦虚、虚怀若谷且心系国家。他希望扶持年轻人继续为国家做贡献。

师：说得对吗？也就是说，王选教授已经超越了什么？

生：普通人。

师：他超越了普通人，他是个什么人？他和普通人之间的区别在哪里？

生：他以国家利益为重。

师：你能做到以国家利益为重吗？

生：有时能，很多时候不能，比如在班里经常以自己利益为重。

师： 孩子，你这么小，应该以自己利益为重。等你成了著名科学家，你就不能仅仅以个人利益为重了，你要想着祖国。同学们，今天我们学的这篇文章里的王选为什么这样做？为了国家！

师： 接下来请同学们四人一组，一位同学另选文中的一段，读给另外三位同学听。读的时候注意，这不仅是一篇脍炙人口的文章，还是一篇演讲稿，读时要把语气、语调表现出来。

（生读课文）

师： 大家都读了一遍是吧？演讲这种口语表达形式，要求音量大一些。谁能说说自己喜欢的一段？

生：第一段。这段引起全篇文章的话题。

师： 我们一般把这段叫作开场白。写下来。（生记笔记）你知道演讲的开场白要注意什么吗？抓住什么？

生：抓住主题。

师： 上来要抓住听众的心，突出演讲的主题。这就是开场白。同学们以后演讲时要注意这两点。你喜欢第一段的什么？

生：语言幽默。

师： 幽默的语言是不是可以抓住听众的心？哪个地方幽默？

生："所以我知道自己是一个下午四五点钟的太阳。"

师： 你看后边括号里，"笑声"。语言是不是很幽默，抓住了听众的心？在听报告之前，学生心目中的王选是个了不起的科学家，可是他说自己是什么？几点钟的太阳？下午四五点钟的太阳会怎么样？对，快落山了。原来学生心目中伟大的科学家、权威，却说自己要落山了，结果学生笑了。这仅仅是幽默吗？这里除了笑声还有什么声？掌声也是幽默吗？大家报以热烈的掌声是对王选的什么？是对他报以什么？

生：对王选教授的敬佩。

师： 这么了不起的科学家，竟然这么谦虚。这样的人品，是不是非常了不起？这么热烈的掌声，是在表达对王选教授优秀品质的敬意。写下来：这掌声是被王选教授的优秀品质征服了！（生写）有的地方是热烈的、长时间的掌声！大家可以想象得到那个场景的什么？

生：热烈气氛。

师：对！同学们经历过这样的场景吗？同学们可以想象一下当时的气氛，在北大很大的礼堂，容纳两千多人的地方，王选教授在那里做报告，底下是长时间的、热烈的掌声。这就是王选教授的演讲达到的效果。

师：下面你们接着说。

生：我喜欢第七段。（生读）

师：名人和凡人的区别在哪里？你看后边的括号里怎么说的？

生：笑声、掌声不断。

师：跟前边不一样了吧？笑声和掌声都有了是吧？而且有气势，掌声不断。你能想象一下当时的气氛吗？你来描述一个听众，他是什么样子？

生：激动、高兴、兴奋。

师：他很激动，面部表情是怎样的？手势怎样？身体怎么样？想象一下。

生：手舞足蹈。

师：对呀！大学生听报告很放得开。就是这个样子，完全沉浸在王选教授的演讲中了。你可以想象一下，如果我给你一个任务，你想象一下听众听报告的场景，选择一两个人物来详细描述他们的场景。这段写得很有意思吧？

生：我喜欢第四段。（生读）

师：我有点儿不理解。这段怎么会赢得这么长时间的笑声和掌声呢？

生：赞同、敬佩。

师：敬佩他什么呢？

生：我觉得是北大学生同意王选教授对"权威"一词的定义。或许是王选教授把北大学生想说的说出来了。

师：说得好！这话是发自你内心的，王选教授把大学生心里想说而不能说的话说出来了。

（生读"我觉得世界上有些事情也非常可悲和可笑"一段）

师：老师非常欣赏你。你能从课文其他段找到一个证据来解说人们的掌声为何如此强烈，为何说出了人们的心里话吗？你看王选教授这里说了两个词"可悲"和"可笑"，圈画下来。（生圈画）这两个词一样吗？

生：可悲是社会上不公平的事。

师：有些不公平就是可悲？

生：有些遗憾。

师：那可笑呢？

生：作者在一线的时候不被承认，而退居二线了又荣誉加身。

师：你能用自己的话来说说吗？

生：王选教授觉得，可笑的是，在这个领域懂得不多的人来干预我这个懂得多的人，特别好玩；可悲应该是，那些所谓的权威，可能扼杀了很多王选这样的人。

师：这个词解释得非常好，"扼杀"。为什么可悲呢？因为这种现象会扼杀事业，会断送事业。伟大的事业会被这种人或这种现象断送，当然是可悲的。但是，你对"可笑"的解释，我不赞成。"可笑"是好玩吗？

生：可能是王选教授觉得这种事情比较荒唐。

师：好！语文跟数学、物理、化学等学科一样，也是严谨的。刚才是"扼杀"，这又用了个"荒唐"，你解释一下。

（生犹豫）

师：这是个基本常识。比如你们必须保证最少八小时睡眠，但是有人让你每天做作业到两点多才睡觉，违背这个常识就是荒唐可笑的，扼杀了你的健康就是可悲的。

师：但是刚才你读的语气、语调大家不会笑。这里涉及一个问题，演讲要讲究一点儿语气、语调的。还是读刚才那段，四个人一组，模拟王选，用什么样的语气、语调来读读？看看谁能把大家读笑了。

（生读第四段，认真练习朗读。）

师：停下来。哪位同学再重新把这段读给大家听？

（一生读第四段）

师：她读得怎么样？

（生评价。再读再评价。）

师：你们年龄太小，模仿60多岁的教授，很不容易，但是你们用心地体会了。同学们，关于王选教授，我们送他一个词：伟大。同意吗？他不仅有高超的技术，而且他这个人，非常高尚，他说出了人们不敢说的话，不能说的话，还批评了社会上的一些不良的风气。

师：好，这篇演讲，我们如果将其归类的话，归到哪一类呢？演讲是可以分成好多类的，如政治性演讲、学术性演讲、教育性演讲、礼仪性演讲等。这是一篇什么演讲呢？

生：教育性演讲。

师：对。为什么不是其他类型的演讲？判断演讲类型，首先要看演讲内容，还要看听众。王选是北大老师，他为北大学生演讲，应该是教育性演讲。

师：大家看这个单元一共选了几篇演讲。第一篇是什么演讲？闻一多在李公朴先生追悼会上怒斥国民党特务，是个什么演讲？对，政治性演讲。接下来看第二篇，作者丁肇中，他的演讲题目是什么？你猜这大概是个什么演讲。学术性演讲，很好。看本单元最后一篇，顾拜旦写的，他的演讲是在什么场合？庆祝会上的，礼仪性演讲。我们今天学的是教育性演讲。

师：语文，语是口语，口头表达，文是书面表达。口语表达占了半壁江山。只是考高分，不能算语文好；能出口成章，下笔成文，才叫语文好。今天我们学的这个内容，就是口头表达。本单元四篇文章都在强调口头表达，口头表达今后在社会上的用途非常大。学好语文，很重要的一点就是要有好的口头表达能力。这节课就上到这儿。下课。

（注：教学实录略有删改。）

点评

情境还原，就是教师将课文中语言文字所营造的语境，与学生的生活联系起来，使学生如临其境，设身处地感受人物情感，从而缩短学生与课文的距离，提高语言感受能力。其目的是让学生更好地学习和运用语言文字。

《义务教育语文课程标准（2022年版）》对具体情境的阐述为："遵循学生身心发展规律和核心素养形成的内在逻辑，以生活为基础，以语文实践活动为主线，以学习主题为引领，以学习任务为载体，整合学习内容、情境、方法和资源等要素""创设丰富多样的学习情境""在具体语言情境中有效交流沟通"，进而"感受语言文字的丰富内涵"。《普通高中语文课程标准（2017年版2020年修订）》指出："真实、富有意义的语文实践活动情境是学生语文学科核心素养形成、发展和表现的载体，语文实践活动情境主要包括个人体验情境、社会生活情境和学科认知情境。"可见，课堂阅读教学离不开具体的情境，应将教学内容建立在个人体验和学科认知的基础上紧密结合学生的生活实际，充分还原课文中人物的心路历程、学科知识生成的背景及其在社会生活中的价值，从而化虚境为实情、化抽象为具体，提高课堂阅读教学质量。下面，以程翔老师《我一生中的重要抉择》课例为例，阐述情境还原的几种方法。

一、朗读课文，还原个人体验情境

朗读课文，就是将无声的文字转换成有声的语言，将文字内隐的信息外化为声音传递出来，让文字鲜活起来，将静止的情感转变为真情实感，把学生带进课文，披文入情，沿波讨源，"让学生仿佛看到了课文中描写的形象和场景，仿佛听到了课文中人物的对话……这就进入了'其人可见''其声可闻'的境界，可谓'如临其境'！只有'看到了''听到了'才谈得上感受，也才能激起情感，这就把课文的语言文字符号与形象结合起来了。加上教师情感的传递，教学语言的调节、支配和唤醒、激励，引起学生的共鸣，在他们情感涌动的流程中，可以十分有力地推进教学过程。学生的情感被激起，主体性得到充分调动，会不自禁地投入到教学活动中"[1]，从而增进对课文的理解。

---

① 李吉林.情境课程的操作与案例［M］.北京：教育科学出版社，2008：31.

程老师在学生感知演讲内容的基础上，让他们小组朗读，选择自己喜欢的段落读给组内学生听，要求音量、语气和语调方面符合口头语言表达形式。学生在朗读中沿着文字的丛林进入课文，有了情感方面的感受，然后进行朗读展示。有学生喜欢第一段，程老师没有急于让学生分享喜欢的原因，而是从演讲的开场白角度，引导学生思考演讲的开场白要抓住两点，即听众和主题。学生积累了演讲的知识，继而再去谈王选教授幽默风趣的语言——抓住了听众的心。在学生"自读感知—触摸演讲方法—积累演讲知识"之后，程老师紧扣掌声和笑声，联系学生生活，让学生通过想象还原当时场景的氛围和场面，如临其境，从而内化了人物的优秀品质——平易近人、谦逊的美德。接着，学生朗读第七段。学生之所以喜欢该段，是因为王选教授对权威的解读，程老师并没有就此讲解，而是引导学生从全场听众的反应——"笑声、掌声不断"，让学生现身说法，以听众的身份来想象当时的氛围。学生感同身受，还原出听众沉浸其中而手舞足蹈的情态。如此，学生进一步理解了王选教授为什么把自己定位为"普通人"。更为精彩的是，有学生读过第四段，程老师轻轻一问："这段怎么会赢得这么长时间的笑声和掌声呢？"助推学生潜入文字，去读课文"我觉得世界上有些事情也非常可悲和可笑"一段，深深扎入课文。教师又从学生睡眠时间和做作业的时间的角度，来引导学生深度思考扼杀人才的可悲和不遵循规律的荒唐可笑。程翔老师说："所谓'深'就是有一定的深度，能深入到事物的本质层面上，论述透辟独到；就是满足学生的理性渴求，能提高他们的理性思维品质。"[①]如此，契合学生的心理，他们在把握了"权威"内涵后，对王选教授的语气和语调就通过朗读外化出来了。程老师让学生模拟王选教授再读第四段，就把一个60多岁的老教授的伟大形象还原出来了。对于王选教授的技术高超、品质高尚，在多次的朗读中，学生内化于心。这种由浅入深的体验会使学生终生难忘，震撼他们的心灵。

　　因此，朗读可以把学生从课文之外渐渐引入文字之内。学生循着文字的

---

① 程翔．课堂阅读教学论［M］．杭州：浙江古籍出版社，2005：18．

裂缝，渐渐听到了课文中听众的掌声和笑声，从"说话幽默、为人谦逊"到"凡人定位、权威解读"，渐渐明晰人物形象，感悟到人物特点。

二、品味词语，还原社会生活情境

程翔老师说："每一个汉字都自带情境，每一个句子、语段都构成特定语境，每一篇课文都具有原始情境，阅读教学一个很重要的任务就是去还原这些场景。"[1]无独有偶，李吉林老师说："中国的语文教学，历来讲究领悟语言的神韵，这是由汉语言本身丰富的神采所决定的。"[2]教师要引导学生沉浸在表达作者情感的词句上，"更深地理解语言……或一段，或一节，或一词一句"[3]。课文中的关键词、句、段，是最能本质、集中地表现主要内容的。如果教师能抓住这些语言文字，进行涵泳、咀嚼、品味、揣摩，还原文本的原始场景，能起到牵一发而动全身的效果。

程老师引导学生思考王选之所以扶植年轻人的根本原因是为了国家的利益，这就把学生带到社会生活之中。可能有些老师会有困惑，因为这样容易造成架空分析，难以激发学生的学习兴趣。而程老师这样设问："你能做到以国家利益为重吗？"这样就将院士的价值观与学生建立起了联系。语言文字成为学生与人物情感沟通的桥梁，学生就会进入文字的肌理。王选教授对"权威"一词的解读而由此引发长时间的掌声和笑声，程老师对此重锤敲打，把"权威"一词分解为"可悲"和"可笑"两方面，学生的认识逐渐加深，产生的情感认同不断弥散，这就形成了"'关注'—'激起'—'移入'—'加深'—'弥散'"[4]的过程。学生认为"可悲是社会上不公平的事""有些遗憾"；而"可笑"是"作者在一线的时候不被承认，而退居二线了又荣誉加身"。显然，学生的思维受到阻碍。此时，程老师让学生用自己的语言来表达，学

---

① 程翔."创设情境"与"场景还原"［J］.语文世界，2024（5）.
② 李吉林.情境课程的操作与案例［M］.北京：教育科学出版社，2008：30.
③ 同②.
④ 同②：56-57.

生就要深入思考。当学生将"可笑"理解为"好玩"时，教师予以否定。如此，出错、纠错，不断思考、尝试、回答，师生的思维不断"冲突""碰撞"，学生的思维被激活，闪现出智慧的火花——"这种事情比较荒唐"。显然，这样的表达就严谨了。程老师点醒学生："语文跟数学、物理、化学等学科一样，也是严谨的。"如此，学生就会在阅读中体会语言的严谨，进而在写作中运用严谨的语言来表情达意。程老师说："不抓语言的教学容易出现课堂走空，是语文教学的大忌。精神层面的东西是附丽于语言符号之上的，抓了语言，精神跑不了；只抓精神，容易丢失语言。"① 那么，学生对"权威"一词有没有真正的理解？还要在学生的现实生活中加以检验——"这是个基本常识。比如你们必须保证最少八小时睡眠，但是有人让你每天做作业到两点多才睡觉，违背这个常识就是荒唐可笑的，扼杀了你的健康就是可悲的"。如此，紧贴学生的生活实际来品析，什么是权威，何以要扶植年轻人，学生就内化于心了。教学并未止于此，程老师又引领学生向前走了一步，让学生带着对王选教授的崇敬之情，再来朗读。人物的伟大——高超的技术、辉煌的成就、敢于讲真话，这种精神就植根于学生心底。

《义务教育语文课程标准（2022年版）》对语文核心素养的定义为："核心素养是学生通过课程学习逐步形成的正确价值观、必备品格和关键能力，是课程育人价值的集中体现……是学生在积极的语文实践活动中积累、建构并在真实的语言运用情境中表现出来的"。"语言运用"就是在品味、揣摩语言并在真实的社会生活中运用，因此，还原社会生活情境，首要的是从语言运用的角度入手，否则，表面上热热闹闹，就会陷入情境的窠臼，脱离了语文核心素养的要求，而失去了语文"语言运用"的学科特点。

三、紧扣文体，还原学科认知情境

叶圣陶先生说："作者胸有境，入境始与亲。"王选教授在这篇演讲稿中

---

① 程翔. 一个语文教师的心路历程［M］. 北京：清华大学出版社，2009：8.

营造了一种热烈气氛，还原自己演讲的现场感；程老师富有感染力的教学语言和活跃的课堂气氛，构成了多维的整体情境，作用于学生的心理，促使学生积极主动地投入整个学习活动中。

程老师向学生介绍这是王选面向北大博士生、硕士生、本科生做的一次教育演讲。有了文体的定位，接下来的教学活动都围绕这一文体展开。学生整体把握了王选教授此次演讲旨在论述自己扶植年轻人的观点，接着让学生四人一桌，一起交流，教师与学生展开对话，并允许其他学生加塞。这样做的目的就是要学生各抒己见，训练学生的口头表达能力，紧扣演讲之"讲"。如此，学生对课文有了感性的认识。作者是如何通过演讲这种文体来传情达意的，这就是学习这篇课文的主要目标。程老师让学生小组朗读："四人一组，一位同学另选文中的一段，读给另外三位同学听。读的时候注意，这不仅是一篇脍炙人口的文章，还是一篇演讲稿，读时要把语气、语调表现出来。"学生据此拾级而上，走进课文，分段进行"演讲"，从内容到形式，从语气到语调，从口语的说到音量的要求，一一提出。比如，开头第一段，对于演讲稿来说，往往是开场白。面对听众如何一下吸引他们的注意力，如何言归正传？作者做了很好的示范。程老师教给学生开场白的两大要素：抓住听众、突出主题。同时，抓住"掌声和笑声"，还原演讲现场。如何消除课文与学生的距离？程老师问"同学们经历过这样的场景吗"，这就把学生带到了集会的现场，学生脑海中就会回忆参加学术报告的场景，并联想到演唱会、读书会等实践活动，那种热烈奔放、群情激昂的场面就会时时闪现出来，学生仿佛置身演讲的现场。程老师以"思"为核心，引导学生思考、想象当时的气氛，描述听众的面部表情、手势、身体等。学生还原出听众手舞足蹈、欢呼雀跃的场面，明白了演讲要有听众的意识，听众的"掌声和笑声"就是演讲效果的最好反馈。

除此之外，师生之间和谐的关系，也是促进学生积极思维的催化剂。程老师在学生找出课文中的证据说明王选教授敢于讲真话时，告诉学生："老师非常欣赏你。"教师语言的激励给学生带来了信心，学生情绪更加饱满。此时，程老师引导学生理解"可悲"和"可笑"，学生会产生主动投入学习活动的需求，感受到学习活动带给他们的快乐与满足，并在此期间受到熏陶和感染。教师激活学生思维，学生就会兴趣十足，探求的欲望更加强烈，从而增加对教师的亲近感，课文内容离学生更近了。学生有了这种"亲""近"的感觉，便会产生"爱"，从而进入最佳学习状态，时时迸发智慧的火花。程老师不断引导学生想象，正如诗人艾青所说："想象是经验向未知之出发；想象是由此岸向彼岸的张帆远举，是经验的重新组织。"因此，还原学科认知情境，把课文内容与文体特点结合起来，把演讲活动与想象结合起来，学生仿佛置身演讲的时空，拓宽了思维，深化了认知，从而掌握演讲文体的特点。

如何"学一篇而知一类"？程老师从单元整体出发，对本单元的课文进行分类。听众不同，演讲者的身份不同，演讲内容不同，演讲的类别就不同。由此，学生对演讲这种文体有了更明晰的认识——"学好语文，很重要的一点就是要有好的口头表达能力"。语文仅止于此吗？何谓语文？程老师的八字语文方针——"出口成章，下笔成文"，全面地诠释了语文的基本要求，刷新了学生对语文学科的认知——学好书面表达只是语文的半壁江山，口头表达今后在社会上的用途非常大，从而让学生走出认知的误区，明白学好语文的真正意义。

质疑教学

——以《窗》课例为例

年级：高二 / 课时：一课时

《窗》教学实录 [①]

师： 我很高兴今天有这个机会和大家在一起上一堂课。我们这节课叫作探究课。你们是高二的学生，现在要学习的这篇文章是初中的。那么，高二的同学来学习初中的文章，就不是常态学习方式了，应该是探究。你们课前已经看过课文了，现在抓紧时间再看一遍。

（生看课文，师板书。）

《窗》探究课

一、确定文体

二、阐述依据

三、文本探究

师： 好了。现在大家看黑板。我们这节课要做的事情主要有

---

① 程翔.我的课堂作品（修订版）[M].北京：商务印书馆，2023：78-86.

三件：一是确定文体。你们来探究《窗》的文体是什么。二是阐述确定文体的依据。无论确定它是什么文体，你一定要有充分的依据、充足的理由，让大家能够接受。三是进行文本探究。现在做第一件事，来确定文体。学习的方式呢，是小组合作。可以个体探究，也可以小组探究。

（生互相讨论探究）

师：好，停下来。请同学来说一说。

（所有小组意见一致，均认为本篇为小说。）

师：好的。大家的意见很一致，就是小说。那我们接着就进入第二个环节了，说说理由。还是分组进行探究，开始。

（生分组讨论探究）

师：好，停下来，同学们。哪个组的同学想要发言？

生：小说三要素是人物、情节、环境。《窗》这三个要素都具备。

师：好，你坐。你的回答不能说服我。好多文章都有人物啊，是吧？相当一部分文章是有故事情节的，很多文章都有环境描写。你们学过《从百草园到三味书屋》，人物、故事情节、环境都有啊，是小说吗？

生：不是。

师：看来，只是从三要素上分析不能解决问题。大家再看一看课文，再商量一下。如果你们带手机来了，可以上网查找。

（生再次讨论）

师：好啦。有没有同学要发言？

生：它是虚构的。小说都是虚构的。

师：这位同学说了一个关键词——

生：虚构。

师：对了。（板书：虚构）虚构故事是小说的特点，刻画人物是小说的本质。《从百草园到三味书屋》是写实的，文中的人物、情节和环境是客观存在的，是作者的回忆，有据可查，它不是小说。小说是虚构的。这个问题算是解决了。有没有新问题产生？

生：凭什么说《窗》是虚构的？

师：问得好！这就开始递进了，开始进入真正的探究了。

生：文中一段描写了不靠窗病人的心理。

师：哪个地方？你来读一读。

生：第六段。

师：好，你来读。

（生读）

师：好。你凭什么说这一段心理描写就是虚构的呢？

生：不靠窗的那个病人的心中所想，作者是怎么知道的？肯定是作者虚构出来的。

师：很好！你很聪明！作者怎么知道人物内心所想的？同学们读小说，一定要注意，作品中人物的心理变化，作者是不可能知道的，必须借助虚构才能写出来。《红楼梦》中林黛玉的心理变化，曹雪芹是如何知道？是虚构出来的。中国古代小说，心理描写并不突出，到了《红楼梦》就不一样了。鲁迅的小说《狂人日记》《伤逝》《祝福》等，都有大量的心理描写。这些心理描写都是虚构的。是不是说凡是心理描写的内容就一定是虚构的呢？

生：不一定。

师：很好。那是不是说没有心理描写的作品就不是虚构的呢？比如《雷雨》。

生：也不一定。《雷雨》肯定是虚构的，它是话剧，是文学作品。话剧是通过对话（台词）来表现人物和主题的。

师：说得好。语言形式很重要。小说的语言形式不是对话体（虽然也有对话），不是韵文体（诗歌和戏曲），而是叙述者语言（板书：叙述者语言），是散文化语言。至此，我们可以小结一下了。为什么说《窗》是小说呢？谁来小结？

生：有人物、环境和故事情节等基本要素，运用散文化叙述语言，经过作者虚构的文本，就是小说。

师：所以，童话也是小说，比如《皇帝的新装》。以上，我们的探究有没有收获？

生：有。

师：我们继续找虚构的内容。同学们看一看这篇小说，还有哪些内容提醒你，它是虚构的？

生：我认为下面的内容也是虚构的——

一天晚上，他照例睁着双眼盯着天花板。这时，他的同伴突然醒来，开始大声咳嗽，呼吸急促，时断时续，液体已经充塞了他的肺腔，他两手摸索着，在找电铃的按钮，只要电铃一响，值班的护士就会立即赶来。

但是，另一位病人却纹丝不动地看着。心想，他凭什么要占据窗口那张床位呢？

痛苦的咳嗽声打破了黑夜的沉静。一声又一声……卡住了……停止了……直至最后呼吸声也停止了。

另一位病人仍然盯着天花板。

师：说说理由。

生：不靠窗的病人见死不救，这不太符合常理。

师：有道理。（板书：不合常理）我们在医院里，看到同病房的病友快要死掉了，忍心见死不救吗？能做得出来吗？做不出来。举手之劳嘛！但是这个人就是见死不救。这就叫反常。这种反常现象暗示我们，它是虚构的。好，同学们，我们对虚构的探究比较深入了。还有没有虚构的内容呢？

生：我觉得第一段也是虚构的。第一段写两人经常谈天，一谈就是几个小时，对于病重的两个人来说，他们竟然有时间一谈就是几个小时，而不去静养，我觉得这个地方是虚构的。

师：有道理。

师：你们想一想，不能听收音机，却能谈几个小时？

生：显然不合常理。

师：对呀。为什么这样虚构？

生：这样虚构，作者才能顺着这个情节写下去。

师：对，很好，孩子，你明白了。不这样写就不会有后边的内容，是不是啊？

生：是的。

师：所以，我们用一个词来表示——

生：设置情境。

师：太好了！

生：老师，我还有发现。

师：好，你说。

生：还有一个地方，就是第四段和第十五段。第十五段写病人看到的只是一堵墙，但是在第四段他的同伴给他描述得太好了。

师：哦，描写得太好了。为了达到什么目的？

生：形成巨大的反差。

师：很好。这就说明你真的动脑筋了，你真的在探究了。很好，还有要说的吗？

生：没有了。

师：好，你请坐。其他同学有没有要说的？好了，同学们，我们现在可以说有了比较充分的依据来证明这篇的文体是小说，因为它是虚构的，很多地方是虚构的。同意不同意？同意的举手。（全体举手）好的，大家都同意。既然是虚构的，那不就是假的吗？一篇造假的小说，我们有必要学习吗？请同学们讨论。

（生分小组讨论）

师：谁来回答？

生：虽然是虚构的，但不能说它是造假。它是文学作品，表现了深刻的主题。小说超越生活的真实，达到艺术的真实。

师：讲得好！虚构不等于虚假。小说自有小说的规律和特点。作者之所以这样虚构，体现了作者的创作意图。那么，作者想表达怎样的意图呢？

生：表现靠窗病人的善良吧？

生：是表现人性。

师：什么人性？

生：我说不好。

师：请同学们把"机会"这个词圈起来。（生圈画）为什么自己不能得到这个机会？得到这个机会的为什么偏偏是他而不是我呢？你是如何理解"机会"这个词的？

生：我觉得"机会"就是人生的利益吧。

师：很好。（板书：机会）人们为了追求名利，很可能会产生嫉妒心理。是不是这样？

生：是的。

师：你们可以举出很多例子。比如，他评上"三好学生"了，我没评上，我很可能产生嫉妒心理。这篇小说把这种心理放大了，达到了见死不救的程度。可见，人性在嫉妒心理的驱使下会扭曲，会变形。这很可怕，我们要警惕。虽然故事情节是虚构的，但虚构不等于虚假。作者要表达的主题思想是真的。这就是艺术表现规律。那么，不靠窗的病人想没想控制住自己的想法呢？

生：想过，但是没有控制住。

师：对。这还是人性的表现。说说你们的认识。

生：不靠窗的病人头脑里面有一个魔念，这个魔念把他控制得越来越深，他已经陷到里边去了。

师：很好！这就是小说笔法，细致地表现人物内心世界。那么，作者只是表现这两个病人的人性吗？

生：不是，具有代表性。

师：（板书：代表性）谁代表谁？

生：病人代表普通的人。

师：好。再想一想，仅仅是病人具有代表性吗？你看作者写的这个大的环境——医院，有没有代表性？

生：有。代表所有的单位。

师：病房，有没有代表性？

生：有。

师：床位，有没有代表性？难道你觉得这篇小说只是在写医院吗？只是在写病床吗？

生：它是由一个最简单的事物代表一个大的方面。

师：你说具体一点。

生：不靠窗的病人争床位，这个"床位"代表利益。

师：有道理。它不是普通的床位，它具有象征性。（板书：象征性）这叫什么手法？

生：托物言志。

生：借物喻人。

生：以小见大。

师：我告诉你们，是"隐喻"。（板书：隐喻）隐喻，或者说象征，是小说创作的一种手法。这里的"床位"已经不仅仅是床位了，它象征着利益，名和利。这是本节课学习的重点。除此之外，本篇小说还有一个突出的写作手法，能看出来吗？

生：对比，衬托。

师：很好！两个病人形成了鲜明对比。作者用死去的那个病人来衬托不靠窗的病人。在原来的基础上，我们再加上一条：刻画人物，表现人性。有虚构的人物、环境和故事情节等基本要素，运用散文化叙述语言，以刻画人物、表现人性为目的的文本，就是小说。同学们，到此为止，我们比较清楚地认识到了这篇小说的特点。和我们在这节课开始的时候相比，我们是不是进步了很多？

生：是的。

师：当然，这篇小说的特点并不能代表所有小说的特点，每篇小说既有共性，也有个性。最后，我布置一个作业：这篇小说是有败笔的，你们课下继续探究。好，这节课就上到这里。下课，同学们再见！

（注：教学实录略有删改。）

窗

一、确定文体　　小说　　三要素
二、阐述依据　　虚构　　叙述者语言　不合常理
三、文本探究　　机会　　代表性　象征性　隐喻

点评

　　质疑教学，是一种探究性的学习方式。"它包括两方面的内容：一是无疑而问。课文本身没有问题，教师故意设置一个问题，这个问题乍看似乎有道理，仔细分析，是误解课文所致。学生在教师的引导下，纠正误解，获得正确理解。二是有疑而问。课文本身的确有问题，在教师的启发下，学生对课文的问题进行修改，从而获得能力。"[①] 此种教学，"首先要教师设疑，设疑之处是经过教师深思熟虑之后确定的。无疑而问，目的在于引起学生的阅读注意，加深理解。有疑而问，目的在于引导学生找出课文的缺点，不迷信课文，具有敢于怀疑的精神。敢于怀疑课文，阅读水平自然也就提高了"[②]。下面结合程翔老师执教的课例《窗》，来谈谈如何开展质疑教学。

一、质疑"虚构"，基于"适体阅读"

　　程翔老师提出"适体阅读"的概念，是与"悖体阅读"相对的。所谓"适体阅读"，就是符合文体特性和文体法则的阅读。对小说这种文体而言，能否理解其"虚构性"，是衡量读者有无把握小说文体的"命门"。

　　那么，如何理解小说这种文体呢？程老师组织学生小组探究，经过探究

---

① 程翔.课堂阅读教学论［M］.杭州：浙江古籍出版社，2005：238.
② 同①：240.

达成一致意见：该文是一篇小说。接着，程老师继续组织学生小组探究来阐述判断该文为小说的依据。学生只知道小说有三要素，这是他们已经固化的小说知识。教师对此进行质疑。显然，这是无疑而问——具备人物、环境和故事情节这三要素是否就是小说呢？教师进一步举例质疑："你们学过《从百草园到三味书屋》，人物、故事情节、环境都有啊，是小说吗？"这还真的把学生问住了。那么，如何解决疑问？程老师说过："教师不要奉送答案，要引导学生去寻找答案。但是，要让学生自己解决问题，就要给学生查阅材料的时间。"[①] 于是，教师让学生用手机上网查找，然后再交流。"这时的语文课就不是那种常规式的语文课了，它完全是学生在活动。"[②] 有学生说，小说是虚构的。这一发现是与散文的真实性比较而言的。那么，《窗》的虚构体现在哪里？这就由认识小说的虚构，进入具体的小说文章来探究了。由此，学生发现第六段描写了心理，程老师辅以问题支架："你凭什么说这一段心理描写就是虚构的呢？"这就把探究小说虚构的落点放在了心理描写上。学生进入课文深处，领悟到：不靠窗的那个病人心中所想，肯定是作者虚构出来的。至此，学生明白了小说中人物的心理变化，作者是不可能知道的，必须借助虚构才能写出来。教师再结合其他小说加以验证——小说中的心理描写都是虚构的，进而学生归纳出："有人物、环境和故事情节等基本要素，运用散文化叙述语言，经过作者虚构的文本，就是小说。"

除此之外，虚构还表现在哪些方面呢？学生经过深入探究发现，不靠窗的病人见死不救是不合常理的。程老师从学生的生活实际出发——"我们在医院里，看到同病房的病友快要死掉了，忍心见死不救吗？能做得出来吗？做不出来。举手之劳嘛！但是这个人就是见死不救。这就叫反常。这种反常现象暗示我们，它是虚构的"。那么，这种不合常理的行为还有没有呢？程老师继续引导学生抓住反常处质疑："你们想一想，不能听收音机，却能谈几个小时？"原来作者这样写的目的是为下面的情节创设情境、做铺垫的。

---

① 程翔.一个语文教师的心路历程［M］.北京：清华大学出版社，2009：79.
② 同①.

学生的思维慢慢打开，探究的热情越来越高涨。学生揪住虚构不放，在文字的胜境中一览第四段描述的美好"风景"，这与第十五段写病人看到的只是一堵墙，形成了反差，虚构就显而易见了。

探究小说虚构的特点，分析其虚构的理由，这就引导学生不仅思考情节虚构的技巧，还围绕小说虚构的意图找到了解读小说的通道——心理描写、不合常理的地方、散文化叙述语言，都是解读小说的抓手。

二、质疑"虚假"，提取语文因素

程老师质疑："既然是虚构的，那不就是假的吗？一篇造假的小说，我们有必要学习吗？"这就是引导学生探究作品的主题。程老师在《真情实感与思想健康》中说："文贵情真，写真话，抒真情，是写作的生命。写假话，写空话，写套话，是写作的死敌。"[1]这篇小说是在造假吗？显然不是。这就是"无疑而问"。经过小组讨论，学生认为，"虽然是虚构的，但不能说它是造假"。我们不能"悖体阅读"，即"违背文体特征和文体思维法则的阴差阳错的阅读"[2]。因为这样，就没有遵照文体规律来阅读。作者如此写靠窗病人所讲的"风景"，病房之窗就不再是可以看见风景的"实体"之窗，而变成了作者传情达意的"虚体"——人性之窗。为了让学生理解文章是如何表现人性的，教师在学生认识到该文是表现人性的这一基础上进一步质疑："什么人性？""请同学们把'机会'这个词圈起来。（生圈画）为什么自己不能得到这个机会？得到这个机会的为什么偏偏是他而不是我呢？你是如何理解'机会'这个词的？"抓住"机会"重锤敲打，有学生说"机会"就是人生的利益。利益面前，人人皆向往。不靠窗的病人在竭力控制，然而心中的"恶魔"最终没有战胜"良知"，真的出现了见死不救。这是人性使然——"人们为了追求名利，很可能会产生嫉妒心理"。如何理解这种心理？程老师

---

① 程翔.做有灵魂的教育［M］.北京：中国大百科全书出版社，2015：150.
② 程翔.我的课堂作品（修订版）［M］.北京：商务印书馆，2023：93.

为学生搭建台阶，引导学生回到了自己的生活实际之中——"比如，他评上'三好学生'了，我没评上，我很可能产生嫉妒心理。这篇小说把这种心理放大了，达到了见死不救的程度。可见，人性在嫉妒心理的驱使下会扭曲，会变形。这很可怕，我们要警惕。虽然故事情节是虚构的，但虚构不等于虚假。作者要表达的主题思想是真的。这就是艺术表现规律。"至此，联系生活，学生就明白了"虚构"不是"虚假"，而是表现主题需要才虚构的。

程老师认为，艺术话语是"直觉的、审美的、情感的、精神的、模糊的、丰富的、形象的，它是多解的，具有象征和隐喻的特点"。[①] 如何扩大学生的认知范围，进而明确这篇小说的隐喻和象征意义？程老师又质疑："作者只是表现这两个病人的人性吗？"管中窥豹，病人"就是我们现实社会中的每一个普通人，我们都曾有过这样的想法："为什么自己不应得到这种机会？……紧挨着窗口的为什么不该是我呢？""病人"所在的"医院"仅指"医院"吗？程老师又质疑："床位，有没有代表性？难道你觉得这篇小说只是在写医院吗？只是在写病床吗？"程老师引导学生打开思维——"床位"代表名利，"医院"代表我们生活的角角落落。至此，小说的"拐点"——病人的心理描写这一关键节点架构了课堂。学生掌握了小说创作的手法——隐喻和象征。

学生明白了小说的特质：一是有虚构的人物、环境和故事情节等基本要素；二是散文化叙述语言；三是刻画人物，表现人性。不仅如此，还直击学生的心灵——揭开人性恶的帷幕：这就是人，我们都要警惕！而表现这种人性之恶的帷幕的方法则是隐喻和象征。这才是语文因素。由此，该文的语文功能得以彰显，学生的语文阅读能力得以提高。

三、质疑教学，遵循探究规律

《义务教育语文课程标准（2022 年版）》指出："义务教育语文课程实施

---

① 程翔.敬畏母语［M］.济南：山东教育出版社，2021：63.

从学生语文生活实际出发，创设丰富多样的学习情境，设计富有挑战性的学习任务，激发学生的好奇心、想象力、求知欲，促进学生自主、合作、探究学习；引导学生注重积累，勤于思考，乐于实践，勇于探索，养成良好的学习习惯"。《普通高中语文课程标准（2017年版2020年修订）》也对探究学习提出了要求："要引导学生在语言文字运用的过程中发现问题，培养探究意识和发现问题的敏感性，探求解决问题和语言表达的创新路径。"因此，质疑教学对学生语文学习方式的转变，无疑具有促进作用。

质疑教学，激发学生由被动接受转为主动学习，由学习内容的浅表化转变为深入探索研究，学习目标全面而多元，学习内容综合而开放，学习过程呈现实践性，学习形式富有灵活性，学习参与覆盖全员性。基于此，程老师为学生确立的探究目标概括起来有两个：一是对文体的探究，二是对文本主题的探究。而此目标的确立是基于"高二的同学来学习初中的文章"，并且在课前读过课文，课上又让学生阅读，学生对课文是熟悉的。这是其一。其二，学生对小说有了一定的了解，积累了小说三要素的知识。另外，在学习的方式上，教师让学生四次分组讨论，不仅有小组探究，更多的是个体探究，而且探究的程度逐渐深入，探究的结果呈现阶梯式上升态势。

总体来看，课堂就围绕一个项目：探究该课文体及其主题。如何激发学生的探究欲望？程老师质疑教学的实质是"无疑而问"，教师不奉送答案，只是启发、引导，让学生一个台阶一个台阶向上攀登：先质疑小说的依据是其三要素，学生自我否定；进而质疑该文虚构的依据——心理描写，于是得出小说的话语方式——散文化叙述语言；还质疑虚构的不合常理处，学生深入探究；继而由质疑"虚构"到质疑"虚假"，直至探究主题。情节的虚构是出于主题的真实人性的需要，而"床位"正是作者所要象征的意义，如此，语文能力的提升是教师引导学生探究课文的"能力点"，这就是学习语文的必备能力之一。

综上所述，质疑教学要以问题激活学生思维，来提取语文因素，或就其文字进行指瑕。这里的质疑，并非学生提问、教师解答，而是"无疑而问"或是"有疑而问"，借助小组合作探究的学习方式进行。其质疑方法无论是直接质疑、比较质疑，还是逆向质疑和假设质疑，都是凭质疑提问切入探究。这正如程老师所说："教育要培养学生三个不迷信：不迷信教师，不迷信课本，不迷信名人和权威。"[1]而质疑教学正是培养学生的批判性思维，唯其如此，才能"超越'小我'走向'大我'，才能真正成为具有独立人格的人。因为'大我'有担当意识，有悲悯情怀，'不以物喜，不以己悲'，能很快从个人得失中走出来。具有'大我'境界的人，内心一定是强大的，人格一定是独立的。我们的基础教育和高等教育距离这样的目标还相差很远"[2]。因此，培养学生的探究性学习能力，具有深远意义。

---

① 程翔.敬畏母语［M］.济南：山东教育出版社，2021：172.
② 同①：178.

话轮转换

——以《雷雨》课例为例

年级：高二／课时：三课时

《雷雨》教学实录 ①

第一课时

师：同学们好！今天我们来学习曹禺的名作《雷雨》。曹禺写《雷雨》时只有 20 多岁，当时正在读大学。写成后，他交给了《文学季刊》的编辑靳以。靳以交给了主编郑振铎先生。郑振铎先生看了一遍，说："写得乱。"于是就放在一边。一年后，巴金先生来到《文学季刊》，靳以又拿出来给巴金看。巴金看后大为赞赏，于是将其发表在 1934 年 7 月的《文学季刊》上。发表之后，并没有引起什么反响。该剧首次上演是在日本，在留学生中引起轰动。后来在国内演出，场场爆满，评论界也给予高度评价。于是，年轻的曹禺成为著名的剧作家。后来，曹禺又写了《日出》《北京人》《原野》，还改编了巴金的《家》。《雷雨》在新

---

① 程翔. 我的课堂作品（修订版）[M]. 北京：商务印书馆，2023：118-133.

中国成立后被动过几次"手术"，不同版本内容也有差异。课本节选的版本出自人民文学出版社 1978 年版的《曹禺选集》。我觉得人民文学出版社 1997 年版的《曹禺戏剧选》比较好，保持了《雷雨》最初的面貌。

师：下面请同学们把课文认真看一遍。

（生读课文，约 10 分钟。）

师：好了。同学们看得很认真。话剧的表演形式是人物对话。对话的长度是有单位的，分为对话篇、对话段、对话组。所谓对话篇，是从整体上来说的。比如节选的这部分，我们可以称之为一个对话篇。一个对话篇是由若干个对话段组成的，一个对话段是由若干个对话组组成的。我们这节课主要来划分对话段，认识对话组。下面，同学们看一看，本对话篇是由几个对话段组成的呢？这些对话段在哪个地方切分？每一个对话段的主要内容是什么？下面开始划分，也可以交流、讨论。

（生划分对话段，师巡视，约 5 分钟。）

师：请同学们先停一停。划分对话段有困难吗？请同学们提出来。

生：老师，划分对话段有方法吗？

师：问得好。有方法的。同学们在现实生活中经常对话。你们回忆一下，在你们对话的过程中，话题内容会发生转化。是不是这样？

生：是的。开始的话题与后来的话题会差别很大。

师：好。举例说明。

生：比如我们开始的话题是说某个同学新配的眼镜很好看，价格却很贵，话题是眼镜，后来很可能转向奥运会什么的。

师：好的。再考虑，这中间的转向难道只有一次吗？

生：多次。

师：对了。对话的长度越长，话题的转换次数就可能越多。我们从话题转换的地方切分开来，就会划分出对话段。刚才我看同学们的划分，有的分对了，有的不对。现在我告诉同学们，首先看围绕什么话题展开的对话，然后找到话题转换的地方，进行切分，这样就可以比较准确地划分对话段了。下面按照我说的再一次进行划分。同学之间可以交流，刚才交流得不够充分。

（生再次划分对话段，并交流，大约5分钟。）

师：请同学来说说，你怎么划分的？

生：从开头到"你自然想不到，侍萍的相貌有一天也会老得连你都不认识了"，是对话段一，写梅小姐。从"你来干什么"到"我这些年的苦不是你拿钱算得清的"，是对话段二，写侍萍被赶出周家。剩下的是对话段三，写鲁大海。

师：其他同学有不同意见吗？

生：老师，他划分的三个对话段我没有意见，但他概括的对话段内容我不太同意。

师：请你说一说。

生：我认为，对话段一的话题是"回忆梅小姐"，不能说成"写梅小姐"。对话段二是由"你来干什么"引发的，围绕侍萍来周家的目的这个话题展开，应该总结为"来周家的目的"，不能说成是"被赶出周家"。第三个对话段围绕罢工、复工展开，应该总结为"父子谈罢工、复工"。

师：同学们觉得怎么样？

生：好。

师：很好。这位同学表述清楚、准确，对上一位同学的发言进行了很好的补充、完善。（板书）

对话段一：回忆梅小姐

对话段二：侍萍来周家的目的

对话段三：父子谈罢工、复工

师：同学们还有问题吗？

生：老师，梅小姐和鲁侍萍是一个人吗？

师：是一个人。过去女人地位低，随丈夫姓，"梅妈"说明侍萍的母亲嫁给了姓梅的男人，侍萍当时叫梅侍萍；后来侍萍嫁给了鲁贵，自然就叫鲁侍萍了。姓改了，但名没有改，仍然叫侍萍。请坐。其他同学还有问题吗？

生：老师，我有一点不明白。第一个对话段应该从"三十年前，在无锡有一件很出名的事情——"划分，老师为什么同意从开头划分呢？

师：问得好！善于提出问题，是良好的学习习惯。谁来回答这个问题？

生：我觉得前面是过渡部分。

师：有道理。它是过渡到核心话题的必要组成部分，否则上来就回忆梅小姐，显得突兀。那么，过渡部分划归到哪里去呢？有两种方法：一是独立成段，二是划归到第一个对话段中。在这部分中，独立成段有些勉强，所以划归到第一个对话段中。刚才那位同学，你能接受吗？

生：能接受。

师：好，如果同学们没有异议了，就把黑板上的内容抄下来。以后再读话剧的时候，可以运用这种方法。

（生抄写）

师：对话段划分完了，下面我们学习对话组。请同学们看书。在第一个对话段中，周朴园回忆梅小姐的时候，说："梅家的一个年轻小姐，很贤惠，也很规矩。有一天夜里，忽然地投水死了。后来，后来，——你知道么？"一直到鲁侍萍说："可是她不是小姐，她也不贤惠，并且听说是不大规矩的。"同学们看，这就是一个对话组。在这个对话组中，谁是对话的主动者呢？

生：周朴园。

师：为什么呢？

生：因为引出话题的是周朴园，催促鲁侍萍往下说话的也是周朴园，鲁侍萍则是被动的。

师：说得太好了！那么，鲁侍萍为什么是被动的呢？

生：这个话题太沉重，太伤心，太痛苦。她不想重新拾起这个过了三十年的伤心事。她本是来看女儿的，对周朴园提起的话题没有任何心理准备。

师：很有道理。不过，在这个对话组中，有一个很有意思的现象，同学们发现了吗？

生：两个人回忆的是同一个人，但称呼大不相同。

师：你很快就发现了。你能解释一下吗？

生：周朴园有些虚伪。鲁侍萍实事求是。

师：是这样？我有点不同意见。我们暂且搁置，接着讨论对话组的问题。

此时周朴园最关心的问题是梅小姐的身份、称呼和评价吗？

生：不是，是梅小姐的"后来"。周朴园连用了两个"后来"，他急于知道梅小姐后来的事情。

师：对。所以，接下来进入另一个对话组。周朴园说："也许，也许你弄错了，不过你不妨说说看。"其实，鲁侍萍没有弄错，所以周朴园不能去"纠正"，于是催促她把"后来"的事情说下去，因为鲁侍萍的"后来"是周朴园最关心的事情。这样才有了下面的内容。由此，同学们应该明白一点，对话组的对话，往往有一方是主动者，一方是被动者。对话的展开，常常是由主动方决定的。那么，主动方和被动方是固定不变的吗？周朴园永远是主动方，鲁侍萍永远是被动方，是这样吗？

生：不是，是可以变化的。

师：请举例说明。

生：我只是感觉这样，但我还没有发现。

师：好。下面请同学们找一找，可以交流。

（生看课文，大约5分钟。）

生：老师，我找到了。鲁侍萍问"老爷问这些闲事干什么"到"这个人现在还活着"，这个对话组中，话题是由鲁侍萍引起的。

生：老师，我也发现了一组。鲁侍萍问："老爷，没有事了？"鲁侍萍望着周朴园，泪要涌出。周朴园让她下去，眼看对话就无法进行了，所以才问："老爷，没有事了？"于是周朴园才说出拿旧雨衣、旧衬衣的事。这才引得鲁侍萍主动问"老爷那种绸衬衣不是一共有五件？您要哪一件？"于是她才说出了"梅花"和"萍"字。这都是鲁侍萍主动说的，而周朴园是被动接话。

师：你说得太好了。那么你发现没有，凡是主动说话的一方，总有——

生：目的。

师：对了。鲁侍萍主动说话的目的是什么？

生：让周朴园认出自己。

师：鲁侍萍为什么要让周朴园认出自己呢？先不要回答。这个问题下节课来解决。

第二课时

师：同学们，上一节课，我们对《雷雨》节选部分做了对话段的划分，这节课我们来理解对话段一的内容：回忆"梅小姐"。在回忆"梅小姐"的时候，称呼和评价大不相同。周朴园称呼她是"小姐"，评价她"贤惠""规矩"。鲁侍萍则说"不是小姐""不贤惠""不大规矩"。回忆的是同一个人，为何如此不同呢？有的同学说，"周朴园有些虚伪"。下面请同学们讨论一下，回忆的是同一个人，为何如此不同呢？

生："小姐"是身份，旧时有地位的人家的女孩才被称为"小姐"。侍萍是仆人梅妈的女儿，不是小姐。周朴园说的是假话，所以他虚伪。

师：其他同学有不同意见吗？没有。老师来发表一下意见。站在周朴园的角度讲，当年的侍萍全身心地爱着周朴园，为他生了两个儿子。这当然是贤惠、规矩的。周朴园评价侍萍，是以侍萍对他的情感态度为依据的。称"小姐"，是否可以看成是对她的尊重和怀念呢？在世俗社会中，婚姻恋爱要讲究门第，讲究门当户对，而敢于背叛这一规矩的人，当然是不规矩的了。所以侍萍的自我评价是"不是小姐""不贤惠""不大规矩"。"不是小姐"，说明侍萍耿直，不是就是不是，何必冒充小姐！所谓"不贤惠"，是有所指的，指她的倔强性格，这一点我们后面会分析到的。"不大规矩"，就是指这个对话组中的"她是个下等人，不很守本分的。听说她跟当时周公馆的少爷有点不清白，生了两个儿子"。请同学们注意"不很守本分的"这句话。侍萍怎样做才叫守本分？

生：找一个穷人。

师：可是她偏偏爱上了一个少爷，少爷也爱她，还生了两个儿子。一个下等人，爱上一个少爷，需要多大的勇气！这是向封建等级制度发起挑战！由此可以看出侍萍的一点性格。什么性格？

生：敢爱。

师："所以说"不大规矩"。同学们对这种性格做何评价？

生：不好说。

师：有敬佩的吗？有。有鄙视的吗？也有。同学们，无论你们是敬佩还是鄙视，但是你们必须得承认，这是人性的表现。对不对？

生：对。

师：那么，这种人性是一种罪恶吗？他们两人当年的相爱、生子，是一种罪过吗？

生：我认为是一种罪恶。他们未婚先孕。

生：不是罪恶。如果一定要说是罪恶的话，罪恶的是封建等级制度。

师：未婚生子固然不道德，但是作者曹禺创作《雷雨》不是表现道德问题，而是表现人性问题。如果一定要说是罪过的话，那么真正的罪过是等级制度，是封建等级制度断送了他俩的爱情。好，下面请同桌同学把这个对话组分角色朗读一遍。

（生读）

师：下面，请两位同学读。从周朴园问"你姓什么？"一直读到"你自然想不到，侍萍的相貌有一天也会老得连你都不认识了"。

（生读）

师：这部分由哪几个对话组组成？

生：由"坟在哪里""她没有死""活着的境况""找纺绸衬衣"四个对话组组成。

师：总结得很对。周朴园在哪一个对话组中认出了侍萍？

生：第四个对话组。

师：当年北京人民艺术剧院首次排演《雷雨》的时候，扮演鲁侍萍的女演员说："鲁侍萍没有骨气。换了我，转身就走。"那么请同学们回答，鲁侍萍为什么一步一步地引导着周朴园把自己认出来呢？

生：根据四个对话组的内容来看，鲁侍萍断定周朴园还在怀念着自己，而鲁侍萍心底也怀念着周朴园。特别是得知还保存着旧衬衣的时候，鲁侍萍就无法控制自己了，于是让周朴园认出了自己。

师：本来不打算让周朴园认出自己的，是情不自已。这又是人性的表现。对不对？

生：对。

师：鲁侍萍说："你自然想不到，侍萍的相貌有一天也会老得连你都不认识了。"注意称呼由"老爷"换成了"你"。"连你都不认识了"这句话大有深意，你曾是我倾心相爱的人，你都认不出我了。可以想象，那时的鲁侍萍一定长得——

生：非常漂亮。

师：请同学们假设他们当年的一个生活场景：周朴园看着侍萍说——

生："你真好看，我爱你！"

师：这时候，侍萍最关心的是什么？

生：侍萍说："要是我老了，你还会爱我吗？"

师：周朴园怎么回答？

生：周朴园说："你不会老，你永远都年轻美丽。"

师：想象得很精彩。这节课先上到这里。

第三课时

师：同学们，我们接着学习《雷雨》。这节课主要学习第二个对话段：侍萍来周家的目的。下面请两位同学分角色朗读，从"你来干什么"到"要我离开你们周家的门"。

（生分角色朗读）

师：周朴园忽然严厉地问道："你来干什么？"有评论家说，周朴园虚伪的本质原形毕露了。你们同意吗？

生：同意。

生：不同意。这是周朴园本能的表现。

师：为什么说是本能的表现呢？

生：三十年来，周朴园已经十分成熟了，丰富的社会经验使他具有一种自我防卫能力和习惯，他怀疑侍萍的到来可能是一个阴谋，一个利用过去进行敲诈的阴谋，不能简单地说成虚伪。

师：有道理。一个人的感情哪有虚伪三十年的？如果一个人真的能够虚伪三十年，那虚伪的感情也就变成真的了吧！鲁侍萍对周朴园严厉的问话是如何回答的？

生："不是我要来的"。

师：这是实话。鲁侍萍是被繁漪叫来的，不是主动要来的。周朴园对此并不知道，所以他接着质问："谁指使你来的？"在周朴园看来，侍萍比较单纯，是受了别人的指使才来的，是一个阴谋。面对这样的误解，侍萍感到"悲愤"。如何回答周朴园的质问呢？按照侍萍的思想境界，她只能解释为"命"。所以，她说："命，不公平的命指使我来的！"对于这种解释，周朴园显然不相信，所以他"冷冷"地说："三十年的工夫你还是找到这儿来了。"这样的回答，必然激起了侍萍的怨愤之情。她说自己的眼泪早哭干了，没有委屈，有的是恨，是悔，是一肚子苦水。接下来，侍萍就开始倾诉自己的苦水。请一位同学读一遍。

（生读，从"哼"到"要我离开你们周家的门"。）

师：这时候侍萍的情绪很激动，是周朴园"严厉""冷冷"的态度以及深深的误解逼迫着侍萍说出了三十年前那一段最伤心的往事。说到这段往事，老师提一个问题请同学们思考：当年，周家有没有一种两全其美的办法，既让侍萍留下，又让周朴园娶阔家小姐为妻呢？

生：可以让侍萍做妾。

师：好。侍萍是下等人，在周家眼里绝不能做正妻，顶多做一个妾。假设这个推断是合理的话，那么，周朴园是什么态度？

生：觉得虽然委屈了侍萍，但也还是可以接受的。

师：周朴园的父母肯定是同意的吧？

生：是的。

师：新娶来的阔家小姐同意吗？

生：心里会不高兴，但最终还是能够接受的。

师：侍萍最后还是被赶了出去，怎么解释？

生：是侍萍自己不愿意。

师：为什么不愿意？

生：她觉得做妾是对她的侮辱。

师：宁死不做妾。侍萍的性格出来了——有尊严。尽管地位低下，但维护尊严绝不含糊。这正是鲁侍萍令读者敬佩的地方：一个性格刚烈的女子，绝不做妾！这就是侍萍的性格。想到这里，一位个性倔强、敢于维护自己尊严的女子的形象就站立在我们读者面前了。（板书：自尊、倔强）同学们接着往下读，读到"我的报应"。

（生读）

师：同学们会发现，这个对话组很有意思，周朴园说话少，侍萍滔滔不绝。为什么？

生：侍萍闷了三十年了。

师：这三十年为什么不对别人讲一讲呢？

生：没法对别人讲，她只能憋在心里。现在有了倾诉对象，所以她滔滔不绝。

师：周朴园是如何平息侍萍激动的情绪的呢？

生：说自己仍然想着她，家具、生日、关窗习惯，等等。

师：最关键的几句话是什么？

生："你以为一个人做了一件于心不忍的事就会忘了么？"还有"一切都照着你是正式嫁过周家的人看"，还有"为的是不忘你，弥补我的罪过"。

师：原本很激动的侍萍一下子就平静下来了。她"叹一口气"，说："现在我们都是上了年纪的人，这些话请你也不必说了。"女人呀，心太软。到此为止，来周家的目的的话题才又被重新提起。周朴园想要"明明白白地谈一谈"。谈什么？周朴园的担心。他说："我看你的性情好像没有大改，——鲁贵像是个很不老实的人。"这说明，此前"谁指使你来的？"一句的含义就显现出来了：周朴园认为是鲁贵指使侍萍来的。来干什么呢？敲诈。侍萍怎么说的？

生："你不要怕。他永远不会知道的。"

师：侍萍安慰起周朴园来了。周朴园算是一块石头落了地，于是问起了带走的儿子的情况。不料侍萍说就是鲁大海。周朴园刚刚放下的心又悬了起来，"冷笑"起来，说："好！痛痛快快的！你现在要多少钱吧？"周朴园又一次——

生： 误解鲁侍萍来周家的目的。

师： 为什么呢？

生： 周朴园认为鲁贵指使侍萍，又指使鲁大海闹罢工，三个人共同来敲诈他。如果真的是这样的话，周朴园将陷入很尴尬的境地，所以他才"冷笑"。

师： 理解得好。面对周朴园的又一次误解，侍萍如何反应？

生： "苦笑"。

师： "苦笑"二字太精彩了。"我是那种人吗？""我如何解释才能让你相信我呢？"大概这是"苦笑"二字的潜台词。当然，周朴园还只是怀疑，不能完全断定。侍萍再一次安慰他："你不要怕，你以为我会用这种关系来敲诈你么？你放心，我不会的。"听了这些，他才放心地说："好得很，那么一切路费，用费，都归我担负。"请同学们思考：侍萍为什么不利用这种关系来敲诈周朴园呢？

生： 她善良、单纯。

生： 她并不恨周朴园。她对周朴园是怀有感情的。

师： 周家对她这样，她为什么不恨周朴园呢？

生： 是周朴园的父母赶走了她，不是周朴园赶走的。当时周朴园肯定夹在中间，也很难受的。

师： 有道理。那么，鲁侍萍性格当中"善良、单纯"的一面表现出来了。（板书：善良、单纯）周朴园要给钱，鲁侍萍如何反应？

生： 不要。后面周朴园给她五千元支票的时候，侍萍毫不犹豫地撕掉了。

师： 这是她什么性格的表现？

生： 倔强，有尊严。

师： 对。周朴园说："你现在要什么？"鲁侍萍说："（泪满眼）我——我——我只要见见我的萍儿。"这个要求合理吗？

生： 非常合理。这是一个母亲的心。

师： 但是，周朴园似乎有些顾虑："不过是——（顿）他很大了，——（顿）并且他以为他母亲早就死了的。"周朴园说这话的意思，鲁侍萍明白吗？

生：明白。

师：下面请一位同学读鲁侍萍的话。

（生读）

师：你们听了这段话，有什么感受？

生：心里很难过。过去，因为等级观念，一对相爱的人被拆散了；现在，还是等级观念，使得母亲不能认亲生儿子。

师：说得好。"这些年我也学乖了"，读了这句话，心里有何感受？

生：当年，鲁侍萍"不乖"，向着等级观念发起挑战，彻底地失败了。这句话说明她自己彻底认输了，这些年的经历，终于使她认识到，自己的行为注定是要失败的，等级制度是无法逾越的。

师：你说的话很有深度。好，我们总结一下，第二个对话段是由若干个对话组构成的，围绕来周家的目的展开，鲁侍萍倾诉苦水，安慰周朴园，想见周萍；周朴园则一再怀疑，释疑，再怀疑，再释疑，同时也表达了自己的忏悔和复杂情感。这些都是在表现人性。至于第三个对话段，我们放到课下，请同学们自己阅读、理解、欣赏。好了，这节课就上到这里。下课。

（注：教学实录略有删改。）

雷　雨
曹　禺

板书设计

对话篇

对话段一：回忆梅小姐
　　对话组一：称呼、评价
　　对话组二：离开周家
　　对话组三：离开以后
　　对话组四：现在
　　　自尊、倔强
　　　善良、单纯
　　　侍萍

对话段二：侍萍来周家的目的　怀疑—释疑—再怀疑—再释疑

对话段三：父子谈罢工、复工　父子对话

点评

　　程翔老师依据语体学中的"话轮转换"理论进行话剧教学，收到了事半功倍的效果。话轮，是指交谈者双方——说话者和听话者，在轮流说话的过程中，"每个人一次说话从开始到结束，就构成一个话轮"[①]。话轮转换就是"两个或两个以上参与者的言语活动，是参与者双方或多方话轮交替的过程"[②]。"话剧是对话的语言的艺术。对话往往围绕一个话题展开，对话过程中话题会发生转换。在转换处进行切分，可以将对话划分为对话篇、对话段和对话组。"[③]而对话双方则分为主动方和被动方，主动方挑起话题，被动方接话。在一定的条件下，被动方就会转化成主动方，在此过程中人物性格就展现出来了。下面，以程翔老师执教《雷雨》的课例，来谈谈如何运用"话轮转换"理论进行话剧教学。

一、依据话轮转换，厘清话剧结构

　　程翔老师说："阅读教学必须引导学生尊重文体，因为文体与阅读理解有密切关系。"[④]他又说："文体教学就是针对不同的文体，运用不同的思维规律来进行阅读"。[⑤]那么，话剧教学如何根据其文体特点来引导学生呢？

　　众所周知，话剧是通过人物对话来展示人物性格和命运的。程老师首先向学生介绍话剧的语体知识："对话的长度是有单位的，分为对话篇、对话段、对话组。"所谓对话篇，是从整体上来说的，如课文节选的部分，就称为一个对话篇。而一个对话篇是由若干个对话段组成的，一个对话段又是由

① 袁晖，李熙宗.汉语语体概论［M］.北京：商务印书馆，2005：45.

② 同①：62.

③ 程翔.敬畏母语［M］.济南：山东教育出版社，2021：97.

④ 程翔.一个语文教师的心路历程［M］.北京：清华大学出版社，2009：91.

⑤ 同④：92.

若干个对话组组成的。这样，学生就明确了话剧这种文体的结构规律。"结构体现思路，思路由文体决定，文体由写作目的决定。作者必须选取最合适的思路来实现写作目的。"① 如何理清话剧的思路？程老师首先引导学生划分对话段。其他文体都有自然段作为划分依据，话剧文体则不同，没有自然段，那么，如何切分对话段呢？程老师并没有告诉学生，而是让学生先交流讨论。学生出现了困惑，有学生问："划分对话段有方法吗？"此时，教师还是没有急于教给学生概念化的方法，而是把学生引到"最近发展区"，让他们结合自身生活中谈话的例子，发现交谈时双方话题内容会发生转换，而且随着对话长度的变长，话题转换的次数就会变多。在此基础上，教师引出划分对话段的方法——先找出对话的话题，再找到话题转换处。如此，对话段的切分点就找到了。程老师从对话思维的程序出发，以转换处的切分，举重若轻，使看上去无绪的对话，由感性到理性，为学生进入课文树立了一个个路标。学生积累了话剧对话段的划分方法，内化到已有的结构划分知识体系中，无疑会提高梳理结构的能力。程老师在学生掌握了此种划分方法之后，让学生再次交流划分情况。学生由切分点的把握到概括对话段的内容，相互评价、补充、完善，从而准确地完成了对话段的划分。在此过程中，学生经过了两次划分：第一次学生在"愤""悱"之时，思而不得，教师进行方法引领；第二次教师让学生以法学之，继续思考，相互启发，这是教师让学生在运用方法练习。这里少了教师的讲解，更多的是学生在动口、动脑。如此，学生当堂掌握了话剧划分对话段的知识，还需要课外再加班加点去做练习吗？这就是我们常说的"授人以鱼，不如授人以渔"吧。

对于第一个对话段"回忆梅小姐"部分，对于回忆之前的文字，学生质疑与回忆无关。程老师正好趁机教给学生文章过渡的知识，让学生明确了过渡部分划分的两种方法，在这里要么"独立成段"，要么划归于第一个对话段，以免直接回忆容易引起突兀之嫌。这是划分层次常常会遇到的问题，也使学生在写作中，学会写好衔接句子。这看似不经意的教学环节，使学生扎

---

① 程翔.一个语文教师的心路历程［M］.北京：清华大学出版社，2009：93.

扎实实地理解了过渡内容的安排。此时，程老师再让学生抄写，学生的动手，深化了对划分对话段方法的理解，而不至于在密密匝匝的文字对话中，迷失文章思路的方向。如此，注重语文要素的落实，久而久之，语文素养的大厦才会屹立起来。

对话段的划分是在对话篇的整体中梳理出来的，那么对话组如何划分呢？还是以"回忆梅小姐"这个对话段为例。第一个对话组就是周朴园对鲁侍萍的称呼和评价与鲁侍萍的自我称呼和评价是不同的。找出此对话组的方法是看对话双方的"主动方（发话方）和被动方（接话方），主动方挑起话题，被动方被动应对"①。显然，周朴园是主动方，鲁侍萍则是被动方。周朴园主动挑起话题，鲁侍萍则不愿旧事重提，对周朴园提起的话题没有心理准备，只是被动应对。像这样，由主动方和被动方构成的几个话轮就是一个对话组。当然，"主动方和被动方在一定条件下会发生转化，主动方可以变成被动方，被动方可以变成主动方"②。于是，新的对话组就形成了。在一组组的对话中，在主动方挑起话题，被动方接受的过程中，人物的性格才彰显出来。

二、依据话轮转换，还原美好人性

对话组中，主动方挑起话题是有目的的，而被动方的应对原因，以及主动方和被动方二者之间发生的转化，对理解人物的性格起到"四两拨千斤"的作用。

在回忆梅小姐的时候，他们回忆的是同一个人，而称呼和评价大不相同。如何引导学生思考？程老师问："在这个对话组中，谁是对话的主动者呢？"这是教给学生从主动方和被动方的角度理解人物说话特点。学生比较这两个人的发话和接话，很容易发现周朴园不仅引出话题，还一再催促鲁侍

---

① 程翔.敬畏母语［M］.济南：山东教育出版社，2021：97.
② 同①.

萍接话，显然，鲁侍萍是被动者。顺着这个思路，程老师又引导学生思考鲁侍萍被动的原因，这就打开了鲁侍萍的内心世界——"这个话题太沉重，太伤心，太痛苦。她不想重新拾起这个过了三十年的伤心事。她本是来看女儿的，对周朴园提起的话题没有任何心理准备"。鲁侍萍回忆往事：她说自己"不是小姐"，从她作为仆人之女的出身来看的确是这样，可看出她的性格耿直；她说自己"不贤惠"，则指她性格倔强，宁死不屈；而"不规矩"，指她作为下等人却为周公馆的少爷生下两个儿子。正是鲁侍萍自认为"不很守本分"，才体现出她美好的人性——敢爱。这都是从她被动应答的角度体现出来的。那么，周朴园主动挑起话题的目的何在？程老师引导学生抓住称呼和评价这两个方面来分析。周朴园称呼她是"小姐"，评价她"贤惠""规矩"。学生认为周朴园虚伪。对于学生这种浅表化的认识，如何打破思维的窠臼？这与周朴园主动挑起话题并一再追问是分不开的。因此，抓住周朴园主动发话的视角，同样也为学生认识周朴园的性格打开了一扇门。程老师还原了周朴园之所以称呼鲁侍萍为"小姐"的原因，正彰显了周朴园的人性——周朴园对鲁侍萍是尊重和怀念的，她就是他心目中的小姐。当年鲁侍萍与周朴园倾心相爱，并为他生了两个儿子，可谓是"贤惠""规矩"的。至此，第一对话段的第一个对话组，主动方和被动方就厘清了。

在接下来对话组的理解中，程老师从演员理解的视角向学生发问："当年北京人民艺术剧院首次排演《雷雨》的时候，扮演鲁侍萍的女演员说：'鲁侍萍没有骨气。换了我，转身就走。'那么请同学们回答，鲁侍萍为什么一步一步地引导着周朴园把自己认出来呢？"显然，鲁侍萍成为主动方。周朴园由主动找旧衬衣，而转变为被动应答鲁侍萍对旧衬衣的描述。周朴园被动的原因：他陷入了旧衬衣勾起的往事之中，睹物思人，在寻找对鲁侍萍的怀念，于是，鲁侍萍认定周朴园是怀念自己的，而自己同样也怀念着周朴园。情感的闸门决堤了，鲁侍萍不能自已，三十年前的真爱被唤醒。因此，称呼由"老爷"变成了"你"。程老师抓住人物称呼的变化，把主动方鲁侍萍当年倾心相爱的内心还原出来了。学生能否感受到两人彼此相爱的真挚情感呢？是否还认为周朴园是虚伪的呢？程老师让学生想象还原他们当年的生活场景。如此，学生仿佛进入了周朴园和鲁侍萍的生活世界。至此，在"找旧衬衣"的条件下，鲁侍萍变成了主动方，周朴园则成为被动方。

程老师从课文中挖掘人物美好的人性，还原人物鲜活的情感世界。正是通过话剧中的话轮转换，以演员理解的视角，教师打开了课文与学生现实生活之间的通道。学生在学习话剧文体特点的同时，更重要的是得到课文中人物美好人性的滋养。那么，"人性素养何以有如此重要作用呢？这是由语文教育的性质特点决定的。语文教育不仅关注学生的言语技能发展，还关注人的情操心灵发展"①。程老师在《我能给学生什么》一文中说："我能让他们对人性进行深刻思考。"②"对人性光辉的向往，成了支撑我精神大厦的根基。"③"幸福离不开物质，对物质的追求是人性的表现。但是，只追求物质，就是动物，不是人。幸福离不开物质，但可以超越物质。"④程老师在第二个对话段中，从主动方周朴园的一再质问"你来干什么"，针对有的评论家认为周朴园虚伪的本质原形毕露了，让学生思考，学生还原了周朴园本能的表现过程。对于鲁侍萍的美好人性，程老师没有告诉学生，而是让学生去感受。程老师巧妙地设问："当年，周家有没有一种两全其美的办法，既让侍萍留下，又让周朴园娶阔家小姐为妻呢？""侍萍为什么不利用这种关系来敲诈周朴园呢？"这就把鲁侍萍的善良、单纯，而又倔强、敢于维护自己尊严的形象，鲜活地呈现在学生面前了。课堂变得生动盎然，激活了学生的情感，从而引发学生的共鸣。

那么，周朴园一再怀疑，鲁侍萍则一再释疑，如何表现周朴园的人性呢？鲁侍萍倾诉苦水时，是主动方，她说话的目的很明显——自己对周朴园是怀念的。程老师设置问题："周朴园是如何平息侍萍激动的情绪的呢？"从周朴园被动的应答中可见端倪："你以为一个人做了一件于心不忍的事就会忘了么""一切都照着你是正式嫁过周家的人看""为的是不忘你，弥补我

---

① 程翔.敬畏母语［M］.济南：山东教育出版社，2021：109.

② 同①：164.

③ 同①：165.

④ 同①：166.

的罪过"。周朴园的忏悔与复杂感情就表现出来了。

由此看来，对话组中的主动方和被动方不是一成不变的。也正是这种变化才推动了话剧情节的发展，进而体现了人物性格。这正如程老师所说："主动方为何挑起话题？被动方为何会变为主动方？这对把握人物性格非常有帮助。"①

三、依据话轮转换，沉潜语言文字

程翔老师说："学生阅读文学作品，主要是通过品味语言、联想和想象来体会作品语言的艺术魅力。如果把语言文字转化成图像画面，那就把阅读文学作品变成了观看电视、电影，就不是阅读教学了。阅读教学要求学生直接阅读文本，培养学生对语言的敏感性。……文本教学永远是语文教学的主要形式。"②他又说："文本教学就是以学习语言为主的教学。坚持文本教学的原则，就要结合语境理解语言。"③

还是以人物的称呼和评价为例。如何从人物抽象化走向具体化？程老师引导学生从主动方周朴园入手，紧扣"小姐""贤惠""规矩"重锤敲打，直抵文字背后的心心念念。鲁侍萍"后来"的状况，更让周朴园急于想知道，惦念之情可见一斑。在接下来的对话组中，主动方发生了变化，鲁侍萍历数每一件旧衬衣的特征，她说出了衣服上绣出的"梅花"和"萍"的字样。周朴园成为被动的听者。双方燃起了昔日的情感之火，周朴园认出了鲁侍萍。对于昔日二人的情感，学生进一步清晰起来。那么，学生是否改变了对周朴园虚伪的标签化认识呢？程老师引导学生品析周朴园的潜台词"严厉""冷冷"，学生对其虚伪的性格只是浮光掠影，轻轻滑过。而有的学生认为他是本能地自我防卫。如何还原周朴园的真实心理？不要说鲁侍萍性格单纯，也不要说三十年前他们真心相爱了，单看周朴园三十年后再见到鲁侍萍便认定

① 程翔.敬畏母语［M］.济南：山东教育出版社，2021：97.
② 程翔.一个语文教师的心路历程［M］.北京：清华大学出版社，2009：89.
③ 同②：90.

是一个阴谋，可知周朴园是误解了。而这种误解引起了鲁侍萍的悲愤，她因此倾诉了三十年来的苦水。于是，程老师又抓住对话组中"周朴园说话少，侍萍滔滔不绝"的原因，主动方鲁侍萍找到了倾诉的对象而显得异常激动，学生找到了平息鲁侍萍情绪的凭借——"家具、生日、关窗习惯，等等"。据此品析，周朴园内心复杂的感情，不仅当时的鲁侍萍感触得到，学生的心也跟着鲁侍萍渐渐平静下来。因此，才有了鲁侍萍"叹一口气"，并告诉周朴园："现在我们都是上了年纪的人，这些话请你也不必说了。"程老师依据文本中的句子"我看你的性情好像没有大改，——鲁贵像是个很不老实的人"，引导学生明了"周朴园认为是鲁贵指使侍萍来的"。而侍萍安慰起周朴园："你不要怕。他永远不会知道的。""周朴园算是一块石头落了地，于是问起了带走的儿子的情况。不料侍萍说就是鲁大海。周朴园刚刚放下的心又悬了起来，'冷笑'起来，说：'好！痛痛快快的！你现在要多少钱吧？'"周朴园又一次误解了鲁侍萍来周家的目的，而鲁侍萍"苦笑"的潜台词是再一次来安慰周朴园："你不要怕，你以为我会用这种关系来敲诈你么？你放心，我不会的。"听了这些，他才放心。程老师让学生思考："侍萍为什么不利用这种关系来敲诈周朴园呢？"学生走进了鲁侍萍的心里——她不仅不恨周朴园，对他还是怀有感情的。因为当年周朴园的父母赶走了她，周朴园肯定是不愿意的，自然心里是难过的。程老师进一步引导学生："周朴园要给钱，鲁侍萍如何反应？"学生从课文中发现周朴园给她五千元支票的时候，侍萍毫不犹豫地撕掉了。周朴园的复杂感情和鲁侍萍的善良、倔强、坚守尊严的性格从文字中慢慢呈现出来。当周朴园说："你现在要什么？"鲁侍萍说："（泪满眼）我——我——我只要见见我的萍儿。"程老师让学生思考："这个要求合理吗？"这把学生拉到了现实生活中，把学生与母亲的心连接起来，引起了学生的共鸣——"非常合理"。而周朴园有些顾虑："不过是——（顿）他很大了，——（顿）并且他以为他母亲早就死了的。"程老师引导学生思考："周朴园说这话的意思，鲁侍萍明白吗？"在学生读了鲁侍萍的话后，实际感受到了："过去，因为等级观念，一对相爱的人被拆散了；现在，还是等级观念，使得母亲不能认亲生儿子。"而"等级观念"的抽象概念，教师并没有讲给学生，而是学生自己感受到的。因此，"这些年我也学乖了"的含义，学生也真正感受到了："当年，鲁侍萍'不乖'，向着等级观念发起挑战，彻底地失败了。这句话说明她自己彻底认输了，这些年的经历，终于使她认识到，自己的行为注定是要失败的，等级制度是无法逾越的。"

由此可见，程老师紧贴文本，引导学生沉到文字的内里，结合语境理解课文，在对话中品析人物特点。这正如程老师所说："语境阅读法是阅读教学的基本做法，它决定了师生在阅读课文的过程中不能天马行空，不能随意发挥，要紧紧围绕课文中的具体内容来阅读，来理解。"①

程翔老师运用"话轮转换"理论来教话剧，由"对话篇—对话段—对话组"，逐一切分，从而找到话剧结构的节点。基于此来梳理话剧结构，眉目清晰。聚焦对话组中的主动方和被动方，把一层一层对话的目的清晰地勾勒出来。在主动方挑起话题、被动方转被动为主动的变化中，剧情一步步走向深入，而双方对话的发话和接话，使人物的性格逐渐彰显，主题逐渐浮出水面。因此，运用"话轮转换"理论来解读话剧，不失为培养学生专业阅读的有效路径。

---

① 程翔.一个语文教师的心路历程［M］.北京：清华大学出版社，2009：91.

科学论文的教学

——以《天文学上的旷世之争》课例为例

 教学背景

 课例呈现

年级：高二 / 课时：一课时

《天文学上的旷世之争》教学实录

师： 上课，同学们好！

生： 老师好！

师： 请坐。同学们，今天我们学习一篇写科学史的论文，它可以归到学术论文当中去。同学们写下来。（板书：学术论文）高中与初中有一个很大的不同，就是在阅读上，它的文本越来越深刻，专业性越来越强。你们不仅要阅读文学作品，还要阅读科学著作，为将来进一步提高打下基础。今天我们要学习的这篇文章属于"科学史的学术论文"，你们记下来"科学史"。"科学史"在高校是一个专业，像清华大学就有"科学史"这个专业，很多高校也都设立了"科学史"专业。在高中阶段，同学们开始接触"科学史"的著作。北京大学出版社出版了一套"名家通识讲座书系"，我们今天要学习的这篇文章就选自其中。是哪一本？

生：《科学史十五讲》。

师： 对。本书主编是江晓原先生。本文作者是关增建先生，上海交通大学教授，科学史家。好，下面看这个题目"天文学上的旷世之争"。哪个同学来写一写这个题目？请举手。（一生举手）好的，孩子，来，你来写。（生把"上"字笔顺写错了）是这样写吗？"上"字笔顺不对，重新写这个字。（生重写）不对。竖，横，横。（生第三次重写）这就对了。你解释一下，什么叫"旷世"？

生："旷世"应该就是前无古人，后无来者，可能是绝无仅有的。

师：在时间上呢？

生：在时间上应该非常久远。

师：持续时间很长的。好，你回去吧。解释基本正确。"旷世"有两种解释：第一，前无古人，后无来者；第二，持续时间特别久。从课文题目来看，应该是哪一个？

生：第二个。

师：对。"旷世之争"是指这个争论持续的时间非常长。持续了多长呢？你们抓紧找，筛选这个信息。找到的举手。

（生纷纷举手）

师：同学们很快就找到了。（指一生）你来说。

生：持续了一千三四百年之久。

师：（问一生）从什么时候到什么时候？

生：老师，我还没有看到。

师：这位同学你来说。

生：公元前 2 世纪一直到公元 12 世纪。

师：具体说是中国哪个朝代？

生：从汉武帝到宋朝。

师：好，你坐。同学们再看黑板，《天文学上的旷世之争》，我们对于"旷世"这个词，现在是不是很清晰了？很清晰了。读书一定要注意，抓住关键信息，一定要理解它，理解透。下面同学们开始进入对文本的学习。对科学史学术论文一定要梳理，那么这个旷世之争主要是指什么之争？这是第一个问题，开始阅读，筛选重要信息。

（生读课文）

师：找到的同学请举手。有不举手的，这个同学就没举手，没找到吗？找到了就举手，我叫一个没举手的。都找到了。同学们的反应挺快的。（指一生）孩子，你来说一说。

生：我找到了"浑盖之争"。

师：我的问题是这个天文学上的旷世之争指什么？用最简练的话来回答。

生：就是盖天说和浑天说。

师：对！简称"浑盖之争"。你到黑板上写下来。同学们也要写下来。"浑盖之争"作为一个术语，要给它加什么？引号，对。你别看这个小小的标点符号，这就是语文。知道加引号和不知道加引号，说明你的语文修养是不一样的。因为"浑盖之争"是天文学上的一个特殊称谓，有特指含义，所以要加引号。好，这个"浑盖之争"是从哪一段开始介绍的？这是第二个问题。要回答这个问题，同学们要做一项什么工作？对，给段落标序号。但是给这篇文章段落标序号不是一件容易的事情，我看看同学们能不能标对。同学们说，一共是多少段？

生：我标了16段。

师：同意16段的举手。很好。请放下。标的时候哪个地方容易出问题？

生：引用。

师：对了，引用的那一个能够单独算一段吗？不能。特别是引用之后的那一段，你们发现有什么特点了吗？

生：没有空格。

师：对了，没有空两格。说明是什么？

生：说明引用后面的内容还是本段中的内容。

师：很棒！哪一段开始介绍的？

生：从第八段开始介绍的。

师：同意的举手。好的，请放下。咱们就从第八段开始，把这个旷世之争的过程给怎么办？

生：梳理出来。

师：非常好！你们开始梳理旷世之争的过程，独立完成。这个工作不简单，因为里边信息比较多，你需要把它梳理得很清晰。怎样才能把它梳理得很清晰？这就是一个能力的问题了。无论是中考还是高考，都会有这样的试题，让你梳理文章内容。

（生梳理，师巡查，约6分钟。）

师：梳理完的请举手。有一个同学梳理完了，真快。两个，三个，四个，五个，越来越多，好。多数还没梳理完，再给大家两分钟。

（又过了两分钟）

师：梳理完了吗？同学们停下来。我发现一个同学写了一个很有意思的词。这位同学，你站起来，说说你在梳理的时候写了一个什么词。

生：我写了一个"高潮"。

师：为什么要用这个词呢？

生：我梳理了它的发端，那个《太初历》是这个"浑盖之争"的发端。接下来就应该有发展，那么发展到一定阶段之后，我觉得会出现高潮期，高潮之后会有相应的总结。

师：有不同意见的同学请举手。

生：我觉得没有高潮。

师：他为什么要用"高潮"一词？你猜想他可能受了什么影响。

生：小说情节发展。

师：是的。我们今天读的是什么文体？

生：学术论文。

师：对。学术论文与小说不同，不必用"高潮"。回答这个问题，先要整理好自己的答题思路。回答时用"我的答题思路是这样的"开头，请举手。一个举手了，还有谁？两个，还有谁？放下手。现在只有三个同学。回答这个问题，如果说不事先整理好思路，上来就答题，那就说明你有一定的盲目性。必须想好答这种题的基本思路是什么，想好后再回答。好，现在同桌同学、前后桌同学互相交流一下大体思路应该是什么，开始。

（生互相交流，师指导。）

师：停下来。谁来回答？好，你来。到前面来给同学们讲，你可以边讲边板书，好吗？当一回老师，其他同学谁有补充，马上举手。

生：我的思路是，首先是有时间线索的；作为科学史上的论争，它是历史的一部分，所以也应该有事件内部逻辑演进线索。所以，我认为要从两个方面梳理。

师：他指出了时间线索。其他同学指出确定时间线索的请举手。很好，你接着说。

生：第二就是论争本身发展的逻辑线索。

师：这个说得再清楚一点，我没大听明白。

生：就是这个事件作为一个论争，肯定是有它的开端。

师：然后发展、高潮、结局，是不是？

生：虽然不能用小说的方法去解析科学史，但是我关注到文中有一个点，就是它有一段时期引起了更多人对这个问题的关注，所以我认为这个事件本身在时间里面，每一段时间是不同的。

师：它有一个逻辑。

生：对，它有一个事件的逻辑。

师：事件发展的逻辑线索。孩子，你给自己出了一个大难题。你要整理出这个逻辑线索是很难的。是不是？

生：我也觉得挺难的。

师：你把自己陷进去了，这个事件的逻辑线索究竟有没有？你认为是有的，你能给它整理出来？

生：我整理不出来。

师：哈哈！太难了。时间线索你不用说，大家都知道是从什么时候开始的。

生：从汉武帝。

师：一直到什么时候？经历了几个朝代，你们说。

生：西汉、东汉。

师：往下呢？三国，往下，西晋，东晋，再往下，南北朝，再往下，隋，然后有唐吗？

生：没有。

师：本文没有唐，再往下，宋代。你看，这条线索大家都能整理出来。我现在想让你把这个逻辑线索给大家先说一说。

生：我的想法是逻辑线索。"浑盖之争"的发端是司马迁他们争辩制定《太初历》，然后它的演进是停留在学者层面的论争，扬雄和那个老师桓谭，还有后面的王充、葛洪，然后引发了更多人的关注。

师：你用最简练的话概括逻辑线索是什么。

生：我想逻辑线索是起因、发展、扩大和总结。

师：对不对？谁补充？（指另一生）来，孩子，你过来说。

生：这个逻辑线索我说的也不一定对。线索应该是从这个汉朝开始一直到南宋这两派学说，他们这些学术代表人物一直相互争论。

师：争论的核心是什么？

生：核心是盖天说、浑天说哪个正确。

师：太棒了！为他鼓鼓掌。你们看，就差这一句话。如果一定要找出逻辑线索，就是盖天说和浑天说哪一个是真理。科学是求真的，这就是所有科学发展的逻辑线索。科学发展的历史就是什么什么的历史？

生：就是真理与谬误斗争的历史。

师：非常好！孩子，线索问题你说完了吗？

生：其实我还有一个。

师：还有一个？你接着说。

生：就是浑天说和盖天说各自的观点和发展。

师：这不就在这个里边了吗？（指黑板板书）

生：我其实有一个想法，就是想把它们在这个过程中的发展整理出来，因为浑天说和盖天说在争论过程中不断完善了自己的理论。

师：很好！你来写。（生上黑板写）这位同学向我们展示了他梳理的三条线：时间线索、逻辑线索，还有双方观点发展的线索。好的，你回去。这是一种梳理的方法。还有没有更加清晰的梳理方法，让大家一目了然？谁来？请举手。

生：我的不一定简洁。我觉得可以画个表格。

师："表格"这个词终于出来了，我就盼着呢。

生：这里写时间线。

师：朝代，是吧？

生：是的。这个地方写两派之争，一派是浑天说，一派是盖天说。中间这些区域把不同的代表人物写进去。

师：代表人物，好！

生：汉武帝的时候，浑天说一派主要靠邓平驳倒了司马迁为主的盖天说。往下就是西汉末，主要是扬雄，代表的是浑天说。

师：这个不用板书了，你可以说。因为这个思路大家已经清楚了。

生：东汉时盖天说一派是王充，浑天说一派是葛洪。南北朝的时候有何承天对盖天说进行修补，祖暅通过仪器和实地观测证明浑天说。晋的时候比较特殊，各种学说都有。最后就是在南宋，朱熹通过仪器制作的方法证明了浑天说。我还有一个想法，我不知道对不对，就是浑天说一直是主流，而且在后文说这是中国天文的一个特点，就是重视实际校验。然后，可以把这个趋势写到下面，这个表格就做完了。

师：你把对"浑盖之争"的评价也作为一条线索整理出来了。

生：对。我觉得有这个可能会更清晰一点。

师：好的，鼓掌！第二种梳理的方式又出来了，显然比第一种更加一目了然。这就是变化，就是进步。还有第三种吗？你有第三种？好，孩子，你来！

生：我觉得我的也不能称为第三种。我想把前两个合起来可能会比较清晰，依然是两条时间线，我想用两条时间轴。

师：两条时间轴。你用了一个"轴"，什么术语？数学上的术语出来了。继续讲。

生：第一个就是汉武帝的时候，两种观点。比如在汉朝，这边也是汉朝。

师：就是各自的代表人物。是吧？

生：是的。以司马迁为代表，然后这一局他们之争应该说是浑天说胜利了。然后到了东汉，这边是盖天说，代表人物是王充，他批驳了浑天说的一些理论。但是在这之前是西汉末，西汉末有扬雄，我用了一个箭头，来代表他批驳的这个人物。在王充之后，又有晋朝的葛洪。

师：同学们听明白了吗？听明白了。孩子，你就不用板书了，你就接着往下说。

生：然后晋朝葛洪批驳了王充的盖天说，然后南北朝的何承……

师：是何承吗？他叫何承吗？

生：何承天。南北朝的何承天，他回答了王充为什么太阳可以从水中出没的问题，他也是浑天说的代表人物。接着到了隋朝的刘焯，他应该是一个总结了。最后收束是南宋的朱熹，他是浑天说的代表人物，反对盖天说。

师：好的。你下去。同学们，数学名词出来了。你们的思路是否打开了？哦，小伙子，你来说。

生：根据刚才我们小组讨论的结果和老师的指导，我想从横向和纵向出发。

师：这是什么知识？

生：坐标系。

师：坐标系是什么样的？你来画一个坐标系。（生上黑板画）x 轴、y 轴出来了。纵坐标是什么？

生：纵坐标表示时间，是朝代的演进。

师：横坐标表示什么？

生：横坐标表示各学说的代表人物和他们的学术著作以及一些影响。

师：同学们说这个思路怎么样？这个思路好，为他鼓鼓掌！好，你来简单图示一下。

生：比如说它的原点应该是汉武帝时期。

师：原点，数据出来了。

生：然后代表人物就是浑天说的邓平，他的著作是《太初历》，他产生的影响就是为这个浑盖之争拉开了帷幕。

师：简明，好！

生：然后就这样将代表人物及他的著作一对一写出来。

师：著作，前面两个同学提到了吗？没有。你们又有进步！同学们看，这条横坐标是不是更加清晰？坐标法是不是更加完整？非常好。同学们已经听明白了吧？好，你下去。

生：谢谢老师。

师：到目前为止，梳理的方法有四种。我擦掉的是一种。这是第二种，这是第三种，这是第四种。同学们看一下，有没有高下之分？有的。什么叫高下？对了，看哪个更清楚，哪个一目了然。从功利的角度来讲，得分是不一样的。对不对？在这个上面就分出高下来了。刚才那位同学把评价的内容也放进来了。它尽管不在论争的过程里面，但是这部分是重要的。作者把"浑盖之争"的过程介绍完后，有一个评价，这是作者的观点，不能把二者混在一起。因为我这道题是让同学们梳理"浑盖之争"的过程，没让你们点明作者的态度，是这样吗？同学们注意了，语文的严谨性一点不比理科差。但是，这位同学启发了我们，作者对"浑盖之争"的过程进行了评价，这也体现了学术文章的特点。现在我要请同学们来回答第四个问题了。上边是三个问题是吧？第四个问题，作者是怎样评价"浑盖之争"的？开始看书。

（生看书）

师：作者是如何评价"浑盖之争"的？谁能回答？请举手。好，这位同学很快就举手了。

生：我认为作者是从不同的几个角度来评价"浑盖之争"的。

师：从哪几个角度？

生：五个角度。

师：答题思路很好。具体讲。

生：分别是"浑盖之争"的原则、方法、是否符合学术规律和它的特点以及影响。我分别说一下这五个角度。第一个是它的原则。原则在第十四段，说古人在这场争论中秉持着一个重要原则，判断一个学说是否正确，关键在于其是否符合实际情况，而不是看其是否遵循某种先验的哲学观念，这是它的原则。第二个是它的方法。作者说这个方法的时候，引用了著名科学家祖暅的一段话，重视实际校验的做法。第三个是是否符合学术发展的规律。在第十五段，作者认为它是完全符合学术发展规律的，理由是在"浑盖之争"中，政治和宗教等非学术因素并没有介入到这场争论之中，所以从这里可以看出它是符合学术发展规律的。

师： 这个地方好像还用了一个什么样的方法和西方对比。你知道西方出现了什么情况吗？

生： 我知道。西方的地心说和日心说受到宗教的影响。

师： 宗教裁判所对那些敢于蔑视宗教的科学家进行处罚迫害。比如说——

生： 比如说科学家布鲁诺是被烧死的。

师： 好。接着说。

生： 第四个是它的特点。在第十六段，作者写"浑盖之争"延续时间长、参与人员多、涉及面广、讨论内容丰富、后续影响大等特点。第五个是它的影响。这个影响在第十六段我找到了两处。第一处就是在中国天文学的发展过程之中，促成了与之相关的众多重要科学问题的解决；第二处就是在世界文明史上，这种规模和深度的争论也不多见，也就是说它对世界文明史也有重要影响，表现了中国古人对宇宙问题的关注程度，体现了中国古人对待科学问题的态度。所以，从这里都可以看出这个"浑盖之争"的影响非常大。

师： 你答得真好！为他鼓鼓掌！（指另一生）你来评价一下它好在哪里。

生： 我觉得他回答的内容角度多。

师： 角度多的好处是什么？

生： 概括全面。

师： 回答全面、准确。这是思维严密的体现，是表达能力强的体现。同学们记住，即便考试答题也无非就是这两点。这节课最后一个问题：你看了作者评价"浑盖之争"的文字后最突出的感受是什么？

生： 我最大的感受就是进行科学学术方面的总结和学习的时候，一定要遵循最重要的原则，那就是要符合事实，不能盲目迷信权威的观点。

生： 我的感受就是中国古人看问题非常客观，不会受到别的影响。

师： 也就是说，中国古代科学家具有什么样的精神？

生： 求真务实。

师： 求真务实的精神，和前面同学他讲的结合起来就是非常好的答案。那么，你以前对中国古代科学史了解得多吗？

生：一般。

师：今天学了这篇课文之后，想不想多了解一些？

生：想。我想去读《科学史十五讲》这本书。

师：好！你们有没有产生新的问题？一个举手了，两个举手了。孩子，你怎么不举手？

生：我比较社恐。

师：为什么社恐？

生：我也不知道。

师：孩子，我告诉你，你社恐的原因我猜一下，可能是怕回答错了。你以后在课堂上一定要经常发言，时间长了，就不社恐了。要改变自己，社恐会让你失去很多宝贵的机会。好，你坐吧，孩子。

师：你有问题，请讲。

生：我感觉非常奇怪，按这篇文章的观点来说，中国古代科学家都特别有实证精神，那为什么中国科学到近代发展却不如西方？

师：这个问题好！为他鼓掌！希望你课下自己去寻找答案（指另一生）。你有问题，请讲。

生：我有一点点疑问。从理论上来讲，盖天说和浑天说都是错误的，但是最后作者却说他们具有科学的精神，我觉得有一点点矛盾。

师：矛盾吗？

生：其实不矛盾。科学发展的过程就是真理不断战胜谬误的过程。没有错误就没有真理。不能说错的东西就没有科学精神。

师：非常棒！鼓掌。我读这篇文章的时候产生了一个问题：中国古代科学家为什么就没有提出地球是圆的呢？因为知道了地球是圆的，许多论争就可以彻底解决了。地球是圆的，是西方人提出来的。西方人有大航海，中国也有大航海，对不对？但是为什么中国人就没有提出地球是圆的呢？这个问题我也没法回答。同学们，我们上课是要解决问题，但并不是所有的问题都能得到解决。同学们要带着这些问题不断地思考，深入学习。最后，我留一个作业：这篇文章的题目叫"天文学上的旷世之争"，是从第八段开始写的，那么前面那几段不要了行不行？好了，同学们，我们这节课就上到这里。下课，同学们再见！

生：谢谢老师！老师再见！

（注：教学实录略有删改。）

程翔老师说："语文教材中的课文，内容和形式多种多样，既有文学作品，也有自然科学、哲学和政治学文章。教文学作品，可以使用文学话语体系，因为文学话语体系是构成语文话语体系的重要部分。教非文学作品则要警惕，因为非文学作品中相当一部分文章的写作目的是不能等同于语文课堂教学目标的。"①正如《普通高中语文课程标准（2017年版2020年修订）》中所说："自然科学和社会科学论文、著作，旨在引导学生体会和把握科学与文化论著表达的特点，提高阅读、理解科学与文化论著的能力，开阔视野，培养求真求实的科学态度和勇于探索创新的精神。"这就决定了科学论文的教学指向——"必须引导学生尊重文体，因为文体与阅读理解有密切关系"②。因此，科学论文的教学要用语文的话语体系，而不要用科学的思维方式。下面结合程翔老师执教的《天文学上的旷世之争》，来谈谈如何进行科学论文的教学。

一、重视汉字教育，扎扎实实学语文

程翔老师说："字和词语，是语文能力的'核'，这个'核'不牢固，语文能力就有轻飘之感，必然影响到整个语文的学习。打好语文的基础，首先是打好字、词这个基础。……只要我们牢牢把握了字、词关，就等于为完成母语教育的文化使命夯实了基础。"③

① 程翔．长在语文课堂［M］．北京：语文出版社，2023：85-86.
② 程翔．做有灵魂的教育［M］．北京：中国大百科全书出版社，2015：79.
③ 程翔．一个语文教师的心路历程［M］．北京：清华大学出版社，2009：5.

课堂伊始，程老师让学生到黑板前写文章的标题，发现"上"字的笔顺写错了。于是，他让学生重写，第二次书写仍然没有写对。此时，他耐心纠正，让学生第三次书写。他说过："汉字书写，这是语文教育的命根子。"① 因而，程老师很重视汉字笔顺的教学细节。他说，"细节教学是中学教师课堂教学的基本任务"②。如何理解标题中的"旷世"一词？程老师先让学生解释，学生回答说"前无古人，后无来者，可能是绝无仅有的"。这位学生说出的这种理解不够准确。教师启发："在时间上呢？"于是，学生从时间久远的角度来解释。这样就出现了两种答案：一是前无古人，后无来者；二是持续时间特别久。在这两种答案面前，学生的视野开阔了，一词多义，如何选择，要根据语境。因为"一个字或一个词在语境中的意思总是具体可感的、清楚明晰的。如果不考虑具体语境，单凭主观臆断，就可能歪曲课文的意思，就可能不得要领"③。因此，程老师让学生回到课文中去理解："'旷世之争'是指这个争论持续的时间非常长。持续了多长呢？"学生带着这个问题从课文中筛选信息，不仅理解了词语的意思，而且具体地把握了所经历的朝代，抽象的时间就具体化了。其目的是让学生透彻地掌握这个词语的用法。

　　正如程老师所说："课文中的语言不是孤立的，总是处于具体的语言环境之中。只有处于具体的语言环境，语言才是鲜活的、富有生命的。"④ 程老师对一个字、一个词的教学都是精心设计，相机诱导，而不是奉送答案。疏通文意是文本教学的第一步骤，而字词教学又是理解课文的前提，千万不可小觑。"汉字是中华民族的伟大发明，汉字文化是中华文化的重要组成部分，是国之灵魂。传承中华优秀传统文化，离开了对汉字的学习是不可想象的。"⑤ 因此，不论在哪个学段，学习哪种文体，都不应该忽视汉字教育。

①　程翔．一个语文教师的心路历程［M］．北京：清华大学出版社，2009：5．
②　程翔．长在语文课堂［M］．北京：语文出版社，2023：56．
③　同①：90-91．
④　同①：90．
⑤　程翔．敬畏母语［M］．济南：山东教育出版社，2021：11．

二、深入研读文本，设计要点问题

对于科学论文，如何以语文的眼光围绕语言因素来设计问题？首先，教师要读懂课文。这不是一件容易的事。程翔老师说："备课备到最后，几个精彩的提问设计出来了，才算真正找到了感觉，心中才算有底了。……提问标志着教学的切入口，体现教师理解教材的程度。"①他又说："吃透教材，教师就要变作者的意图为自己的意图，变作者的语言为自己的语言。教师备课时阅读课文，必须将作者的思路和意图与自己的思维结合、交融，只有把教材变成教师自己的东西，教师才能真正让学生接受教材。结合、交融的过程，是教师阅读体验、感受思考的过程。"②程老师设计了这样五个问题。

（1）这个旷世之争主要是指什么之争？

（2）"浑盖之争"是从哪一段开始介绍的？

（3）梳理旷世之争的过程。

（4）作者是怎样评价"浑盖之争"的？

（5）看了作者评价"浑盖之争"的文字后最突出的感受是什么？

程老师说："是什么因素将课文和学生联系起来了呢？是教师。是教师的什么行为呢？提问的行为。教师的提问首先引导学生接触课文，其次引导学生深入钻研课文。这样，本来与学生没有关系的课文变得与学生关系密切了。这就是提问的联系作用。"③问题（1）就是引导学生阅读课文，筛选信息。学生由"浑盖之争"，继而发现这个天文学上的旷世之争就是指盖天说和浑天说之争。教师让学生到黑板前写下"浑盖之争"并强调引号的作用。这是训练学生在科学论文中要正确运用引号，因为能否规范运用科学术语，就可以看出语文素养的高低。问题（2）让学生找出"浑盖之争"的起始段，而解决这个问题，就要给课文的段落标明序号。这看似简单，但该文有许多

---

① 程翔.课堂阅读教学论［M］.杭州：浙江古籍出版社，2005：167.

② 同①：165.

③ 同①：163.

引用的部分，要分段就不是容易的事情了。而程老师引导学生注意，引用的部分不能单独成段，并且引用资料之后的内容没有空两格，以此判断在引用部分之后的分段方法，同时让学生学习了在写作这种文体时引用资料来表达的格式，从而实现了"一箭双雕"的效果。这正是程老师读写结合理念的体现。如此，明确了起始段，就为进一步深入钻研课文做了铺垫。此文是一篇研究天文学的文章，而从语言因素来说，用语文的话语体系确定学习的目标，重点在于梳理旷世之争的脉络。于是，教师提出了问题（3）。在教师的引导下，学生清晰地梳理出来。对此，作者的态度是鲜明的，因而接下来就此进行评价，这就是问题（4）。问题（5）则让学生谈了感受——中国古代科学家具有求真务实的精神。这种精神激发了学生了解中国古代科学史的兴趣——阅读《科学史十五讲》。如此，由一篇而带动一本书的阅读。

从这五个问题来看，问题（3）是重点，问题（1）（2）为问题（3）的学习做准备，而问题（4）（5）是对问题（3）的深化。问题之间环环相扣、层层递进，有内在的逻辑联系。学生循着问题拾级而上，思维逐步走向深入。那么，程老师何以能提炼出理解全文的要点问题呢？他曾说："我每教一篇课文，总要参考数十篇甚至上百篇的文献资料"[1]。而一线的语文教师"教学一篇课文，用来备课的时间极其有限，往往是在水过地皮湿的情况下就去上课了。上完后就接着教下一篇课文，不断地在赶进度。教师精研文本的时间不是多，而是少。……老师们整天忙于一些事务性的工作，用来研读文本的时间被严重挤占"[2]，他们又怎么能提出这样精彩的问题呢？

三、梳理文章脉络，转化语文话语体系

程翔老师说："一个成熟的语文教师，经过长期的实践锻炼，头脑中自然会形成语文的思维方式，构建起较为完备的语文话语体系，不管教哪一类

---

[1] 程翔．我的课堂作品（修订版）[M]．北京：商务印书馆，2023：33.

[2] 程翔，汪锋，张彬福．"教什么"不可忽视——语文教学热点三人谈 [J]．中学语文教学，2024（2）.

课文，都能从语文的角度锁定教学目标。特别是对那些非语文话语体系的文本，要具有转化能力，能在课堂上将其转化为语文话语体系，即用语文话语体系来教学非语文话语体系的文本。……评价语文课，有一个很重要的标准，就是看教师在两种话语体系中能否自如转换。"①

面对这样一篇研究天文学的科学论文，其中的信息量很大，要把脉络梳理清晰并非易事。学生在梳理时，程老师发现有学生运用"高潮"这个词语，显然运用了文学作品小说的话语体系，这与学术论文的话语体系不符，需要加以转化。于是，教师引导学生——学术论文与小说不同，不能受小说情节发展的影响而用"高潮"，从而把学生的思维拉回——"大体思路应该是什么"。有了教师的牵引，学生的思维行走在文章脉络的轨道上，梳理出三条线索，即时间线索、逻辑线索和双方观点发展的线索。而"线索"就是语言因素，教师把科学论文文本的话语体系转化成语文的话语体系了。这是第一种梳理方法。为了让学生的思维更加明晰，教师追问："还有没有更加清晰的梳理方法让大家一目了然？"学生以表格的方式来梳理，不仅比第一种方法更加一目了然，而且又发现了一条线索——评价"浑盖之争"。对于运用表格的方法来梳理，教师还是紧紧围绕语文的话语体系来引导学生——"这个思路大家已经清楚了""你把对'浑盖之争'的评价也作为一条线索整理出来了"，其中的"思路""线索"就是语文的话语体系。这是第二种梳理方法。第三种梳理方法，学生则用两条时间轴，就把不同时期"浑盖之争"的代表人物呈现出来，打开了思路，更加直观。而第四种梳理方法是坐标系的知识，纵坐标表示朝代演进的时间顺序，横坐标则表示"各学说的代表人物和他们的学术著作以及一些影响"，如此，简明、清晰而又完整。无论是"轴"，还是"坐标系"，都属于数学话语体系，可教师以时间和代表人物等引导学生来梳理思路，就把"浑盖之争"的过程梳理得清清楚楚、明明白白。

正如程老师所说："学习《天文学上的旷世之争》，不是要在语文课上研究天文，而是梳理作者介绍这场旷世之争的脉络，从而把握本文的思路和

---

① 程翔.长在语文课堂［M］.北京：语文出版社，2023：86.

脉络，因为写这样长的专业性很强的学术文章，如果没有一条清晰的思路贯通下来是不可能写好的。"① 这正是程老师以语文的眼光来锁定的教学目标。教学过程中，程老师始终没有受到天文学话语体系的影响。程老师深知：教师一旦采用了天文学的话语体系，"语文话语体系就被挤占了，语文课就容易跑偏。所以，语文教师必须坚持语文的立场，用语文的角度观察，用语文的思维思考，用语文的话语表达"②。

四、梳理文章思路，对接阅读考点

程翔老师说："考试就是要考查学生实实在在的文化基础知识，就是要考查学生解决实际问题的能力，就是要考查学生灵活的思维方式和开阔的视野。"③ 他指出，课堂阅读教学方法，"其实是一种课堂阅读教学模式。也就是说，这种方法贯穿课堂始终，占了绝对优势，不是零打碎敲地使用一种小技巧、小方法"④。他谈到的"考试法"，就是要对接考点，有的放矢，不仅有助于提高学生的学业成绩，也利于提高课堂阅读效率。

程老师整个课堂上的四个问题就构成了一系列科学论文的阅读训练题，引导学生逐一解答。如第一个问题："这个旷世之争主要是指什么之争？"问题指向明确，学生带着问题去阅读，从中筛选重要信息。而学生要想回答出来，读是第一位的，筛选提取的是重要信息，要求学生回答要简练。有解答步骤，有方法。在梳理旷世之争的过程时，教师告诉学生无论是中考还是高考，都有梳理文章内容的试题，这就是考查的目标。任何学生都无法绕过考试。"梳理思路"是考查学生的重要能力之一，调动学生参与梳理的积极性和主动性，无疑会大大激发学生的阅读兴趣。而考试中阅读是有时间限制

① 程翔，汪锋，张彬福."教什么"不可忽视——语文教学热点三人谈［J］.中学语文教学，2024（2）.

② 程翔.长在语文课堂［M］.北京：语文出版社，2023：86.

③ 同②：49.

④ 程翔.课堂阅读教学论［M］.杭州：浙江古籍出版社，2005：228.

的，因此，教师规定学生阅读的时间为6分钟。从多数学生还没梳理完来看，学生思考时间不足，于是教师延长两分钟，让学生充分思考。当学生对文体的把握不得要领——话语体系跑偏了，用了情节发展中的"高潮"，教师让学生明确文体，基于科学论文的话语体系分析。这体现了程老师"尊重文体教学的原则"。教师进一步引导学生，先整理好答题思路，用"我的答题思路是这样的"开头，并告诉学生："回答这个问题，如果说不事先整理好思路，上来就答题，那就说明你有一定的盲目性。必须想好答这种题的基本思路是什么，想好后再回答。"学生在考试中常常出现急于写答案，而忽视整理答题思路的情况。在解答这个问题时，教师教给学生：一要整理思路，二要答题完整。答题全面、准确，做到思维严密，不仅是学生表达能力的体现，更是应试能力的不二法门。程老师根据"评价'浑盖之争'"这个问题，引导学生打开思路，多角度全面思考，进而准确回答。这样的考试阅读教学法，"教师把课文当作训练的蓝本"，并没有"按照考试模式把课文肢解得七零八碎"[1]，而是按照课文内容的思路，在梳理文章脉络的过程中，巧妙设计，相机诱导，真正做到了"教、学、考一致性"，即"教师教什么，学生学什么，考试就考什么"[2]。

程老师说："目前使用的统编教材，是经过专家精心打磨编写出来的，体现国家意志，不单单是'例子'。学好教材，用好教材，让师生高度重视教材，应是考试命题的指导思想之一。"[3] 又说："为了应付考试，教师必须研究考试阅读试题的规律，在高考、中考辅导中提高学生的应试能力，掌握解题技巧。"[4] 而"中考和高考属于选拔考试，考试内容与平时所学可以部分一致，占比控制在60%，让多数学生能够及格；另外的40%是课外内容，有利于甄别和选拔"[5]。至于常规的期中、期末考试，"考试内容与平时所学要

---

① 程翔.课堂阅读教学论［M］.杭州：浙江古籍出版社，2005：255.
② 程翔.长在语文课堂［M］.北京：语文出版社，2023：48.
③ 同②.
④ 同①：254-255.
⑤ 同②.

高度一致，目的在于检验学生所学内容是否达到基本要求"①。这样，就使平时的课堂学习内容与教材紧密结合，师生便会重视教材的学习了。"考试的功能中有一个核心功能，就是有利于中学教学。"②这才不至于出现师生瞄准考试内容，而脱离了教教材、学教材的问题。

① 程翔.长在语文课堂［M］.北京：语文出版社，2023：48.
② 同①.

关键能力

——以《在马克思墓前的讲话》课例为例

年级：高二 / 课时：一课时

《在马克思墓前的讲话》教学实录 ①

师： 同学们好！

生： 老师好！

师： 大家是高二学生，《在马克思墓前的讲话》应该学过了。今天再学，我估计你们不大情愿，是吧？（生笑）

师： 下面请同学们把课文温习一遍。虽然学过，但也过去一年了，特别是疫情期间居家学习，估计你们印象不一定那么深。下面抓紧看一遍。

（生温习课文）

师： 看完了吧？

生： 看完了。

师： 好。喜欢这篇课文的举手。

（一生举手）

---

① 程翔.《在马克思墓前的讲话》教学实录［J］.语文建设，2024（3）.

师：大家互相看看，只有一个同学举手。不喜欢的举手。

（众生举手）

师：说不上喜欢不喜欢，两次都没举手，属于第三种情况，举手。

（一生举手）

师：好。就是说，不喜欢的是大多数，喜欢的很少。那位女生，你为什么喜欢这篇课文？说给大家听听。

生：这是一篇演讲词，是对马克思一生的总结，我觉得这篇课文很有意义，所以我喜欢。

师：很有意义，好，请坐。刚才那么多同学不喜欢，原因是什么呢？我来替你们说一下。第一，因为这是纪念马克思的，所以不喜欢。是这个原因的，举手。

（无人举手）

师：好，不是这个原因。第二个原因，本文写的是政治方面的内容，很多内容在政治课上学过，语文课要变成政治课啦，所以不喜欢。是这个原因的，举手。

（众生举手）

师：好的。第三个原因，一点儿意思都没有，读后没觉得有什么可学的，教材选编者为什么要把这样一篇课文选到课本中呢？真的不理解，还不如随便在报纸上找一篇新闻报道看得有意思呢。是这个原因的，举手。

（两生举手）

师：我替你们说出来了，减轻你们的心理压力。我们今天不是要上政治课。我们对马克思心怀崇敬之情，但不是要上成歌颂马克思的课。我们上的是语文课。这篇课文的语文因素太重要了，非常值得我们学习。我问同学们，你们知道不知道马克思和恩格斯两个人的友谊很深很深？知道的举手。

（全体学生举手）

师：请放下。列宁说过一句话赞颂他俩的友谊，知道的举手。

（无人举手）

师：列宁说，马克思和恩格斯的革命友谊超过了古人关于友谊的一切最动人的传说。既然这样，马克思去世了，恩格斯要写悼念文章，是不是有很多内容可写？即便写成一本书也可以吧？

生：是的。

师：可是，同学们看，这篇文章共有多少字？数一数。

（学生查字数）

生：一千多字。

师：你们产生问题了吗？

生：产生了。

师：什么问题？

生：既然两个人感情这么深厚，恩格斯为何不写长一些？

师：请坐。我相信很多同学都产生了同样的疑问，怎么可能用短短的一千多字就把马克思的一生概括出来呢？

生：这是在马克思墓前的讲话，为节省时间，不能太长。

师：节省时间？

生：还有，就是有时是无语凝噎的。想说很多话，需要去凝练。

师：请你调整一下思路——如果恩格斯没有很强的概括能力，能不能在这么短的篇幅内概括马克思的一生？

（学生略有所悟）

生：不能。

师：对。这篇文章表现出恩格斯的什么？

生：语文能力。

师：好。刚才那位同学用了"总结"一词，是不错的。换成"概括"或"评价"也可以。恩格斯高度概括马克思的一生。同学们把这句话写下来。

（生写）

师：这就是我们这节课要学习的重点。恩格斯怎么就能在这么短的篇幅内把马克思的一生概括出来呢？用了什么手法？这位同学，你来把课题写一下。

（生板书课题"在马克思墓前的讲话"和"恩格斯"）

师：给同学们5分钟时间来准备这个问题。恩格斯是怎么用这么短的篇幅把马克思的一生概括出来的？认真看书。

（生看书，思考。）

师：时间到。下面四个人一组交流讨论。

（生分组讨论，师倾听、参与。）

师：好。谁来说一说？

生：恩格斯是通过写马克思一生的贡献来概括的。

师：马克思一生的贡献太多了，他是怎么高度概括的呢？

生：抓重点。重点写马克思发现人类历史发展规律和剩余价值。

师：你们同意他说的吗？

生：还有办报和创立国际工人协会。

师：好。"发现人类历史发展规律和剩余价值"与"办报和创立国际工人协会"是同类的吧？

生：是的。

生：不是。

师：哦，有分歧。刚才我参加了几个小组的讨论，发现同学们都是认真交流的，很好。不过同学们的分类与归纳意识不够。这篇文章不是那么好懂的。比如，有一个地方让人困惑。大家看书。文章第一段交代马克思去世的时间，第二段写他去世造成的损失。来，你把第二段读一下。

（生读第二段）

师："这个人的逝世，对于……"中的第一个"对于"指向什么？

生：欧美战斗的无产阶级。

师：第二个"对于"指向什么？

生：历史科学。

师：作者为什么不说"对于全世界战斗的无产阶级"？

生：当时无产阶级运动没有那么广泛，主要集中在欧洲。

师：很好。中国无产阶级是什么时候作为独立的政治力量登上历史舞台的？

生：五四运动。

师：对。什么是"历史科学"？

生：研究历史的科学。

师：准确地说，历史科学就是历史唯物主义。马克思的逝世对于欧美战斗的无产阶级，这是指向理论的损失，还是指向实践的损失？

生：指向实践的损失。

（师板书"实践"）

师：对于历史科学，指向的是——

生：理论的损失。

（师在"实践"下方板书"理论"）

师：好。这就是第二段的内容，概括地讲了马克思的逝世对于理论和实践都是不可估量的损失，是这样吧？

生：是。

师：好的，这段具体展开来写了吗？

生：没有。

师：具体展开是在后边，对不对？

生：我明白了。恩格斯用了分类的方法来概括马克思一生的伟大贡献，分为理论与实践两大类。

师：很好！你领悟了，请坐。（板书：分类）那么，马克思在理论上的贡献有哪些？

生：理论上的贡献有发现人类历史的发展规律和剩余价值。

师：完整吗？

生：还有其他很多领域。甚至在数学领域，这样的领域很多。

师：齐读这一段。

（生齐读第五段）

师：本段写具体内容了吗？

生：没有。

师：如果说第三、四两段写了两个点，那么第五段……

生：第五段是略写。恩格斯用详略结合的写法概括马克思的一生。

师：这位同学悟到了。其他同学呢？

生：我觉得是点面结合的写法。第三、四段是点，第五段是面。

师：谁说得更好？

生：第二个同学。

师：是的。（板书：点面结合）

师：写实践上的贡献呢？是不是也是这个手法？

生：是的。先写点，用两个"参加"和"斗争"来概括，后面写办报和创立国际工人协会两个点。

师：真聪明！至此，我们已经总结出两种手法了——分类和点面结合。接下来有一个更难懂的问题出现了：恩格斯在第二段中写马克思两大方面的贡献与后面具体展开两大方面的贡献，有没有让你不好理解的地方？

生：没有。

师：再仔细看书。

生：没有。

师：同学们看，恩格斯具体展开的时候先讲了两个发现——人类历史的发展规律和剩余价值。这是理论。（板书"理论"）然后讲了什么？

生：实践。

师：对。马克思首先是一个什么家？

生：革命家。

师：两个"参加"和"斗争"指的就是作为革命家的马克思，这是指向什么的？

生：实践。

（师在"理论"下方板书"实践"）

师：同学们看黑板，产生问题了吗？产生问题的请举手。

（众生举手）

师：你说，产生什么问题了？

生：第二段概括部分先提到实践，后提到理论，下文具体展开部分则先说理论，后说实践。这是为什么？既然"马克思首先是一个革命家"，那为什么不先说他在实践上的贡献呢？

　　师：好！你到前边来，用箭头表示一下这种关系。

　　（生用交叉箭头表明关系）

　　师：你请回。沿着前面的顺序写多好呀，为什么要倒过来？产生这个问题的举手。

　　（全体学生举手）

　　师：好。这是本文的一个大问题。下面四个人一组讨论。

　　（生讨论，师倾听、参与。）

　　师：好。我发现同学们思考得已经很深入了，谁来讲一讲？你来，到前边来。你站在黑板前，像老师一样给同学们讲。

　　生：先从实践到理论，再从理论到实践。

　　师：大家听明白了吗？有点笼统。

　　生：我们小组找到了两处。第一处是第六段的开头："他作为科学家就是这样。但是这在他身上远不是主要的。"第二处是第七段的开头："因为马克思首先是一个革命家"。

　　师：我插入一个问题。"就是这样"，是哪样？

　　生：马克思在理论上有很多重要贡献。

　　师：用书上的话回答。

　　生：我认为是第五段中写马克思理论上的贡献领域很多，而且不是浅尝辄止。

　　师：用两个字概括出来。

　　生：广和深。

　　师：很棒！这又一次表现出恩格斯的概括手法——指出理论研究的特点。马克思理论上的研究有两大特点：广、深。抓住特点，要言不烦。这就是概括能力。（板书：广、深）

　　师：我们接着看"但是这在他身上远不是主要的"这句话。谁来分析？

　　生：当恩格斯写完马克思在理论上的伟大贡献后，有人会认为，马克思一生主要的贡献就是理论上的伟大贡献。为了防止人们误解，所以才用这句话来引起人们的高度注意。

师：很棒！当时的确有一种观点，认为马克思就是一个理论家。如何准确评价马克思一生，谁最有发言权？

生：恩格斯。

师：对。同学们看第七段的开头："因为马克思首先是一个革命家。他毕生的真正使命，就是以这种或那种方式参加推翻资本主义社会及其所建立的国家设施的事业，参加现代无产阶级的解放事业……"这告诉我们什么？

生：告诉我们马克思真正的使命是参加革命斗争，是实践。

师：斗争的特点是什么？

生：满腔热情、坚韧不拔和卓有成效。

（师板书：满腔热情、坚韧不拔、卓有成效）

师：又一次指出特点。恩格斯太会写文章了！再细看，恩格斯写马克思两个发现非常伟大，伟大到什么程度？

生：伟大到可以推进革命。

师：恩格斯怎么说的？

生：恩格斯说："人们的国家设施、法的观点、艺术以至宗教观念，就是从这个基础上发展起来的，因而，也必须由这个基础来解释，而不是像过去那样做得相反。"

师："过去"，就是历史。就是说，马克思的这个发现改变了过去人们的错误观点。恩格斯为了说明这个贡献的伟大，与什么进行比较？

生："正像达尔文发现有机界的发展规律一样"。

师：把这句话去掉行吗？

生：不行。

师：为什么？

生：这是类比，这两个发现同等重要。

师：对。你说达尔文的贡献伟大不伟大？

生：伟大。恩格斯把马克思发现人类历史的发展规律和达尔文发现有机界的发展规律放在一起。

师：对，真的非常伟大！好，接着说马克思在理论上的第二个贡献是什么。

生：发现剩余价值。

师：这个发现伟大在哪里？

生：文中说，"由于剩余价值的发现，这里就豁然开朗了，而先前无论资产阶级经济学家或者社会主义批评家所做的一切研究都只是在黑暗中摸索"。这里运用了对比手法，以前怎么着，现在怎么着。

师：对比。把这两个方法写下来。

（生写"类比、对比"）

师：恩格斯怎样从发现人类历史发展规律过渡到剩余价值的发现呢？你们看，作者用了什么句子？

生：过渡句"不仅如此"。

师：对。"不仅如此"，你们把这四个字画下来了吗？画下来。

（生标画）

师：有什么作用？

生：使文章上下文衔接紧密。

师：你们写作文时会用这样的句子吗？

生：不怎么用。

师：受启发吗？

生：很受启发。

师：大家再一起读第五段。

（生齐读第五段）

师：读到这里，大家有什么样的感觉？

生：激动。

师：恩格斯充满了什么？

生：充满了激动。

师：他为有这样的伟大战友感到什么？

生：自豪。

师：好！你把这一段朗读给大家听。

（生朗读）

师："即使……，也……"，即使，是先退一步的意思。同学们，这样的句式你们会用吗？你们看看恩格斯的语言，丝丝入扣。"但是这在他身上远不是主要的"，文章在这里出现了什么？

生：转弯。

师：（笑，竖大拇指）说得好！一个大转弯。写这种文章也有转折起伏，这是作者思路上的大转弯。不是文章高手怎么会写得出来？你们写不出来，当然，我更写不出来。（生笑）

师：我查过本文的英文版。恩格斯发表这篇演说时用的就是英文。英文是这样写的——"But this was not even half the man"，翻译成中文是"但是这在他身上远不是主要的"。这时候我们又会产生一个新问题，什么问题？

生：到底什么是主要的？

师：对呀。在马克思身上什么才是主要的呢？这个问题是一定要谈的。为什么？

生：因为这才是他毕生的真正使命。

师：有道理，但不全对。这个问题是一定要谈的，因为当时社会上对马克思的评价是有偏差的，甚至是错误的。有人认为，马克思就是一个学者，他写了《资本论》等一系列的书，他提出了剩余价值等学说，他是一个著名学者。恩格斯同意这样的评价吗？

生：不同意。

师：正因为不同意，恩格斯才写了这句话。这句话是有针对性的。同学们，这句话多厉害呀！整篇文章好像掀起一个大波澜！在马克思身上，什么才是主要的呢？这就涉及如何科学、准确地评价马克思。（板书：科学、准确评价）

师：在这一点上，谁最有发言权？

生：恩格斯。

师：对。同学们读第六段。

生："在马克思看来，科学是一种在历史上起推动作用的、革命的力量。任何一门理论科学中的每一个新发现——它的实际应用也许还根本无法预见——都使马克思感到衷心喜悦，而当他看到那种对工业、对一般历史发展立即产生革命性影响的发现的时候，他的喜悦就非同寻常了。"

师："喜悦"出现了几次？

生：两次。

师：第一次怎么说的？

生：衷心喜悦。

师：第二次"喜悦"怎么说的？

生：非同寻常。

师：他更注重哪一次？

生：第二次。

师：为什么？

生：产生了革命性影响。

师：两个"喜悦"表现出马克思看重的不仅是科学发现本身，更看重什么？

生：科学发现对实践的影响。

师：这就从理论过渡到实践上来啦。同学们，现在你们能不能回答这个问题了？作者在第二段概括马克思逝世造成的损失的时候，先讲了对于欧美战斗的无产阶级，也就是对于实践的损失，后讲了对于历史科学，也就是对于理论的损失，到了后面具体展开的时候是先谈理论，后谈实践。为什么是这样一个交叉？你们现在能不能回答这个问题呢？

生：主要是为了科学、准确地评价马克思，故意将他在实践上的贡献放在后面来写，从而形成一个大转折，给读者留下深刻印象。文章结构由浅入深，层层递进。

师：非常棒！为他鼓掌。（生鼓掌）

师：同学们，本文如何高度概括马克思的一生？是运用科学、准确的评价来实现的。这是最重要的，超越了具体的方法，是思想认识的问题。认识到位，借助语言表达出来，于是写成此文。学到这里，这节课的主要问题已经解决了。

你们看恩格斯写得多好！恩格斯语文水平真高！现在我再问问同学们，喜欢这篇文章的举手。

（众生举手）

师：和刚上课相比发生了什么？

生：变化。

师：这种变化明显不明显？

生：明显。开始我也不喜欢这篇文章，现在喜欢了。虽然我们学过了，但今天重新学习，仍然有很多新的收获。谢谢老师！

师：到现在仍然不喜欢这篇文章的请举手。没关系，不喜欢就是不喜欢。哦，还有一个。允许你不喜欢，孩子，允许你永远不喜欢。但是我们很多同学已经发生了变化。喜欢一篇文章或者不喜欢一篇文章，往往与你是否真正认识它有关系，与理性判断有关系。今天这节课算是初步学到一点点，还远远不够。这节课就上到这里，同学们，下课。

生：老师再见！

（注：教学实录略有删改。）

点评

程翔老师说："我以读、写为核心，以语言为抓手，促进学生语文素养全面、和谐地发展。三者有机地融为一体，我中有你、你中有他、他中有我，谁也离不开谁。我觉得这是一种比较理想的科学的语文教育模式。"[1]他又说："阅读教学的核心任务就是培养学生的阅读能力，教师的教和学生的学都要围绕这一核心展开。"[2]因此，要在常态下实现高效教学，即高质量的课堂教学，而非加班加点增加学生负担取得成绩，抓住学生的语文关键能力进行培养尤为重要。下面以程翔老师执教的《在马克思墓前的讲话》为例，

---

① 程翔.一个语文教师的心路历程［M］.北京：清华大学出版社，2009：24.
② 同①：98-99.

试论如何提高学生的语文关键能力。

一、问题驱动，厘清文脉

"学生学习的过程不仅是一个接受知识的过程，也是一个发现问题、分析问题、解决问题的过程。"[①]因此，程老师让学生温习课文之后，说："喜欢这篇课文的举手。"喜欢的有一位学生，不喜欢的是大多数，而谈不上喜不喜欢的有一位学生。教师让学生说出他们对课文的态度和评价，充分体现了教师对学生的尊重。同时，也以此了解学情，确定教学的起点——课文的内容是政治方面的，而学习的目标是课文中的语文因素。如此，教师将课文内容与学生建立了联系，而联系的纽带就是语文因素。学生带着这个目标，激发自身学习的内驱力。

那么，教师如何围绕目标设置问题呢？程老师一改传统课堂由教师预设问题，代之以学生生成问题。而问题的生成需要教师搭台子，于是，程老师从作者与马克思的友谊出发创设情境，以此激发学生的问题意识。果然，学生提出疑问：两个人的感情深厚，怎么可能用短短的一千多字就把马克思的一生概括出来呢？其背后的原因让学生深思。在教师的引导下，学生悟出这篇文章表现了恩格斯的语文能力。那么，他的语文能力究竟是怎么表现出来的呢？在教师的启发下，学生继续讨论交流篇幅短的真正原因。在学生讨论交流的过程中，程老师发现了学生的"分类和归纳意识不够"，暂时搁置第一个问题，继而转到对理论方面的理解上。由此，生发出课文的结构特点：第二段的概括，先写实践，后写理论。而以下段落的展开顺序则相反。这就是学生产生的第二个问题。此问题的产生是师生在探讨的过程中发现的。正如程老师所说："前一个问题的解决，为后一个问题的解决提供了必要条件；对后一个问题的解决，又深化了对前一个问题的理解。"[②]第二个问题不仅架

---

① 程翔.一个语文教师的心路历程［M］.北京：清华大学出版社，2009：99.
② 同①：101.

构了课堂，而且也是学生要学习的关键能力。经过学生讨论、讲解，小组学生分享了组内的疑问——第六、七段首句的理解。据此，程老师引导学生抓住马克思在"理论"上的伟大之处——过去对人类历史的发展规律的解释是错误的，马克思纠正了错误，因此放在前面来写；而写其"实践"方面的伟大之处，不仅仅是说马克思是一个革命家，还有一个主要意图是本文作为演讲词要科学、准确地评价马克思。因此，程老师扣住"但是这在他身上远不是主要的""当时社会上对马克思的评价是有偏差的，甚至是错误的"。也就是说，马克思的理论贡献是伟大的，实践方面则更伟大。这使得文章波澜起伏。经过师生相互启发、平等交流，重新回到第二个问题——"作者在第二段概括马克思逝世造成的损失的时候，先讲了对于欧美战斗的无产阶级，也就是对于实践的损失，后讲了对于历史科学，也就是对于理论的损失，到了后面具体展开的时候是先谈理论，后谈实践。为什么是这样一个交叉？"程老师意在让学生深入阅读，对课文的理解达到一定的深度后，再次思考。学生明确了全文由浅入深、层层递进的结构关系，由此理解了恩格斯强调要科学、准确地评价马克思的一生之用意。至此，悼词的真正意义也被揭示出来。

谋篇布局是语文的关键能力之一。通过问题导学的方式，学生自主提问，"兵教兵"，教师只是穿针引线，让学生在理解课文内容的基础上，认识了作者写作此文的价值。如何把马克思的理论和实践两方面的贡献凸显出来？因为两方面的贡献都是伟大的独特发现，而实践方面是重中之重，如何表达？学生经过探究，从课文中发现层层递进的结构方式，内化生成谋篇布局的技巧。这正如程老师所说："一堂好的阅读课最令人难忘的是过程，过程中最令人难忘的是学生的表现，学生的表现中最令人难忘的是对课文的理解由误及正、由浅入深的曲折经历。"[①]

① 程翔.一个语文教师的心路历程［M］.北京：清华大学出版社，2009：100.

二、涵泳语言，注重过程

程翔老师说："注重过程，就是把课堂看作学生生命的组成部分。课堂是学生生命历程的一个阶段，学生的生命表现形式通过课堂行为体现出来。……课堂阅读教学，不是在寻求'标准答案'上分出贤愚智拙，更不是以考试成绩判定学生前程的明暗顺逆。课堂阅读教学是学生的个性在阅读理解中得到体现的过程，是活生生的少年、鲜活的思想、鲜明的个性与教师、传统文化的交汇、碰撞的过程，是过去和现在、未来的交流、较量的过程。在课堂阅读教学中，没有绝对的高下，更没有权威神灵，有的是平等的交流，互为启发，互为师生。在学生的心灵深处，铭刻下来的往往不是教师奉送的答案，而是学生参与讨论、交流和争辩的感受。在这个过程中，学生有自我教育，师生互相教育，共同用生命去拥抱语文！"[①]

学生不喜欢这篇政治内容的文章，可程老师从引导分析学生不喜欢的原因中，顺势引出学习课文的目的在于其中的语文因素。正如程老师所说："语文课姓'语'，语文课不能包罗万象。教师不要被课文内容牵着鼻子走，而要善于提取课文中的语文因素，培养学生的语文学科素养。""课文是教学文本，对它的学习是有规定性的，不可随意发挥。任何一篇课文，都承担一定的语文功能，特别在'类文本'中，它是一个例子。"[②]分析这篇课文的语文因素是本课学习的重点。程老师从学生理解的篇幅短而表现的友谊深这一看似矛盾处入手，打开文本的缝隙，让学生拾级而上。

首先，对语言的涵泳，教师引导学生推敲语言的运用之妙。"欧美战斗的无产阶级""历史科学"概括了马克思两方面的贡献，即实践和理论。正是这两个方面贯穿了全文的脉络。程老师的整个课堂教学始终围绕着这两个词语展开。以语言的微观品析带动课堂的宏观结构，课堂的结构和课文的结

---

① 程翔.一个语文教师的心路历程［M］.北京：清华大学出版社，2009：99-100.
② 程翔.敬畏母语［M］.济南：山东教育出版社，2021：33.

构，彼此契合。这也是程老师的教学理念——"理清课文的思路是实现基本理解的必由之路"。再比如，对课文第六、七段首句的赏析，既帮助学生认识了马克思的伟大贡献，同时又回扣对第三段首句的赏析。以删改比较的方法，让学生学习其中的语文因素——类比。最重要的不是为学生呈现这种写法，而是如何让学生学会"类比"的知识。程老师从小处入手，马克思发现人类历史的规律和达尔文发现有机界的发展规律，二者放在一起，从而突出马克思在理论上的伟大贡献之一。另一个理论贡献则采用"对比"的手法。如何学习这一手法呢？这充分体现了程老师的教学艺术。程老师说："'教学艺术'，就是教学技能。教学艺术的关键在于从学生的问题出发，让课堂教学有合理的逻辑架构。这个逻辑架构首先体现在'逻辑起点'上。"①本课的逻辑起点就是语文因素，从"由于剩余价值的发现，这里就豁然开朗了，而先前无论资产阶级经济学家或者社会主义批评家所做的一切研究都只是在黑暗中摸索"这句话加以概括，就是以前与现在的两种情况构成了对比。教师引导学生理解对比是在对语意进行概括，这样就把复杂的意思简单化了，从而显示两种情况的时间维度。"豁然开朗"与"在黑暗中摸索"，一明一暗，马克思理论上的贡献在"对比"中进一步凸显。这两个理论贡献之伟大，在师生相互质问中向前推进："恩格斯怎样从发现人类历史发展规律过渡到剩余价值的发现呢？""不仅如此"的衔接之妙，关联词"即使……，也……"的推敲，语言的"丝丝入扣"，从"点"到"面"的梳理，在语言的咀嚼中，咂摸出的无不是语文因素。至此，理论贡献方面的语文因素，在一步步的内容理解概括中逐渐清晰起来。这种语文能力的获得，不是通过教师标签式的讲解灌输，而是经过学生阅读理解、抽象概括、做出判断、自悟自能的过程。

其次，理论和实践两方面的内容如何衔接？程老师扣住第六段的开头"他作为科学家就是这样。但是这在他身上远不是主要的"，马克思的理论影响固然深远，然而还有比这影响更为深远的实践方面，形成前后的转折起

---

① 程翔.敬畏母语［M］.济南：山东教育出版社，2021：27.

伏，使文章曲折有致。马克思对科学的态度表现在两个"喜悦"上。通过教师重锤敲打，学生理解马克思看重的不是科学发现本身，而是科学对实践的影响。于是，理论和实践的递进关系就一目了然了。当然，这种结构关系的揭示是建立在程老师梳理深化的基础上的。"作者在第二段概括马克思逝世造成的损失的时候，先讲了对于欧美战斗的无产阶级，也就是对于实践的损失，后讲了对于历史科学，也就是对于理论的损失，到了后面具体展开的时候是先谈理论，后谈实践。为什么是这样一个交叉？"对于这个问题的回溯，教师深化了学生的思维，从而把这篇演讲词的目的揭示出来——科学、准确地评价马克思的一生。

"整堂课，教师始终发挥着主导作用，学生始终处在积极动脑、动口、动手的主动学习地位，而教师和学生的活动又都是紧紧围绕着教材进行。通过一堂课的教学，学生既学到了遣词造句、布局谋篇、写作技巧等语文知识，又培养了语文的多种能力，而且受到了精神培育。整堂课有条不紊，和谐自然，生动活泼，扎扎实实，没有板滞生硬的感觉。'教师—学生—教材'三者自然和谐地融为一体，这才是一堂好课。"①

三、合作探究，深度参与

程翔老师说："教师的天职在于促进学生的发展和提高，在让学生得到发展提高的同时，教师自己也得到发展提高。教学的出发点和归宿就是学生的发展提高。我体会到，教师要善于隐藏自己，把课堂还给学生，只要学生能独立完成的事情，教师就不要替代。语文课上，听、说、读、写行为，都应是学生发出的，教师的任务在于引导和点拨。"②

课堂上程老师问学生是否喜欢这篇课文。这就是调动学生的积极性，激发学生对课文的认同度和情感体验。通过学生的课堂反馈，教师了解课文的

① 程翔.一个语文教师的心路历程［M］.北京：清华大学出版社，2009：191-192.
② 程翔.敬畏母语［M］.济南：山东教育出版社，2021：171.

内容政治色彩浓厚，并且很多内容政治课已经讲过，所以学生不喜欢。这就为教师选择适合的教学方法提供了抓手。那么，从何处切入课文？如何在具体的方法上给学生提供支持，避免讲大而无当的道理？程老师从学生熟悉的恩格斯和马克思之间的友谊入手，相机诱导，让学生从无疑处生疑，"无中生有"。学生产生了问题：篇幅短小，怎么能概括马克思的一生？语文概括能力是本文要学习的语文因素之一。由此引发学生探究恩格斯高超的语文能力。教师参与小组的讨论交流，只是作为平等的参与者。从课文的第二段先实践后理论，到后文的展开先理论后实践，学生又产生了文章结构方面的困惑。这个困惑是学生在深入学习中产生的，是学生朗读课文后，进入文本才发现的。叶圣陶先生说过："作者思有路，遵路识斯真。"这个小问题是在探究思路的大问题中产生的。于是，学生被驱进问题的漩涡中，与文字发生搏击。正如学习游泳，不论教练如何教游泳方法，如果不让学生下水，是怎么也学不会的。程老师是深谙此道的。他在文本的海洋中与学生一起前行。教师组织学生分组讨论，自己则倾听并参与其中。等到学生深入思考之后，有表达欲望时，教师抓住时机，让学生站在黑板前，宛如一位小老师，为同学讲解。这是程老师在培养学生的自信心，同时也训练了学生的口头表达能力，并没有因为高考不考口头表达就不重视。程老师说过："教学的本质不是教师讲学生听然后应对考试，而是在教师的组织、引导、启发下，学生自己积极主动地学习的过程，是学生内化、生成进而形成基础学养的过程。"①程老师让学生对发言者进行质疑，这是培养学生的批判性思维能力。学生潜游在关键语句中，时而扎入文字深思，时而露出文字水面提炼。在学生思维受限时，教师促进学生思考——"这句话告诉了你什么"；在学生处于清醒状态时，教师画龙点睛、点石成金——"抓住特点，要言不烦。这就是概括能力"；在学生思维出现偏差时，教师在思维方向上引导——"如果恩格斯没有很强的概括能力，能不能在这么短的篇幅内概括马克思的一生"；在学生处于"断路"状态时，教师铺垫连接学生的思路——"如果说第三、四两

① 程翔.敬畏母语［M］.济南：山东教育出版社，2021：74.

段写了两个点，那么第五段……"。

像这样，程老师让学生进行了两次分组讨论。讨论的问题由学生提出，学生成为问题的提出者、解决者。教师没有奉送给学生答案，都是以问题的方式去启发学生。学生是学习的主人，他们各抒己见，表达个性化的理解，课堂充满活力。从时间上看，学生是活动的主体，学生的活动时间超过了课堂时间的三分之二；从空间上看，学生的活动不仅仅局限于座位，还走到讲台前；从发现问题、提出问题到解决问题，全程都是学生在动脑、动口、动耳、动手。学生动得好，恰恰体现教师引导得好；教师引导得好，又激活学生的思维，使学生始终处于积极的思维中。

学生经历了从不喜欢课文到喜欢，从政治内容深入语文因素的肌理，从学内容的浅表认识到学语文能力的转变，从产生困惑到释疑，切实获得了语文关键能力——结构波澜起伏，谋篇布局严谨，过渡严丝合缝，类比对比突出，以及点面结合手法、关联词语和段首句等的运用，宛如一座语文"素养点"的大厦。学生学习的行为得以真正发生，感受到了"山重水复疑无路，柳暗花明又一村"的语文妙境。学生可以将学到的语文因素迁移到自己的写作中去，从而使语文知识系统化、语文能力程序化、阅读和写作一体化。因此，程翔老师从语言运用的角度引导学生学习课文，是富有成效的，是高质量的课堂阅读教学。

第二辑

古诗文
课例探析

课文的功能

——以《爱莲说》课例为例

年级：初一 / 课时：一课时

《爱莲说》教学实录 ①

师：同学们好。今天我们学习《爱莲说》。现在我想请一位同学把文章读一遍，谁来读？请举手。

（生读课文）

师：嗯，很好，你读得很好，没有出现任何错音，而且节奏把握得很好。（台下听课教师鼓掌）

师：你们是初几的学生？

生：初一。

师：学过这篇文章吗？

生：没有。

师：是不是所有同学都读得像他一样好呢？（指一生）同学，你来读一遍。

（生读课文）

师：好，请坐。

---

① 程翔.我的课堂作品（修订版）[M].北京：商务印书馆，2023：53-70.

师：同学们听出问题来了吗？听出来了。我再请一位同学来读。

（生站起读课文）

师：嗯，请坐。后面这两位同学读得总体还可以，但是和第一位同学相比出现了问题。什么问题？来，你给他指出来。

生：第二位同学读的有一部分是错的，比如"陶后鲜有闻"的"鲜"应是三声。

生：还有一个"晋陶渊明独爱菊"不是"普"。

师：我估计是看错了（笑），他肯定是能区分这两个字的。

生：还有一个，"噫"不是一声，是四声。

师：一声是对的。后边那个举手的同学，请回答。

生："甚蕃"的"蕃"，他读的一声，应该是二声。

师：很好，注上音。还有问题？（又有举手的）

生：老师，我听那个女生读的是"亵（xiàn）玩焉"，应该是"亵（xiè）玩焉"。

师：这字也不太好写，是吧？看这个字的结构，能解释一下吗？是把什么给拆开啦？

生：把"衣"字给拆开啦，中间加了个"执"。

师：好的，你请坐。同学们在纸上写一写这个字。

（生写字，师巡视。）

师：一起来读课文。题目、作者、正文一起读。

（师起头，生齐读。）

师：你到黑板上把题目和作者写下来。（一生板书。写到"颐"字时师点拨，提示把字写大一点。）发现问题的举手。你还发现问题了？来写一下。用黄色笔写，写大一点，其他同学仔细看。（"颐"的书写笔顺不对）发现问题的请举手。（指另一生）你来，我相信你一定能写好。写大一点。为她鼓鼓掌！这才是正确的笔顺。同学们，看清楚了吗？好，一起来说。（师空写笔顺）按正确的笔顺再写一遍。看来这个字的笔顺错误率挺高的。（生在练习本上练习）前几天有个人问我：程老师，写字为什么要讲究笔顺呢？不讲究笔顺不也能写出这个字吗？怎么回答他？

生： 我觉得如果倒插笔就写不出这个字的方正来。像车载的"载"，如果先写下半部分，有可能上半部分盖不住下半部分，非常丑。

师： 说得非常好！哪个同学还想讲？来，你说。

生： 如果倒插笔的话就会比较别扭。（举例"过"字）

师： 汉字是有字理的，要注意每个字的笔顺，不能随便写。同学们学语文必须经过规范的训练。好，来看一下作者的名字。"敦"字是什么意思？大家记下来，是忠厚、诚恳的意思。"颐"是什么意思？有知道的吗？

生： 我想是坚定不移的意思。（台下教师笑）

师： 错了。"颐"是这（指了指自己的脸颊）。同学们，脸颊这个地方叫颐。面部表情好，精神状态好（举例"颐和园"）。好了，我们这节课主要干三件事。第一件事"读"，刚才我们已经读过了。第二件事"译"。第三件事就是有问题请同学们来问一问。如果你们没有问题，我有问题要问一问你们。这节课就是干这三件事。那下边请同学们来一起翻译这篇文章，两个人一组互相翻译，开始。

（生开始两人一组翻译，师边巡视边小声与生沟通。3分钟以后，教师询问学生翻译情况。）

师： 好，翻译完的举手。（少数学生举手）好，再等等。已经翻译完的，如果有问题，就先画出来。好，同学们，都翻译了一遍，谁来给大家翻译一下？请举手。（请一生）大家集中注意力，听一听他跟你翻译的一样不一样。好，开始。

（生翻译）

师： 你没有看原文，都背过了，你这么厉害呀！哪位同学发现问题了？（一生举手）好，你来说。

生： 有一部分没有翻译出来。第一句"水陆草木之花"，应该是水生的陆地生的草本木本的花。

师： 很好，翻译文言文不能有遗漏。

生： 还有"自李唐来，世人甚爱牡丹"中的"甚"没翻译出来，应该是"特别"的意思。

师：它是一个表示程度的副词，还可以翻译成"很"。你们在记笔记吗，同学们？（生做笔记）

生：还有一句"可远观而不可亵玩焉"中的"远观"没有翻译，可以翻译为"远远地观赏"。

师：请你翻译这一句。

生：这一句的意思是，可以远远地观赏，不可以摘下来在手中把玩。

师：我觉得能翻译到这个程度非常好。

生：还有后面"花之隐逸者也""花之富贵者也""花之君子者也"，他这里没有把"花之"翻译出来，他只说了菊花是隐者。

师：那怎么翻译呢？

生：我认为，菊是花中的隐者，牡丹是花中的贵族。

师：为什么这样翻译呢？

生："谓"，我认为是"是"的意思，菊花是花中的隐者。

师：知道这个句式有什么特点吗？"……者也"是什么句式？

生：我认为是排比。

师：要单独把这一句摘出来呢？

生：拟人。

师：你坐下。"……者也"是判断句，要翻译出"是"字来。"谓"这里是"认为"。（一生举手）你来说。

生：他有一个没有翻译出来，"不蔓不枝"，意思是不纷乱生长。

师：很好！请坐。（示意另一生说）

生：还有"宜乎众矣"翻译得不是很准确，我的翻译是"应该有很多人"。

师：哪一个字翻译成"应该"？

生："宜"。

师：很好，准确。（又一生举手）你有什么补充？

生：老师，我认为"香远益清"翻译得不是很准确，应该是香气飘得越远越清香。

师：好。（指另一生）能不能重新翻译一下呢？（生翻译一半时）好，先停一停。这位同学，你前面三个句子翻译得很好，之前咱们在这儿有一个问题还没有解决。你为什么翻译成什么什么是什么呢？这叫什么句式，你把它翻译成"是"？

生：一个倒装句。

师：（笑）"他是一个好人。"这是一个什么句子？

（底下一生说是判断句）

师：完全正确。同学们写下来。这叫判断句，判断它是一个什么样的性质、情况。（对还在站着的那个学生说）你翻译出来了，但是你不知道它是什么句式。它是判断句。在这里有一个标志，你猜是哪一个字。

生："之"。

（其他生举手）

师：你说。

生：我认为是"也"。

师：很好！写下来，同学们。"者也"在这里共同形成了判断句。我们翻译的时候要翻译成"……是……"。明白了吗？（对站着的那位同学说）你继续翻译。

（生接着翻译）

师：你这两个句子翻译得不一样："菊之爱，陶后鲜有闻。莲之爱，同予者何人？"你先说，"菊之爱"怎么翻译？

生：喜爱菊花的人。

师：往下说。

生：喜欢莲花的，除我以外还有几个人？

师：哪个字翻译成"除"？

生：（改正）和我一样喜欢莲花的人。

师：对啦！哪个字翻译成"和我一样"？

生："同"。

师：写下来了吗，同学们？"同予"就是和我一样。这个"予"，在这里是什么意思？

生：我。

师：前面出现过吗？

生："予谓菊"。

师：很好，在这里，"予"是什么词性？

生：名词吧。

师："我"是名词吗？"你""我""他"是名词吗？

生：（恍然大悟）哦，是代词。

师：是代词，写下来。"予"是一个代词。你接着说。

生：而喜欢牡丹的……老师，我这儿没翻译出来。

师：刚才好像有同学说了，回想一下。

生：喜欢牡丹的应该还有很多人。

师：好的，你坐。这一遍翻译中的好多细节问题，我们就解决了。下面就请同学们重新再翻译一遍。还是两个人一起翻译。开始。

（生翻译，师巡视。）

师：翻译完了吗？（生点头）好的。我们翻译了两遍，我觉得应该没有问题了。究竟有没有问题？有问题的请举手。你们要提出问题来。

（生纷纷举手）

生："陶后鲜有闻"的"鲜"我不知道可以翻译成哪个字。

师：知道的举手。

生："鲜"应该是"极少"的意思。

师：现在还用这个字吗？

生：鲜少。

（师笑）

师：鲜为人知，就是很少有人知道。还有问题的举手说。

生："中通外直"，为什么翻译成它的茎和干是直的，是通的，而不翻译成正直的品性？

师：你提了一个很好的问题，没有人说不能翻译成"正直的品性"。

生：同学们都翻译成它的茎和干是直的。

师：这个同学问了一个很关键的问题，谁来回答？（指一生答）

生：我觉得应该是有两种意思。字面上的意思是说，它的茎和干中间是贯通的，外面是笔直的。

师：也就是说，它是空心的。

生：它的引申意思是……

师：你说它叫什么？

生：引申的意思。

师：你们懂吗，同学们？（生齐说懂）写下来，引申的意思。接着讲。

生：引申的意思就是指喜欢莲花，喜欢它这个正直的品质，根据莲花联想到这一品质。

师：莲花哪有正直的品性？它又不是人。

生：借莲花来描写君子，借物喻人。把君子比作莲花，借莲花的枝干，写出君子的正直品性。

师：那就是说，在这篇文章中只有"中通外直"可以引申？

生：老师，我觉得有很多句都有引申义。

师：请一一道来。

生："出淤泥而不染"，把"淤泥"比作污秽，莲花在污秽中不会被污染。

师：你讲的还是可以的。请坐。（指另一生回答）

生："濯清涟而不妖"这一句，指君子有自己的品德，而不骄傲。

师：这句字面意思是什么？

生：用清水洗涤而不妖艳。

师：引申义是什么？

生：君子有非常高尚的品行，而不去彰显。

师：翻译得不错，理解得很到位。（高兴）还有吗？（指另一生）你说。

生：我认为"不蔓不枝"的意思是不过度依赖他人，不趋炎附势，有自己的主见。

师：怎么能这样理解呢？

生：因为"不蔓不枝"的字面意思是旁边生长枝干，自己走自己的路，不被外界所干扰。

师："蔓、枝"的字面意思怎么翻译？

生：往旁边生长枝干。

师：用一个词来形容，它不往旁边什么？（生思考不语）请坐。（指另一生）你说。

生："不蔓不枝"就是有自己的自制力，自己应该生长在哪儿就生长在哪儿，不疯狂生长。

师：你说的还是引申义，咱们先说它的字面意义。有一个词叫"枝枝蔓蔓"，什么意思？

生：杂乱无章。

师：对，有一点乱。大家见过那个牵牛花，它攀着东西向上爬，互相缠绕着。枝枝蔓蔓缠绕着，是这样吗？攀附在别的东西上。（有生举手）

师：你说。

生：不愿意依附。

师：好！

生：不当寄生虫。

师：（大笑）很好，请坐。我觉得咱们开始读懂这篇文章了。这非常好。当然，"枝蔓"可以有另一种翻译——旁逸斜出。一株植物，应该按照它原来的样子生长，不要旁逸斜出。作为人来讲，我们不要有杂念、乱七八糟的东西，是这样吗？这四个字我们理解到位了吗？文中还有没有其他引申义？

（生纷纷举手）

生：还有"香远益清"这句话，字面意思是香味儿飘得越远越清幽。作者把莲花写出来，它不仅自身拥有优秀的品质，还要把自己优秀的品质向外发扬光大。

师：发扬光大，可以，这样理解有道理。孩子，我问你，你说中国古代的人，比如说孔子、屈原，他们的思想、作品历经了两千多年，够遥远了吧？但是我们依然能从中感受到他们的芬芳。

生：我觉得还是他们那些优秀的品质传承了下来。

师：历史越悠久，味道越——

生：醇香。

师：好！

生：我想补充一下那位同学说的"出淤泥而不染"，他刚才用的是"淤泥"的本义，君子不会跳泥坑吧。（笑）

师：很好，接着说。

生：君子不是小猪佩奇，他不会跳泥坑。（哄堂大笑）

师：那你怎么理解呢？

生：这个"淤泥"，我认为是指古代官场的乱世，应该是指从乱世之中出来。

师：他所生活的那个时代——

生：举世混浊而我独清，众人皆醉而我独醒。（台下掌声响起，师竖起大拇指。）

师：你真不简单！这是谁的话？你知道吗？

生：屈原。

师：对，能说出屈原，你真厉害！请坐，我说你将来不得了。其他同学记笔记。你看你们同学那么优秀，比老师还厉害。这里的"淤泥"是指恶劣的生活环境，包括政治环境。（生做笔记）到此为止，我们可以用一句话来概括《爱莲说》这篇文章的主旨。哪个同学来概括一下？我叫个不举手的同学，请你来说。

生：抒发了作者的感叹。

师：这句话有点笼统。

生：喜欢莲花的人很少。

师：（带有期盼的表情）我和这位同学有个对话，大家认真听。同学，你觉得作者写这篇文章绝不仅仅是喜欢莲花这一种花，他好像另有深意，这个深意就是这个莲花所表现出来的一种——

生：精神。

师：通过我们刚才对句子引申义的分析，你是不是已经理解到了这种精神呢？（生点头）这篇文章是作者通过拟人化的手法表达了对具有莲花一样品格的人的慨叹。他希望自己成为这样的人。这样的人是什么人呢？你能不能用书中的一个词来概括。

生：君子。

师：说得非常好！请坐，你理解了。同学们注意啦！（板书：君子）《爱莲说》就是作者借莲花来表达自己的人格范式，对一种人格的追求，就是君子人格。（板书：人格）这就是这篇文章的主题，或者叫主旨。那当我们明白了这样一个主旨，大家产生问题了吗？（一生举手）

　　生：我有一个疑问。写"牡丹，花之富贵者也"，又写了一个菊花，"花之隐逸者也"，是不是在反衬莲花呢？

　　师：太棒啦！（竖起大拇指）同学们的思维开始朝着正确方向发展了。

　　（师请另一生回答）

　　生：我个人认为他写牡丹，是在写唐朝的富强，写他们对牡丹的喜爱……

　　（生不知道如何表达，师请他坐下。这时另一生举手，师请他回答问题。）

　　生：既然有一句"出淤泥而不染"，就是说当时官场黑暗，作者很厌恶，也非常抵触当时这个黑暗的官场。（师点头）

　　师：同学，咱们回到刚才那位男同学说的问题。既然写莲花，为什么还要写牡丹和菊花呢？

　　生：用这两种花来反衬莲花高尚的品质。

　　师：怎么反衬它的呢？

　　生：牡丹是唐朝人所喜爱的，牡丹象征贵族。

　　师：那菊花呢？

　　生：厌恶官场而选择归隐的那类人。

　　师：好。（另一生举手）

　　生：文章中说"予谓菊，花之隐逸者也"，代表着归隐山林的那类人比较自由。牡丹象征着富贵，因为它鲜艳的红色是贵族所喜爱的。

　　师：有道理。

　　生：莲花，"出淤泥而不染，濯清涟而不妖"，说明它是一种非常纯洁、正直的花，借另外两种花更加反衬出这种花的纯洁和正直。它虽然出自很复杂的环境，但依然很纯洁，就像作者一样。他希望在这种恶劣的环境之下，像莲花一样品行正直。

　　师：很好！咱们俩有一个对话，大家注意听。喜欢菊花的是谁？

生：陶渊明。

师：陶渊明喜欢菊花，实际喜欢什么？

生：喜欢自由，向往自由。

师：陶渊明原来在官场里，后来不做官了，跑到田园里，隐居起来，成为隐士。官场污浊，我躲开还不行吗？我不和你玩儿了，我就自己洁身——

生：洁身自好。

师："菊，花之隐逸者也"，菊花是花中的隐士，隐士在回避什么？

生：回避世俗的纷乱。

师：好，回避矛盾。牡丹富贵，人们都追求富贵，是这样吗？

生：对。

师：莲花呢？你说。

生：莲花是君子……

师：它既不怎么，又不怎么？

生：它既不富贵，又不……

师：它既不像菊花一样——

生：它既不像菊花一样洁身自好。

师：那它像什么呢？

生：这……（思考，有其他生举手。）

师：官场污浊，周敦颐躲起来了吗？（指另一生答）

生：没有。

师：而是什么呢？

生：敢于面对污浊的官场。

师：对了，敢于面对，用一个词，敢于"担当"。写了吗？（生做笔记）好，你再说牡丹象征着富贵，那就是有钱。大富大贵，周敦颐追求吗？

生：不追求。

师：他追求什么？

生：我认为他追求成为有担当，不图功利、名利的君子。

师：好，请坐。

（一生举手，师点名回答。）

生：周敦颐认为，躲避不是解决问题的根本，要做一个君子，而不是做一个贪财贪利的小人。"牡丹，花之富贵者也""宜乎众矣"，说明喜欢牡丹的人很多，人们都在去追求，而他在追求一种担当，当个有君子人格的人。不隐居，也不去追求这种富贵，这就是君子人格。

师：说得很好。（一生举手）你来说。

生：我认为他写的是这三种人对待乱世的态度，菊花选择了逃避；牡丹是富贵者，所以选择了接受；而莲花选择了用自己的品性，用自己清高的品性去改变。也就是逃避、接受与改变这三者。周敦颐最喜欢的是莲花。用美好的品质去改变这个乱世，去改变这个污秽的世界。

师：很好，思维总是高一个层次。请坐。（又一生举手）你说。

生：我认为作者在这个地方写莲花用了托物言志的手法，写出了作者对理想人格的追求。

师：是的，这个问题我下面正打算解决呢。同学们，我们理解得还真的是不错，明白了这三者之间的关系。作者写菊花和牡丹是来衬托莲花，这是一种写作的手法，很值得大家来借鉴。当我们明白了这些问题之后，又一个问题就产生了。刚才说"托物言志"的那个同学请站起来，我和你有一个对话，其他同学认真听。我觉得周敦颐太麻烦，你想要做君子，就直接说呗，我既不想当陶渊明，也不想大富大贵，就想做个君子，为社会做贡献，不追求名不追求利，这样别人一看多清楚、多明白啊。为什么还要绕着弯儿地弄一个菊花、弄一个牡丹？你回答我，孩子。

生：这个地方，它表现的是对理想人格的追求。

师：我说的那样也是对理想人格的追求，而且更直接，这样不好吗？为什么要拐着弯儿说？

生：这样写是对理想人格的肯定。

师：我这也是对理想人格的肯定啊，我也没否定。（台下听课教师笑）

生：有了前面的反衬之后显得他这个人格更加高尚。

师：直接写就不能凸显人格的高尚吗？老师故意和你较真儿，其实这里面有一个问题啊。

（有生举手，师请他回答。）

生：我认为这个地方不可以直接写出来，因为他即使不喜欢归隐，也不喜欢大富大贵，他也不能直接说，他毕竟要对先人保持尊重，不能直接骂先人。

师：不是。（大笑，台下也笑）有很多古人是很直接的，"不戚戚于贫贱，不汲汲于富贵"，这就是陶渊明说的！

（师指另一生回答）

生：老师，我认为他写三种花的时候有不同的情绪，对于自己喜爱的莲花是赞美的情绪，在写牡丹时有反感抨击的情绪，写菊花时对陶渊明是很惋惜，认为陶渊明应该和他一样站出来反对这个世俗，让菊花变得和莲花一样，反对牡丹。

师：（笑）陶渊明那个时候早死了。请坐。

（师指另一生回答）

生：直接讲出来没有人相信。

师：委婉讲就有人相信了吗？

生：如果他直接说的话，别人就认为他说的是空话。

师：请坐，思路错了，不能顺着这条思路往下走。我刚刚为什么和说"托物言志"的同学对话？

（另一生举手，师指其回答。）

生：因为题目是"爱莲说"，要从莲花入手来写出他的想法，写自己想要做君子的人格。

师：有点儿道理，但是我可以改题目。请坐。

（指另一生回答）

生：首先，作者是爱莲花，从题目"爱莲说"可以看出这一点，整篇文章是表达对莲花的一种赞美，他想立志成为莲花一样的人，成为一个君子。

师：你们的思路都出现了偏差。作者运用了文学的手法。（生做笔记，师板书：文学手法）这种文学手法是什么呢？就是刚才那位同学说的"托物言志"。（板书：托物言志）文学之所以是文学，就在于不直接说，要借助意象来表达情感，这是文学艺术手法所特有的。同学们在语文课上学习文学作品，要把握住

文学作品特征。读文学作品，要把握它的表面含义和深层含义。（板书：表层含义和深层含义）

（生做笔记）

师：下面我们把这篇文章再读一遍。（生齐读课文）

师：你们只是在读，没有把情感读出来。

（一生有感情地朗读课文。师范读"莲之爱，同予者何人"，抑扬顿挫，很有感情，生鼓掌。）

师：好，这节课我们就上到这儿。给大家布置个作业：文章中"之"字出现好几次，回去查一查都是什么意思。下课，同学们再见！

（注：教学实录略有删改。）

叶圣陶先生提出"教材无非是个例子"，而于漪老师说"教材不仅仅是例子"，从两个角度阐述了课文的不同功能。教师要深入研读教材，充分发挥其作用。正如程翔老师说："要教好语文，没有对文本的准确、深刻理解是不行的。教师首先要对文本理解到位。所谓到位，就是准确。这并不是一件容易做到的事情。很多表面看似好懂的课文，其实很容易出现理解上的偏差。所以，教师心中没几篇或者十几篇参考文献做支撑是不能站上讲台的。还有，课本文体多样，学生兴趣不一，教师要辩证处理作者写作目的与语文教学目标的关系，辩证处理学生兴趣与语文教学目标的关系，避免把语文课上成非语文课。这就要求语文教师有一双语文的眼睛，善于准确锁定课文的语文功能，教好这个'例子'。所谓深刻，就是透过表面看到本质，不被文字表面内容所迷惑，善于区分'表层含义'和'深层意蕴'。另外，要把握好度，并非越深刻越好。教师上课的目的不是显示自己的理解多么深刻，而是引导学生自主理解，提高学生的思维品质。"[①]据此，教师要由表及里，理解教材，发现"例子"的语文要素，突出其实用价值。程老师还说："我们

① 程翔．长在语文课堂［M］．北京：语文出版社，2023：55.

的语文教学应该是普遍性和民族性的结合，是实用性和文化性的统一。语文教学，说到底是从语文的角度给学生奠定一个文化的底子。"①而于漪老师说："教语文，必须站在文化的平台上。……讲语言，必然与文化血肉相连。语言本身是一种工具，但同时，它又是一种文化，一种语言是一种文化的承载体，对于培育民族精神、孕育民族情结、发扬民族文化有极强的凝聚作用。汉语言文字记载着中华数千年的古代文化，这个'形体'不是无生命的僵硬的符号，而是蕴含着中华民族独特性格的精灵，它本身就是文化。"②由此可见，在抓住语文姓"语"的同时，学语言就是学文化，发挥其文化价值不容忽视。下面结合程翔老师执教的《爱莲说》来探讨课文的不同功能。

先来看程老师从"例子说"的角度，引导学生围绕托物言志的写法，体现语文的工具性，即实用性。这是"用教材教"的具体体现。

一、疏通文意，学得扎实

对于一篇文言文，学习文言词语不可绕行。程老师说："语文教育的文化使命之一，可能更加具体地体现在教师引导学生对古代汉语语言养料的积累和吸收上。"③而吸收的前提是要读顺课文，进而理解字、词、句的意思，积累文言词语，培养文言语感。

程老师说："初读，学生可能连字音都读不准，节奏把握不好。不要紧，反复读，三四遍之后，能基本上顺下来。"④他首先让一位学生读课文，该生字音读准了，节奏把握得很好。那么，是否其他学生都没有问题？他又让另一位学生来读。果然，出现了问题。正是有了问题，围绕问题施教，教学才有了起点和依据。学生相互纠正字音，并对易错字进行书写。程老师就学生书写的笔顺加以纠正。这往往是教师在课堂上忽视的——认为考试不考笔

---

① 程翔.一个语文教师的心路历程［M］.北京：清华大学出版社，2009：199.

② 于漪.于漪全集4：语文教育卷［M］.上海：上海教育出版社，2018：21.

③ 同①：6.

④ 同①：68.

顺。那么，如何让学生规范书写？程老师设置询问情境："前几天有个人问我：程老师，写字为什么要讲究笔顺呢？不讲究笔顺不也能写出这个字吗？怎么回答他？"这样角色代入，学生积极思考，结合"载"字，明白了讲究笔顺对写好字的作用之大。为了让学生重视规范书写，程老师引导学生从现象走向本质——遵循汉字的字理，注意笔顺，须经过规范训练，如此，才能学好语文。写好汉字是程老师主张的语文学理之一。他说："字和词语，是语文能力的'核'，这个'核'不牢固，语文能力就有轻飘之感，必然影响到整个语文的学习。打好语文的基础，首先是打好字、词这个基础。"[1]在读顺的基础上，程老师让学生两人一组对译，相互交流、启发，使每位学生都有机会思考、表达，而后让学生翻译。"学生暴露问题后，会产生纠错的欲望，学习行为就真正发生了。课堂教学，最关键的就是促使学生学习行为真正发生。"[2]学生踊跃发言，纠正翻译的错误，补充解释遗漏的字词，判断句式翻译出"是"，明确"予"字的词性。教师还引导学生用现代词语解释文言词语。经过一番纠错之后，教师再次让两人对译。程老师说："学生没有经历参与、体验、出错、纠错、内化、生成的过程，学生的学习行为没有真正发生。学生只是一个被动接受知识的容器。课堂上学生没有自主学习的时间和空间，更没有消化、吸收、转化的过程。更为严重的是，学生的思维受'标准答案'的束缚，即便以高分升入大学，也不适应大学的学习生活。在以获得'标准答案'为目的的课堂上，学生很难及时消化，只好在课下去做大量的练习题来帮助消化。教师呢，生怕学生对课堂所讲内容消化不了，就布置大量练习题进一步强行消化。这样，学生课上被动听，课下被动做练习题，自主学习的时间和空间完全被挤占了。"[3]而程老师让学生两次对译，全员参与，不断纠错。学生在课上就听懂了、内化了，还需要布置大量作业来强化训练吗？又怎么会出现学生的课余时间被挤占得满满当当的呢？

---

① 程翔.一个语文教师的心路历程［M］.北京：清华大学出版社，2009：5.
② 程翔.长在语文课堂［M］.北京：语文出版社，2023：43.
③ 同②：40.

程老师在课上留出时间让学生自主学习，他们经历了反复阅读，疏通文意，并产生体验。基于此，学生产生了疑问："'中通外直'，为什么翻译成它的茎和干是直的，是通的，而不翻译成正直的品性？"学生熟读课文翻译之后，就达到了"基础语感"的要求，具备了"语义感、语法感、语音感和语用感"，因而透过字面窥视到文字背后的深意，并且敢于提出自己的看法。程老师不仅没有给学生"标准答案"，还告诉学生"没有人说不能翻译成'正直的品性'"。如此，肯定了学生的思维之深。学生会因得到教师的鼓励，而更加积极地参与到课堂中来。有的教师遇到此种情形则会说"这样的答案是零分"，"如此做法，学生内心必然会有波澜，或者尴尬，或者后悔，或者灰心，既抑制了学生的思维，也抑制了学生的情感。有的学生不喜欢回答问题，一个重要原因就是担心出错后难堪。在这样的课堂上，学生的学习行为就很难发生"①。

在程老师的课堂上，学生经由阅读、翻译、体验，在不断接触文字的过程中，渐渐有了觉悟，学习行为真正发生了。而学生提出的问题，正是程老师接下来让学生揣摩的内容之一——"句子的隐含意义"。当然，除此之外，揣摩的内容还包括字词的精妙、深刻含蓄的题旨，以及独具匠心的表现手法等。如此，紧扣语言，透过文字的表层走向肌理，可见程老师引导之妙。

二、细读文句，咂摸品悟

撬动文本，必须遵循学生由浅入深的认知规律。所谓由"表"及"里"，就是理解课文的"表层含义"和"深层含义"。随着学生对文本理解的逐渐深入，学生意会到作者借莲花的外形来表现君子的正直品性。那么，如何把学生的这种理解内化为他们的能力，引导学生由莲花的特征联想到人的正直品质？这就要从表面含义入手，进而探求其深层意蕴。

程老师并没有概念化地讲解，而是引导学生："莲花哪有正直的品性？

---

① 程翔.长在语文课堂［M］.北京：语文出版社，2023：43.

它又不是人。"这一问激起学生的探究欲望。他们将莲花与人建立联系，从感性认识上升到理性的高度——借物喻人，这就是我们说的"高阶思维"。学生理解了这一句的表现手法，是否能够理解文章中具有类似写法的句子呢？程老师追问："在这篇文章中只有'中通外直'可以引申？"于是，学生思维的触角向文本漫溯，把文章中以莲写人的句子一一找出来。当学生把引申义直接说出来时，程老师让学生说出如此理解的依据——字面意思是什么，由字面意思而产生引申义的理由——找出由外形特点到内在精神的联结点。如此，学生就从一景一物中引申出深意，从而形成一种能力，这种能力就是学科素养。如果具备这种素养再去观察景物，他们就会触发与该事物有相似点的主观意念、情思，进而物我合一，见天地，见自我。无论是阅读还是写作，都能自觉地把客观之物与主观之志相融合。

不仅如此，程老师还从古今同义词的角度，拉近学生学习文言文与现代文之间的距离，让学生感受到文言词语的生命力，激发他们学习文言文的兴趣。如理解"不蔓不枝"，从它的反义词"枝枝蔓蔓"入手，创设情境——让学生回忆曾经看到的牵牛花，它攀着东西向上爬，互相缠绕。从牵牛花枝枝蔓蔓地缠绕和攀附其他东西，就把牵牛花依附的特性描述了出来。再去理解"不蔓不枝"，那种没有旁逸斜出的情形就展现出来了。这样，就体会出一个人没有杂念、乱七八糟的想法，"不"字背后的纯洁、正直就被挖掘出来。

文学作品饱含丰富的意蕴。程老师从文章的"表层含义"，抓住学生意会的"引申义"在文字的漩涡中品析，从"形"到"神"，进入"莲花"深处——揭示其"深层含义"。

三、对话文本，以篇达类

当学生的思维徘徊在莲花的外形上时，教师与学生展开对话，引导学生回到引申义的分析上——作者不仅仅是喜欢莲花，而是借莲花来表现一种精神。那么，作者是如何来曲尽其妙的呢？程老师点拨学生："作者通过拟人化的手法表达了对具有莲花一样品格的人的慨叹"，这样的人就是君子。如此，主旨明确了。而主旨的把握，看似水到渠成，可程老师又在这无疑处发问："那当我们明白了这样一个主旨，大家产生问题了吗？"这一问犹如投石激水，学生的思维一下子被激活了，进而提出问题：文章在写莲花的同时，写菊花和牡丹，是不是反衬莲花呢？学生发现了写菊花和牡丹是为了衬托莲花。对于衬托手法，学生的认知只徘徊于肤浅的表面——牡丹象征富贵，菊花代表隐者，莲花则是品行正直的人，而对这三者之间的衬托关系并没有真正廓清。显然，学生思而不得。于是，程老师与学生展开对话，在对话中相机诱导——"陶渊明喜欢菊花，实际喜欢什么？""官场污浊，我躲开还不行吗？""菊花是花中的隐士，隐士在回避什么？"那么，这二者与莲花是如何关联起来的呢？程老师用语文的手段，引导学生用"它既不怎么，又不怎么"这样的句式来分析莲花的特点。学生经过思考，领悟到莲花既不像菊花那样躲避污浊的官场，躲避矛盾，也不像牡丹一样，追求大富大贵，从而把莲花勇于面对、敢于担当的君子人格揭示出来。如此引导，把菊花、牡丹与莲花关联起来。正如程老师所说："教师的作用在于引导学生的旧知与新知建立联系，让学生理解消化新知。……当学生的旧知不足以支撑学习新知的时候，教师的相机诱导就要随之变化，变为一种铺垫。这不仅仅是知识的铺垫，还是过程、方法、情感、态度、价值观的铺垫，还是思维品质的铺垫。"[①] 菊花如隐士，得到自由，洁身自好，回避了当时纷乱的社会；而牡丹是接受富贵；莲花则改变现实。学生理解了三种花处世态度的不同，这种衬托关系不言自明。

至此，学生有了对主旨的把握以及衬托手法的理解，物与物之间的关系，言他物以言"莲"，看似明了了。但文章何以说是"托物言志"呢？程老师这样引导：作者想写自己做君子直接写则可，何必绕弯写菊花和牡丹呢？这在衬托的基础上，又一次把学生引向文本深处。学生的思维进一步发散，纷纷发言，虽有"旁逸斜出"，可教师紧紧抓住语文要素的缰绳——托物言志的笔法，引导学生在文本中来来回回地走。经过千回百转，学生仍不能答出。周敦颐之所以通过对莲的描写曲折间接地来表达，这涉及《爱

---

① 程翔．一个语文教师的心路历程［M］．北京：清华大学出版社，2009：42．

莲说》的文体特点。该文所运用的是中国古代诗文中一种最传统的表达方式——托物言志。托物言志手法是从《诗经》《楚辞》开始的，即作者对自己内心的情感不直接表达出来，而是寄托在某一物上。古代屈原的《橘颂》，陆游的《卜算子·咏梅》，于谦的《石灰吟》，当代毛泽东的《卜算子·咏梅》，茅盾的《白杨礼赞》等都属于此类作品。

当学生思维出现偏差时，教师在思维方向上引导——"文学之所以是文学，就在于不直接说，要借助意象来表达情感，这是文学艺术手法所特有的。同学们在语文课上学习文学作品，要把握住文学作品特征。读文学作品，要把握住它的表面含义和深层含义"。如此，经过教师的归纳提升，学生认识到《爱莲说》是一篇运用托物言志手法的散文，有了理性的认识。"运用比兴寄托的手法，就是在二者之间建立联系。借助描写的表现方式，对喻体的外部形态进行描述；借助比喻的方式把人的内在品格赋予其中，读者在意会的过程中领悟作者的用意。于是就形成了'形'与'神'的关系；描'形'显'神'，即'立象尽意'。作者笔下的'形'受'神'的支配，'写形'是为了'显神'。王国维在《人间词话》中说的'以我观物，故物皆著我之色彩'也有这层意思。明白了这一点，就明白了他说的'一切景语皆情语'的含义。这是欣赏诗歌散文的一个基本规律。"[①]

程老师引导学生学习《爱莲说》托物言志的笔法，正是他"以篇达类"阅读观的体现。叶圣陶先生的"教材无非是个例子"，在该文所显示出的课文功能就是托物言志的写法。而于漪先生说"教材不仅仅是例子"，这体现课文的另一个功能——文化价值。正如朱自清先生说："在中等以上的教育里，经典训练应该是一个必要的项目。经典训练的价值不在实用，而在文化。"[②]因此，课文功能的文化价值同样不可忽视。教学《爱莲说》，需要有古代文化史的知识作为铺垫。在周敦颐之前，菊是君子的象征。周敦颐认为，菊不是君子，隐士不配做君子，因为它不能直面现实。君子要修身、齐家、治国、平天下，须有担当之责，要面对现实。此文指出莲是君子，不可替

---

① 程翔.我的课堂作品（修订版）[M].北京：商务印书馆，2023：351.

② 朱自清.经典常谈[M].北京：中华书局，2009：序.

代。周敦颐是儒家的继承者，儒家有君子文化，教人做君子。那么，如何教出该文的君子文化呢？

教师引导学生理解莲的外形特征，从而领悟君子的内涵："胸怀坦荡，光明磊落，为人正直，具有独立人格，令人敬仰"。作者所描写的莲有深刻含义，读者只有通过表层含义，理解其深层意蕴，才能真正把握作者的写作意图，真正体会到与前面菊花、牡丹所形成的鲜明对比。周敦颐不做隐士，直面现实，这是君子的担当品格。周敦颐不慕富贵，承续道统，蔑视荣华富贵。他赋予莲特有的文化意义。把菊花比作隐士，用牡丹象征功名富贵，把莲比作君子——这是周敦颐的发明。周敦颐之前，文人把菊花作为"君子之花"，而且隐士与君子也无区别。三国钟会作《菊花赋》称菊花有五种美德，为"君子德也"。唐代杨炯写《庭菊赋》"叹其君子之德"。周敦颐在嘉祐八年（1063）五月作《爱莲说》，对菊花的文化含义进行了改造，把菊花由君子之花降格为隐士之花，表明陶渊明不是周敦颐心目中真正的君子；把莲花升格为君子之花，用莲花替代菊花的君子地位。后人说"周家唤莲作君子""茂叔深知君子花"，这的确是周敦颐的创新。这就是《爱莲说》一文在中国文化史上的特殊意义。

周敦颐追求什么呢？他明确告诉读者：要做君子。君子是怎样一种人呢？追溯一下，我们发现"君子"一词早见于先秦典籍。《易经》曰："天行健，君子以自强不息；地势坤，君子以厚德载物。"《诗经》《尚书》中"君子"一词也多次出现。《论语》全书只有 15921 个字，"君子"一词竟出现了 107 次。可以说，周敦颐继承儒家先贤思想，"君子"一词代表了周敦颐心目中理想的人格范式：胸怀坦荡，光明磊落，为人正直，勇于担当，具有独立人格。

综上所述，该文是一篇学习托物言志手法的典范之作。程老师引导学生从表层含义和深层含义入手，找出景物之间的衬托关系，让学生学会文学作品借助形象表达的技法，从而理解曲折委婉、含蓄蕴藉地传情达意的方法，为学生阅读文学作品打下坚实的基础。同时，在语言中熏陶感染，学习古人做人的人格范式——君子人格，给学生打下文化的底子，让人物的崇高精神照亮学生，从而树立人生的标杆。

结构重组

——以《屈原列传》课例为例

教学背景

课例呈现

年级：高二 / 课时：两课时

我教《屈原列传》①

　　我酷爱《屈原列传》，每次读它都内心颤抖。统编高中教材收入《屈原列传》，并与《苏武传》《过秦论》《五代史伶官传序》组成一个单元，置于"传统文化经典研习"任务群之中。教《屈原列传》，不必过多考虑什么"任务群"，而是引导学生认真学习文本本身，要学得扎实，并引发学生对人生和社会深入思考，助力学生成长。下面说说我教《屈原列传》的大体思路。

　　本文节选自《史记·屈原贾生列传》。"列传"二字，张守节在《史记正义》中解释为："其人行迹可序列，故云列传。"这是司马迁首创的人物传记体例，后世多沿用之。学生先读课文，认真看注释。

　　学生读完第一段，我问：屈原什么出身？才干如何？学生回答："楚之同姓，出身高贵，才华出众。"师生进一步交流，屈

---

① 程翔.我的课堂作品（修订版）[M].北京：商务印书馆，2023：328-337.

原并不姓屈，姓芈，学生知道芈月。屈是氏。"楚之同姓"，是说他与王族同姓。这就是出身高贵。才华出众呢？学生很容易找出"博闻强志，明于治乱，娴于辞令"。这是何等人物？国之栋梁也。楚怀王对他怎么样？"王甚任之。"

按说，屈原可以一路顺利，大展鸿图，为国效力，建功立业。接下来的第二段是写屈原顺利的人生吗？

学生带着问题读课文、看注释，然后回答：不是。为什么呢？因为出现了一个小人——上官大夫。为什么说上官大夫是小人呢？中学生接触过小人吗？学生对此是模糊的，现在就来认识一下这个小人。上官大夫嫉妒屈原的才华，"心害其能"。小人，往往嫉妒心强，精于进谗。君子则相反。上官大夫"见而欲夺之，屈平不与"。夺，课文注释为"强取"，合乎逻辑吗？学生说，不合逻辑，因为后文上官大夫说："王使屈平为令，众莫不知。"此处"夺"释为"强行改变"，于义为胜，与"三军可夺帅也，匹夫不可夺志也""舅夺母志"的"夺"相同。这样"屈平不与"的"与"即可释为"赞同"，和《子路、曾皙、冉有、公西华侍坐》中"吾与点也"的"与"同义。"平伐其功"的"伐"与《〈老子〉四章》中"自伐者无功"的"伐"相同。前挂后连，融会贯通。

上官大夫进谗言的水平的确很高。同学们能看出来吗？学生说："非我莫能为"。意思就是说，屈原目无君主。这说到要害处了。君主最忌讳什么？——功高盖主。在楚怀王看来，你屈原有才华，那是我会用人；我不用你，你有天大本事也无处施展。现在你竟敢目无君王，可恶至极！于是，"王怒而疏屈平"。

同学们有什么感想？学生说，上官大夫太坏了，真是一个典型小人。教师及时活跃学生思维：假如换了你，将对楚怀王说什么呢？学生一下子就活跃起来了。有学生说："大王真会用人，屈平大夫宪令写得极好，真乃国之栋梁，楚国之幸也！"这样说，楚怀王高兴，屈原也高兴。这就是君子，不是小人了。同学们再进一步想，如果楚怀王是一位明君，即便上官大夫进谗言，也不会得逞。请两位同学现场扮演一下。于是，两位同学一位扮演圣明的楚怀王，一位扮演小人上官大夫。对话如下：

上官大夫：大王，您让屈平大夫起草宪令，众人皆知，这是您会用人啊。可是屈平目中无人，说别人谁也做不了，只有他才能胜任，这都是他的功劳。

他眼里还有大王您吗？

　　楚怀王：屈原大夫乃国之栋梁，是一位君子，他绝不会说这样的话。我看你是一个小人，嫉贤妒能，挑拨离间，陷害忠良。来人哪，把这个小人给我轰出去！

　　学生演得很好。可惜啊，楚怀王不是明君，是昏君。他没有做任何调查，就相信了上官大夫的谗言。屈原的悲惨命运就此开始了。同学们有问题吗？没有。老师问一个问题：既然上官大夫想要改动宪令，屈原就同意呗，何必得罪小人呢？同学们对此怎么看？

　　教师可以放开让学生发表看法，没有标准答案，但要让学生认识到，屈原坚持自己的治国主张，毫不动摇。人生在世，只要坚守，就会得罪人。得罪君子不碍事，得罪小人有麻烦。若怕麻烦，放弃坚守，那就不是屈原了。同学们记住，上官大夫这种小人，过去有，现在有，将来还会有。诸葛亮在《出师表》中写道："亲贤臣，远小人，此先汉所以兴隆也；亲小人，远贤臣，此后汉所以倾颓也。"结合过去所学内容，融会贯通。

　　有同学问：楚怀王不是对屈原挺信任的吗？为何又听信谗言呢？这需要全面了解楚怀王这个人。同学们看课文第四、五、六、七段，读注释。教师问：本传记还写了楚怀王哪些事情？说明他是怎样一个人？这个人在性格上有什么弱点？此教学环节跳过第三段直接进入第四、五、六、七段的阅读，第三段的学习往后放一放。这有别于传统的教学顺序。

　　学生分组学习，了解楚怀王这个人。教师深入各小组，及时了解学生的学习情况，解答学生的问题。注意，"商於"课文没有注音，教师明确"於"读wū。学生归纳如下：楚怀王受张仪欺骗，是贪婪所致。张仪的鬼话，稍有理性的人都能识破，怀王竟然相信，撕毁了与齐国的盟约。这就是利令智昏。当张仪说是六里不是六百里时，怀王"怒"，"大兴师伐秦"，结果损兵折将，兵败失地。失败后，怀王"悉发国中兵""深入击秦"，遭魏国偷袭，只好撤兵，齐国因怒于楚的失信也不援救，楚国陷入窘境。由此可见，怀王易怒，性格暴躁，缺乏理性，所以他才轻信上官大夫。

　　学生的归纳分析颇为扎实。教师及时引导，楚怀王缺少一种自觉——及时反省。教师问：楚怀王在哪个环节应该反省？学生的思维又一次被激活。他们说：第一，当知道张仪欺骗他之后就应该反省，认识到与齐国断交是错误的，应该立即与齐国修复外交关系，共同对抗秦国。第二，攻秦失败后，应该及时反省，认识到攻秦行为鲁莽，还应料到魏国会偷袭。撤兵后，应主动向齐国道歉，修复关系。但是，楚怀王没有这样做。可见，这是一个缺乏反省的国君。

第五段写秦国割汉中地与楚和好，但是楚怀王"不愿得地，愿得张仪而甘心焉"。由此看出，楚怀王意气用事，极不成熟。相反，张仪的做法令人感动，"以一仪而当汉中地，臣请往如楚"。二者形成鲜明对比。（张仪的行状可以从《战国策·楚策》《史记·张仪列传》中获得更多了解）教师问：张仪之所以敢冒风险进入楚国，勇气来自哪里？学生说，来自对楚怀王及周边小人性格弱点的深入了解。据文献记载，张仪来到楚国，便被楚怀王关入监狱。但是张仪却能够暗中贿赂靳尚，并编造假话迷惑郑袖，让郑袖吹枕边风，使楚怀王放走了张仪。屈原从齐国回来后，进谏怀王"何不杀张仪"，怀王才醒悟过来，想要杀张仪，但为时已晚。第七段写楚怀王听信子兰的话，盲目入秦，结果被扣，最后死在秦国。由此可见，楚怀王极为昏庸，毫无主见。

教师问：《屈原列传》主要写屈原，却用了很多笔墨写楚怀王、顷襄王。这是为什么？学生回答：这是因为楚怀王的昏庸导致了屈原的被疏远。楚怀王、顷襄王与屈原的悲惨命运有密切关系，写屈原，就必须写他们。教师引导，楚怀王贪婪、易怒、轻信、昏庸，疏远忠臣。正因为这样，楚国才江河日下，一步一步滑向深渊。这恰恰说明了屈原是栋梁之材，一旦被疏远，国家就有天塌地陷之祸。这是从侧面写屈原的才干。

以上可以作为第一节课的内容。下面进入第二节，主要学习第三段和第十段，以及最后一段。

学生读第三段，看注释。教师问：这段主要写了什么？学生回答，写了两个方面的内容：（1）屈原创作《离骚》的原因；（2）屈原的伟大人格。这两个方面比较容易总结出来，但仅仅总结出这两个方面还不完整，还有两个方面，即《离骚》一诗的艺术特点和本段所体现的语言特点。教师板书如下：

①屈原创作《离骚》的原因

②《离骚》的艺术特点

③屈原的伟大人格

④第三段的语言特点

其实，学生对已经总结出来的两个方面未必有深刻的认识，教师的引领很重要。"离骚"这两个字是什么意思？"忧愁幽思而作《离骚》""屈平之作《离骚》，盖自怨生也"。这实际上是在讲什么？孔子讲过，"诗可以怨"。这表面上看是在写《离骚》的创作缘由，若再联系"夫天者，人之始也；父母者，人之本也。人穷则反本，故劳苦倦极，未尝不呼天也；疾痛惨怛，未尝不呼父母也。屈平正道直行，竭忠尽智以事其君，谗人间之，可谓穷矣。信而见疑，忠而被谤，能无怨乎"这几句，就能得出一个普遍性的结论："人穷则反本"。这里的"人"，已不是单指屈原一人，而是泛指。这里的"穷"，就是"穷则独善其身"的"穷"，就是不得志。"可谓穷矣"，是说屈原所处的政治环境太恶劣了，小人猖狂，君子受难。正如范仲淹在《岳阳楼记》中所写的那样："阴风怒号，浊浪排空""日星隐曜，山岳潜形""登斯楼也，则有去国怀乡，忧谗畏讥，满目萧然，感极而悲者矣！"这种横向联系，对于打开学生的思维闸门很有意义。

教师进一步联系"盖文王拘而演《周易》；仲尼厄而作《春秋》；屈原放逐，乃赋《离骚》；左丘失明，厥有《国语》；孙子膑脚，《兵法》修列；不韦迁蜀，世传《吕览》；韩非囚秦，《说难》《孤愤》；《诗》三百篇，大抵圣贤发愤之所为作也"的名句，使学生深入体会人生遭遇和文学创作的关系，借用马克思"愤怒出诗人"的名言，引领学生的思维向纵深发展。司马迁深谙文学创作的规律。古今中外文学名著常常是心灵疼痛的结晶。同学们以前学习的《茅屋为秋风所破歌》《梦游天姥吟留别》《琵琶行》《念奴娇·赤壁怀古》《赤壁赋》《卜算子·咏梅》，以后还要学习的《归去来兮辞》等，都是写心灵疼痛的名篇。而同学们的作文呢，往往无病呻吟，流于假、大、空。阅读和写作是一致的，不是割裂的。现在中学生的写作与阅读是割裂的，这是语文教学的一大弊端。

司马迁是如何表述《离骚》艺术特点的呢？"刺"，就是讽刺。"其文约，其辞微，其志洁，其行廉。其称文小而其指极大，举类迩而见义远。"这是指

《离骚》采用了托物言志、比兴寄托的表达方式，也就是"香草美人"的手法。这是屈原作品突出的艺术特色，对后世影响极大。至于屈原的伟大人格，司马迁借用淮南王刘安的话进行了高度赞美（参见班固《离骚序》）。

接下来，教师要引导学生理解司马迁在本段的语言特色。司马迁用诗一般的语言表达了对屈原的敬仰之情。要格外注意本段的句式，有三字句、四字句，还有对偶句；使用了比喻、排比等修辞格。句式丰富多彩，变化繁复，读起来铿锵有力，抑扬顿挫，节奏感极强，充分体现了司马迁杰出的语言修养。

从以上四个方面来理解第三段，学生能受到深刻启迪。教师要让学生多读几遍，教师也可以示范朗读，读出感情来，感染学生。

第八段存在文意前后不连贯的问题，顾炎武在《日知录》、梁玉绳在《史记志疑》中有所论述，当代学者也多有研究，并提出错简、窜入、拼凑等观点。因属于学术研究领域，一时难有定论，故在教学中可以避开。若学生质疑，教师则建议学生课下阅读文献资料来拓展了解，课上不必深究。教师应将教学重点放在对"人君无愚、智、贤、不肖，莫不欲求忠以自为，举贤以自佐；然亡国破家相随属，而圣君治国累世而不见者，其所谓忠者不忠，而所谓贤者不贤也。怀王以不知忠臣之分，故内惑于郑袖，外欺于张仪，疏屈平而信上官大夫、令尹子兰，兵挫地削，亡其六郡，身客死于秦，为天下笑。此不知人之祸也"这些议论的理解上，让学生翻译这几句，锻炼翻译能力。然后，再联系第三段，进一步理解司马迁写《史记》的特点之一就是在记录历史的过程中加进了自己的观点和情感，有大量的议论和抒情。鲁迅评价《史记》是"史家之绝唱，无韵之《离骚》"。

第十段写了一个对话场景。对话的双方是谁？屈原和渔父。此段内容出自屈原作品《渔父》，但学术界有争议。今人黄灵庚《楚辞章句疏证》认为是屈原弟子所作。先以渔父的视角看屈原："屈原至于江滨，被发行吟泽畔，颜色憔悴，形容枯槁。"请一位同学来演一演。弄清"颜色"和"形容"的含义。接下来是渔父的问话。注意此处的"父"读 fǔ，是古人对老年男子的尊称。请一位同学扮演渔父。这是很有意思的课本剧。

渔父：子非三闾大夫欤？何故而至此？

屈原：举世混浊而我独清，众人皆醉而我独醒，是以见放。

渔父：夫圣人者，不凝滞于物，而能与世推移。举世混浊，何不随其流而扬其波？众人皆醉，何不𫗦其糟而啜其醨？何故怀瑾握瑜，而自令见放为？

屈原：吾闻之，新沐者必弹冠，新浴者必振衣。人又谁能以身之察察，受物之汶汶者乎？宁赴常流而葬乎江鱼腹中耳，又安能以皓皓之白，而蒙世俗之温蠖乎？

再改用白话重新对话，比较两种语言风格。教师问：听了屈原与渔父的对话，同学们有何感想？你们内心受到触动了吗？

学生回答：这是两种世界观的碰撞。渔父显然代表了另一种人——不必坚持，不给自己找麻烦，不必显示自己的清高，同流合污就是了。渔父认为屈原不聪明。屈原则坚守初心，宁死也不改变。

教师问：你们受到触动了吗？请举手。学生举手，说：受触动了，屈原这样的人太少了！教师问：你们愿意做这样的人吗？学生说：做不到。教师说：做不到是允许的，正常的。但是，我们要对屈原持什么态度呢？学生说：敬仰。教师问：屈原投江自尽，你赞同他的行为吗？学生说：不赞同，但能理解。教师问：屈原之死有什么意义？学生道：有意义，他照亮了这个世界，用司马迁的话说就是与日月同辉。那么，屈原之死的意义究竟是什么呢？一学生说：清高。另一学生说：是坚守理想，宁死不屈。又一学生说：屈原敢与邪恶势力做斗争，宁死不屈。教师问：如果像渔父说的那样，同流合污了呢？学生说：那就不是屈原了。屈原跳江自尽，说明了黑暗势力的强大，说明了统治者的昏庸无能，说明了屈原对祖国深深的热爱，说明他具有高尚的人格。注意，此处不宜拔高，不要脱离学生实际。学生在未来的人生中会不断加深对屈原之死意义的理解。课堂教学不可能一步到位。教师问：司马迁是如何评价屈原之死的呢？请同学们读最后一段。

太史公曰："余读《离骚》《天问》《招魂》《哀郢》，悲其志。适长沙，过屈原所自沉渊，未尝不垂涕，想见其为人。及见贾生吊之，又怪屈原以彼其材，游诸侯，何国不容，而自令若是！读《服鸟赋》，同死生，轻去就，又爽然自失矣。"

　　教师问：司马迁想表达什么呢？学生说：司马迁非常同情屈原，在汨罗江凭吊时，掉泪了。司马迁想象屈原的"为人"，因为他与屈原有相通之处。可是读了贾谊的《吊屈原赋》和《服鸟赋》之后，司马迁又"爽然自失"了，若有所失。为什么呢？此处有一定难度。教师引导学生明白，贾谊"同死生，轻去就"，与司马迁的人生观相同吗？不同。司马迁接受宫刑、发愤著书也是一种坚守，与屈原的精神实质相同。可是，贾谊则表达了不同的观点。对此，司马迁就似乎有些困惑了，难道自己的坚守错了吗？其实，司马迁一点也不困惑，他只是用这样的表达来引发读者的深思。

　　凡是读了《屈原列传》的人，都会不断思考下去。屈原遇到的小人，在这个世界上没有绝迹。贾谊的人生悲剧也令我们深思。司马迁的个人遭际，更让读者感慨万千。大概贾谊、司马迁与屈原心心相通。《屈原列传》带给我们的思考太多了。对学生而言，这两节课只是一个开端而已。

　　（注：此文略有删改。）

　　程翔老师说："当一篇课文的教学可以用一课时完成时，课的结构与一篇课文的教学过程就呈现同步对应的状态；当一篇课文的教学大于一课时的时候，就要把课文分解为几个课时，每一个课时相对独立。"[1]

　　程老师在执教《屈原列传》时，将其设计为两课时：第一节课主要学习第一段和第二段，以及第四段至第七段；第二节课的内容，则主要学习第三段和第十段，以及最后一段。程老师在教学该文时，根据教学需要对该文结构进行了重组，这有别于传统的教学。下面以程老师执教的《屈原列传》为例，试论重组结构的教材处理艺术。

---

[1]　程翔.课堂阅读教学论 [M].杭州：浙江古籍出版社，2005：21.

一、语言与精神共生

程翔老师在《我教〈屈原列传〉》中说："我酷爱《屈原列传》，每次读它都内心颤抖。"我们不禁会想：这是一种怎样的情感呢？这让我想起，程老师在备课时，送报纸的师傅看到程老师在掉眼泪，就问他哭什么，原来他备课太投入了，被课文感动了。由此看来，程老师的备课是真正走进了文本，与文本中的人物产生了情感的联结。只有教师受到了触动，才能引导学生与课文建立联系。正如程老师所说："教师要拉近课文与学生的距离，使学生感觉到，虽然课文诞生的年代离我们颇为遥远，但是课文所表达的情感、思想离我们很近，甚至就是对我们现实生活的观照。也只有这样，学生才会觉得，课文和我有关系，我从课文中得到了教益，这是一篇好课文。"而现实的文言文教学，有的老师对课文的钻研不够深入，往往只关注文言知识的教学，对语言背后蕴含的文化元素蜻蜓点水，标签式地抽取情感因素，"奉送"给学生。难怪学生无动于衷，课堂沉闷。久而久之，学生在教师预设的轨道上按部就班地学习知识，学习并没有真正发生，学生成为知识的容器。

而程老师引导学生从文言文词语入手，一步一个脚印，领会课文中的用词、用句。比如，第二段中的"夺""与""伐"，程老师引导学生前挂后连，融会贯通，在此基础上，翻译并准确理解每句话。比如，"王怒而疏屈平"，教师采用还原的方法，激活学生思维——"假如换了你，将对楚怀王说什么呢？"有学生说："大王真会用人，屈平大夫宪令写得极好，真乃国之栋梁，楚国之幸也！"如此，楚怀王和屈原都高兴。这就是君子之言，而非小人之语了。后让学生分别扮演圣明的楚怀王和小人上官大夫，从而感悟楚怀王的昏庸——听信了上官大夫的谗言。程老师启发学生："既然上官大夫想要改动宪令，屈原就同意呗，何必得罪小人呢？同学们对此怎么看？"学生认识到屈原坚守自己的治国主张，就会得罪人——得罪君子不碍事，而一旦得罪了小人，就会殃及自身。程老师让学生记住："上官大夫这种小人，过去有，现在有，将来还会有。"并联系《出师表》"亲贤远佞"的例子，融会贯通。基于此，学生对小人的认识由模糊而逐渐清晰，上官大夫嫉妒屈原的才华，"心害其能"，小人"往往嫉妒心强，精于进谗""见而欲夺之"，屈原则"不与"。因此，屈原的人生就不顺利了，遭到了楚怀王的疏远。

程老师引领学生由词而句，从文字的外壳走进文本内核，对小人、对君子、对屈原、对司马迁，会触发深深的思考，而这些思考由语言而始，走向学生心灵的远方。

二、阅读与写作相连

程老师说："引导学生认真学习文本，要学得扎实，并引发学生对人生和社会的深入思考，助力学生成长。"[①]"扎实"就是要贴着课文，读通读顺，识其文，解其意。

教学伊始，程老师从文章的出处入手，明确文体，而后让学生读课文、看注释。这是原始理解，继而逐段学习，这是程老师阅读教学的学理之一。理清文章的思路，据此把握文章的内容，进而理解作者的写作意图，这样的教学设计理念在程老师的阅读教学课例中，比比皆是。当然，此篇课文的学习也不例外。如学习第一段，学生读完，教师设问："屈原什么出身？才干如何？"学生有了朗读课文的基础，自然很容易找到相关句子。对第二段的学习，教师设问，然后让学生带着问题读课文、看注释，最后思考作答。比如，对"平伐其功"中"伐"字的理解，教师前挂后连，与《〈老子〉四章》中"自伐者无功"的"伐"勾连起来，进而融会贯通。再比如，归纳课文的事件，以及由事及人的概括，学生分析扎实，由理解文意，逐步挖掘事件背后蕴含的意义。在教师的引导下，学生对楚怀王的昏庸有了深入的理解，并由此得出屈原对辅佐楚怀王不可或缺的重要意义。教师引导学生联系名言以及学过的课文，领会"古今中外文学名著常常是心灵疼痛的结晶"。从而内

---

① 程翔.长在语文课堂［M］.北京：语文出版社，2023：105.

视学生自我的写作，指出当今中学生的写作与阅读不仅割裂，而且就内容来看，也存在"流于假、大、空"的现象。如此，阅读与写作相结合，学生就会省察自我，发心之所感，写心中之痛，从而对自己的写作有更深刻的认识。至于屈原人格之伟大，在《离骚》中，以其特定的托物言志的手法，摇曳多姿的语言魅力，感染学生，教师范读，学生自读，读出感情，进而内化为语文能力。第八段，则重点学习"人君无愚、智、贤、不肖……此不知人之祸也"这些议论语句。教师让学生去翻译，培养他们的翻译能力，并运用鲁迅对《史记》的评价，使学生理解司马迁写《史记》的特点之一是在记录历史的同时，运用议论、抒情来表达自己的观点和情感。

程老师说："学习文言文，我重视集体朗读，一篇课文教下来，少则五六遍，多则十余遍。"[1] "书读百遍，其义自见"，学习文言文尤其要多读，正音、串起来翻译，在此基础上理解，然后组织学生分组讨论。教师深入小组，解答学生的问题，让学生自主归纳，从而走进文章的内里，去触摸作者的心灵。

三、重组结构的艺术

程老师的课堂阅读教学，特别注重文章的结构学习，往往教学思路和文章的思路是一致的。他说："作者的写作思路是阅读教学应遵循的基本依据。教师的备课应把相当的精力放在拎出作者的写作思路上。"[2]

程老师引导学生先学习第一段，设问："屈原什么出身？才干如何？"学生思考后，对屈原的才干有了感知。既然屈原才能过人，为国效力，正常是没有问题的。那么，屈原的人生是否顺利呢？这自然过渡到第二段的学习。屈原因遭到小人的嫉妒而被楚怀王疏远。"夺""与"前挂后连，小人强行改变，以示邀功，可"屈平不与"，引出"非我莫能为"的谗言，上官大

---

① 程翔.敬畏母语［M］.济南：山东教育出版社，2021：271.
② 程翔.一个语文教师的心路历程［M］.北京：清华大学出版社，2009：117.

夫小人的形象已经初露端倪。程老师又以角色代入的方式，让学生与楚怀王对话。学生以贤臣的身份赞扬了屈原才能出众和楚怀王的圣明。还原了人物形象，学生就具体可感了，一个圣明的楚怀王就活画在学生面前了。然而，楚怀王并非如此。高明的程老师带领学生往文本深处又走了一步，问："既然上官大夫想要改动宪令，屈原就同意呗，何必得罪小人呢？"这样从反面引导学生思考，培养学生的逆向思维能力，刷新了学生对"坚守"意义的深刻认识，从而对学生进行人性教育。至此，通过一、二段的学习，学生明白了楚怀王听信小人之言，与屈原疏远了。那么，楚怀王如此做的根源在哪里？课堂跳过第三段，而转入对课文第四至七段的学习，梳理楚怀王之事，由事及人，由人而及人之弱点，层层剥笋，挖掘造成此种后果的根源——楚怀王易怒、性格暴躁、缺乏理性，而不知反省，其昏庸之至，可见一斑。接下来，程老师又从文章的结构出发，问，"《屈原列传》主要写屈原，却用了很多笔墨写楚怀王、顷襄王。这是为什么？"学生把楚怀王、顷襄王与屈原联系起来——"这是因为楚怀王的昏庸导致了屈原的被疏远。楚怀王、顷襄王与屈原的悲惨命运有密切关系，写屈原，就必须写他们。"于是，教师引导："楚怀王贪婪、易怒、轻信、昏庸，疏远忠臣。正因为这样，楚国才江河日下，一步一步滑向深渊。"这抓住了语文课上要培养的学生的关键能力——侧面描写，如此屈原的形象就高大起来了。

以上分析了屈原其人，接下来，教师再引领学生探讨屈原的作品《离骚》，即第三段的学习。

程老师从本段的内容概括入手，训练学生的概括能力。其内容概括为两个方面：一是屈原创作《离骚》的原因，二是屈原的伟大人格。显然，学生没有全面概括，于是，教师引领学生从"离骚"这两个字的意思入手，解读其创作《离骚》的原因——"怨"，并联系孔子的"诗可以怨"，以及课文有关句子，得出"人穷则反本"的普遍意义，由屈原一人推而广之。屈原所处的政治环境与《岳阳楼记》中范仲淹的处境如出一辙。正如北京大学漆永祥教授在《在日积月累中提升语文素养》中说："对整本书阅读来说，'快、准、比、评'可作为阅读的四字诀。快，快速地阅读，但并不是浮光掠影；准，准确把握关键情节与线索，抓住主要矛盾与重点问题；比，比较阅读，可以同篇对比、同书对比、不同书对比，在对比中理解本书的特色；评，对读过的书作出评价，可以评某一点，也可以评整本书。"①对单篇阅读来说，同样可以运用不同篇目进行比较阅读。程老师把两篇文章进行横向比较，可知"怨"是表，"穷则反本"是里，学生的思维被打通。人生遭遇困苦则成就非凡之作，流露内心之痛。教师联系学过的经典之作，激活了学生的思维。而《离骚》的艺术特点，教师紧抓不放——托物言志、比兴写法。还有司马迁写作此文的语言因素——每句三字或四字富有变化，比喻精辟的诗化语言，对偶、排比节奏感强，抑扬顿挫、铿锵有力，富有感染力——这些语言因素的学习，在程老师的课堂阅读教学中无处不见。

如此，程老师先从内容入手，由第一段介绍屈原的才华，引出第二段，遇到小人，以致楚怀王疏远，接着写楚怀王疏远他的原因——叙述其事，见其人，这就是第四至七段的内容。屈原的治国方略不得施展，郁积于心，则"反本"，其内心之痛，诉诸笔端，而成《离骚》——第三段的学习，学生领略到其技法——托物言志和比兴手法。作者司马迁的语言修养是如何呈现的呢？程老师引领学生步步深入。第八段的学习，重点放在议论句子的理解上。先让学生翻译，深入理解，然后，联系第三段中运用议论和抒情表达方式的句子，进一步理解司马迁《史记》的特点之一就是"在记录历史的过程中加进了自己的观点和情感"。对于第十段的学习，教师以课本剧的方式，让学生扮演渔父和屈原，用文言和白话两种方式对话，体会不同的语言风格，由语言而精神，继而让学生对两种世界观进行思辨，受到触动。教师让学生深思，学生是否愿意做屈原这样的人——学生从自身角度，从眼前想到未来，为人生打下了底色。在学生有了思考后，教师进一步追问屈原之死有何意义。学生在与文字的内核撞击中得出屈原的光芒照亮世界，"与日月同辉"。那么，如何让学生感悟到屈原的精神？教师相机诱导——"屈原之死的意义究竟是什么呢？"这为学生打开一扇人生需要"坚守"的大门。对于

---

① 漆永祥.在日积月累中提升语文素养［N］.人民日报，2024-05-17（20）.

屈原的爱国情怀和高尚人格，以及屈原之死的意义，学生在未来的人生道路上，会理解得越来越深刻。如此，让学生感受到学习课文与做人紧密相连，学生的精神世界就会丰盈。作者司马迁写作此文的最终目的何在？教师引导学生品析"爽然自失"，引发学生思考：司马迁接受宫刑、发愤著书也是一种坚守，与屈原的精神实质相同。

整堂课上，程老师以重组的结构，由内容而形式，即经由以事写人，由人而学习语文要素，最后回归"润心"。这符合学生由感性认识到理性认识的规律。教师带领学生深入文本内里，挖掘出《屈原列传》这篇文言文的工具性、人文性和民族性，让屈原精神陪伴学生一生，从而为学生打下精神的底子。

在朗读中理解

——以《离骚（节选）》课例为例

年级：高一 / 课时：两课时

《离骚（节选）》教学设计 ①

一、阅读注释，导入文本

让学生认真阅读课文注释①，了解以下内容：（1）屈原曾任左徒和三闾大夫，曾是楚国栋梁。（2）《楚辞》是《诗经》之后的又一部诗歌总集。（3）《离骚》是《楚辞》中的杰出代表，是我国古代最长的抒情诗，全诗 373 句，2490 字。（4）"离骚"二字的含义。

二、介绍生平，做好铺垫

这个环节不是可有可无的。它是理解《离骚》诗句的基础。对屈原生平事迹的介绍，要注意把握好角度，突出他原本是国家重臣，才能卓越，但受奸臣陷害，被楚怀王疏远。后又被顷襄王

---

① 程翔．我的课堂作品（修订版）[M]．北京：商务印书馆，2023：211-218.

流放，最后投汨罗江而死。中华传统节日端午节就是为纪念屈原而设立的。

三、初读课文，进入文本

可能有少数学生课前读过《离骚》，但绝大多数学生是首次阅读。这是原始阅读。因此，让学生认真阅读课文就显得非常重要。学生读完了，教师让学生说一说阅读体会，比如能读懂多少，有多少生字。节选的这两段，有以下字词会让学生感到生疏：婷、轨羁、谇、蕙缠、茝、逐、攘诟、偭、怵、郁邑、侘傺、溘、鸷、圜、芰荷、岌岌。要结合注释，会读，并理解在诗中的意思。在此基础上，集体朗读一遍。以上属于"疏通式朗读"。

四、研读文句，深入文本

理解文句含义是本课的基本任务。"长太息以掩涕兮，哀民生之多艰。"这是说自己内心有辛酸事，受到了严重伤害，于是掩面擦拭泪水。不要将这里的"民"理解为"百姓"。民，人也。民生，就是人生。"兮"字在诗中大量出现，是一个虚词，相当于"啊"。那么，屈原为什么认为人生多艰呢？下面他做了解说："余虽好修婷以轨羁兮，謇朝谇而夕替。"我对自己的道德修养要求很高啊，可还是因为"谇"被贬斥。谇，读 suì，是谏诤的意思，可以解释为"直言规劝"。替，就是贬斥的意思。屈原对国君直言规劝，不留情面，国君无法接受。有的学生可能会说，为什么直言规劝，委婉一点不行吗？可先请学生回答。俗话说，"爱之深，责之切"。引导学生思考父母批评自己的时候，一般是委婉呢，还是直言呢？我相信是直言。直言规劝是屈原忠君爱国的表现，反而遭贬斥。司马迁为屈原抱不平，他在《屈原列传》中写道："信而见疑，忠而被谤，能无怨乎？"屈原被冤枉，所以才"长太息以掩涕兮，哀民生之多艰"。

接下来，他写道："既替余以蕙缠兮，又申之以揽茝。"这两句的意思请学生翻译成白话：既因为我用香蕙做佩带而贬黜我啊，又因为我采集芳芷而给我加上罪名。屈原弄这些东西干什么呢？是不是有点怪癖？这是屈原在诗歌中创造的一种手法，即"香草美人"的手法。诗中的蕙、茝是香草，比喻美好的品德和才干。美人，代表美好的理想，也比喻君王。可以说，"香草美人"是文学符号，有特定的含义。既然别人反对你这样做，那你屈原就别弄这些花花草草不行吗？屈原说："亦余心之所善兮，虽九死其犹未悔。"屈原很执着。这两句是千古名句，请学生说一说。做人要有所追求，有执着的追求。"灵修"就是国君，指楚怀王。国君是什么态度呢？"怨灵修之浩荡兮，终不察夫民心。""浩荡"就是没有准则，来回改变。从这句诗中，我们推测，楚怀王对屈原时好时坏，坏的时候多。大臣是什么态度呢？"众女嫉余之蛾眉兮，谣诼谓余以善淫。"这显然是用了比喻的手法，拿宫女之间互相嫉妒争宠比喻众臣嫉妒屈原的美德和才干。"蛾眉"，用来比喻女子的美貌。谁最貌美，谁就最遭嫉妒；谁的才干最突出，谁就最可能被嫉妒。败坏美女最有效的方法就是说她淫荡，打击有才干的人最有效的方法，就是说他骄傲自大。在这里，屈原以形象的手法，用宫廷女子争宠作比喻，表达了对奸佞小人诬陷攻击的强烈愤慨！我们翻开司马迁写的《屈原列传》，会读到这样一段内容："上官大夫与之同列，争宠而心害其能。怀王使屈原造为宪令，屈平属草稿未定，上官大夫见而欲夺之，屈平不与。因谗之曰：'王使屈平为令，众莫不知。每一令出，平伐其功，曰以为"非我莫能为"也。'王怒而疏屈平。"这不就是"众女嫉余之蛾眉兮，谣诼谓余以善淫"最有力的证据吗？这些小人用最卑劣的手段来打击自己，屈原感到极大的愤怒。楚怀王是非不分，更让他求助无望。他就在这样的心情下开始写作《离骚》。

国君和臣子是这样令屈原失望和愤怒，那么一般人是什么态度呢？"固时俗之工巧兮，偭规矩而改错。背绳墨以追曲兮，竞周容以为度。"先请一位学生来翻译：世俗之人本来就善于投机取巧啊，人们违背规矩而任意改变措施，背离准绳而追逐邪曲啊，竞相把苟合取悦于人奉为法度。"偭规矩""背绳墨""追曲""竞周容"，这就是世俗社会的表现，邪恶充斥着这个社会，令屈原十分失望！屈原就生活在这样的环境之中。他在《渔父》中说："举世混浊而我独清，众人皆醉而我独醒，是以见放。"启发学生思考：老师读这些句子有时想哭，同学们有没有这种情感？有的举手说一说。屈原生活在这样恶劣的环境中，他感到"忳郁邑""侘傺"。这里要注意，屈原善于运用双声、叠韵、叠字词语，以增强诗句的表达效果。屈原感到"穷困"了。什么叫"穷困"？走投无路。一般人遇到这样的情况就会改变自己。屈原也可以改变自己，有人就这样劝他："夫圣人者，不凝滞于物，而能与世推移。举世混浊，何不随其流而扬其波？众人皆醉，何不铺其糟而啜其醨？何故怀瑾握瑜，而自令见放为？"屈原在《离骚》中写姐姐女媭劝他说："女媭之婵媛兮，申申其詈予，曰：鲧婞直以亡身兮，终然夭乎羽之野。汝何博謇而好修兮，纷独有此姱节？"再次启发学生：老师读这些句子又想哭，同学们有没有这种情感？有的举手说一说。

屈原面对人生的困境，可以选择同流合污，而且肯定会得到国君的欢迎。但是，他没有那样选择。他这样说："宁溘死以流亡兮，余不忍为此态也！"他非要坚持自己的追求，哪怕毁灭也在所不惜。孔子在《论语》中说过一句话："不曰坚乎，磨而不磷；不曰白乎，涅而不缁。"意思是真正坚硬的东西磨了以后不变薄，真正洁白的东西染了以后不变黑，比喻意志坚定的人不会受环境影响。屈原在《橘颂》中说"苏世独立，横而不流"，就是其光辉人格的写照。人的生命意义分为两种：生物意义和人格意义。屈原的穷困，不是生物意义上的，而是人格意义上的。屈原的选择同样是人格意义上的。他选择了一条最为艰难的道路，这是一条通往毁灭的道路。他没有选择明哲保身，没有选择向权力低头，没有选择向世俗屈服，没有选择苟且偷生。他选择了"站立"！屈原的一站，就成了中国古代伟大人格永恒的泰山！他的选择使得中国文学有了灵魂！李白这样评价屈原："屈平辞赋悬日月，楚王台榭空山丘。"

请学生朗读后面的几句，练习"感情式朗读"。"鸷鸟之不群兮，自前世而固然。何方圜之能周兮，夫孰异道而相安？屈心而抑志兮，忍尤而攘诟。伏清白以死直兮，固前圣之所厚。"朗读时，注意高低、疏密、虚实、升降、颤音、延长音的处理。

五、个性阅读，交流解惑

"悔相道之不察兮，延伫乎吾将反。"悔，就是悔恨。前一段写"九死未悔"，这里却写"悔"。屈原后悔什么？"相道之不察"，就是没有看清道路，结果走错了路。错在哪里？不该那么执着吗？请学生从课文中找到根据来回答。

参考各家注本，对此解释众说不一。从"进不入以离尤兮，退将复修吾初服"可以推知，悔的是"进"，就是从政。不该从政，这条路不适合自己。屈原觉得自己陷得深不深呢？不深。"回朕车以复路兮，及行迷之未远。"他没有同流合污。这话我们好像在哪里见过？陶渊明《归去来兮辞》中有"实迷途其未远，觉今是而昨非"。陶渊明化用了屈原的句子。既然这样，那就独善其身吧，回到最初的我。请学生选出自己喜欢的句子，与同桌交流，然后请代表发言谈一谈。可选的句子有：

（1）"制芰荷以为衣兮，集芙蓉以为裳。""高余冠之岌岌兮，长余佩之陆离。"从屈原的奇装异服看他对特立独行品格的追求。

（2）"不吾知其亦已兮，苟余情其信芳。""芳与泽其杂糅兮，唯昭质其犹未亏。"不求别人理解，只求内心美好，谈屈原做人的原则和审美标准。

（3）"忽反顾以游目兮，将往观乎四荒。"似乎有留恋，又决心离开，内心很复杂。

（4）"佩缤纷其繁饰兮，芳菲菲其弥章。民生各有所乐兮，余独好修以为常。"坚持独立人格。

（5）"虽体解吾犹未变兮，岂余心之可惩？"宁死不屈的精神。

询问学生有没有不懂的问题。"芳与泽其杂糅兮"中的"泽"，历来有两种解释：一是"芳"与"泽"都比喻美好品质；二是"芳"比喻美好品质，"泽"比喻污浊的东西，形成对比。

学生朗读第二段。

对本段的学习，以学生自学、交流为主。教师不必串讲，鼓励学生提出问题，教师点拨。

六、拓展讨论，开阔思路

拓展内容：（1）在朗读本诗的时候，有没有被感动？（2）你愿意做这样的人吗？（3）屈原以死抗争，你觉得值得吗？

教师的关注点不能只限于感动的学生，还要关注不感动的学生。在这个时候，不感动的学生可能是体现语文教育作用的对象。对于不感动的学生，教师可与其对话，了解不感动的原因，然后适当引导。教育的艺术在此体现得最为明显。教师要允许学生不感动，也要允许学生不做屈原这样的人，但是要让学生对屈原心怀崇敬。估计有的学生会说"不值得"。教师先不要发表意见，而是把讨论引向全体学生。估计会有激烈的争论。通过争论，教师引导学生全面把握和理解屈原。然后，教师做如下讲解：屈原之死叫作殉道，不是一般意义上的自杀。在中国古代诗人中，有一类比较旷达，像苏东坡，当他遭到打击时，他说"莫听穿林打叶声，何妨吟啸且徐行"；像张孝祥，他说"尽挹西江，细斟北斗，万象为宾客"。这一类诗人无论遇到怎样的苦难，总能使自己从精神上解脱出来。还有另一类诗人，与此相反，他们宁肯忍受苦难也不肯放弃，明知无济于事也要坚持，哪怕牺牲生命也不改初衷。比如李商隐说："春蚕到死丝方尽，蜡炬成灰泪始干。"比如韦庄说："妾拟将身嫁与，一生休。纵被无情弃，不能羞。"比如柳永说："衣带渐宽终不悔，为伊消得人憔悴。"他们在用情的态度上固执到了极点，使人感动，使人无可奈何，使人肃然起敬。如果对这两类诗人作品的感情态度追根溯源的话，我们就会发现，前一类诗人大概出于《庄子》，后一类诗人大概出于《离骚》，出于屈原。屈原追求高远完美的理想，但是难以达到。然而正是因为有了这样的追求，人类才有希望。最可悲的莫过于所有的人都放弃了追求，就像陶渊明在《桃花源记》结尾所说的那样，"后遂无问津者"，那才是最可怕的事情！在中国历史上，没有哪一位诗人能够像屈原这样具有如此强大的精神感召力。他在《离骚》中写道："路曼曼其修远兮，吾将上下而求索。"这已经成为中华民族的伟大精神，千百年来一直激励着我们披荆斩棘，勇往直前！

（注：此文略有删改。）

程翔老师说："诗歌教学应重在感染，唤醒学生的心灵，激发学生精神生命的意识。师生通过默读、朗读、诵读，来感受作者的生命之脉；通过涵泳、揣摩去体悟语言符号所蕴涵的生命意象。进而要求学生牢记在脑子里，融化到血液中，成为自己生命里的一部分。"①《义务教育语文课程标准（2022年版）》指出："诵读古代诗词，阅读浅易文言文，能借助注释和工具书理解基本内容。"下面，结合程老师执教的《离骚（节选）》来谈谈如何引领学生在朗读中理解诗歌意蕴。

一、疏通式朗读，登堂入室

程老师说："朗读既是一种训练，也是读者表达理解的一种形式。这种形式是读者借助声音将内在的理解外化，通过空间进行传递，使听者受到启发、熏陶和感染。"②

上课伊始，程老师让学生认真阅读课文。这样，教学从原始阅读开始，继而产生原始体验。学生有了体验，再让他们说一说阅读体会，总会读懂一些。而为了让学生深入理解诗中的生疏字，程老师要求学生掌握如下词语："婀、轪羁、谇、蕙纕、茝、诼、攘诟、侘、忳、郁邑、佗傺、溘、骛、圜、芰荷、岌岌"，做到会读会解释。其数量之多，可见一斑。他曾呼吁："我们现在的语文教育，应该对字、词学习的数量有明确要求，学生达到了这一要求，就视为字、词过关了，否则就必须补课。"③学生在掌握了读音、词意之后，再去朗读课文，就会有新的感受——屈原面对权贵的戏弄，理想的破灭，情郁于中而发之于外的愤慨。于是，就为下面理解文句的深刻含义做了铺垫。程老师说："我们在阅读这些优美诗文的同时，也是在认识和感受中华民族的精神品质，对于培育学生美好的心灵具有不可替代的作用。"④

因此，疏通式朗读，是深入文本的必由之路。切不可眼高手低，课堂上一路狂奔，只顾往深处走，结果学生不知所云。由字及词，由词及句；解得

① 程翔.语文人生［M］.北京：人民教育出版社，2003：110.
② 程翔.课堂阅读教学论［M］.杭州：浙江古籍出版社，2005：148.
③ 程翔.一个语文教师的心路历程［M］.北京：清华大学出版社，2009：5.
④ 同③：7.

词意，方可登堂入室，进而才会发现文本的秘妙。

二、感情式朗读，师生共情

程翔老师说："课堂是学生生命历程的一个阶段，学生的生命表现形式通过课堂行为表现出来。"① 无独有偶，叶澜教授在她的《让课堂焕发出生命活力》一文中指出："课堂教学应被看作师生人生中一段重要的生命经历，是他们生命的有意义的构成部分。对于学生而言，课堂教学是其学校生活的最基本构成部分，它的质量，直接影响学生当前及今后的多方面发展和成长；对于教师而言，课堂教学是其职业生活的最基本的构成部分，它的质量，直接影响教师对职业的感受、态度和专业水平的发展、生命价值的体现。总之，课堂教学对于参与者具有个体生命价值。"②

程老师引导学生理解文句，并理解句中的词语，比如，"民，人也。民生，就是人生"；"兮"字是诗中的高频词，相当于"啊"。透过诗歌的字里行间，屈原的情感在每一个汉字间涌动。那么，如何引领学生感受这种情感？程老师为学生一边翻译，一边解析。比如，"长太息以掩涕兮，哀民生之多艰"，屈原人生艰难的原因何在？由这一句而引出对下文诗句的解析：屈原的直言劝谏——"余虽好修姱以鞿羁兮，謇朝谇而夕替"；屈原的美德才干——"既替余以蕙纕兮，又申之以揽茝"；屈原的执着追求——"亦余心之所善兮，虽九死其犹未悔"。教师从以上三个方面引领学生深入文本，并联系学生实际，屈原之所以没有委婉规劝而是直言，正如父母批评孩子一般。进而让学生思考，为什么父母批评自己时一般是直言呢？学生脑海里会浮现父母批评自己的场景，理解父母的爱与责任。如此，屈原的一腔爱国忠心就进入了学生心中。这种爱国情感并非稍纵即逝的，虽遭怀王疏远、群臣嫉妒诽谤，但他不改初心。教师让学生去说，理解做人要有执着的追求——坚持正念，矢志不渝。诗歌中屈原并没有直白抒情，而是借助"香草美人"

① 程翔.一个语文教师的心路历程［M］.北京：清华大学出版社，2009：99.
② 叶澜.让课堂焕发出生命活力［J］.教育研究，1997（9）.

的象征手法，让学生在花草映衬中，在美好意境中，感受诗人的理想追求。以"众女"争宠来比喻众臣嫉妒屈原的美德和才干，以"蛾眉"比喻女子美貌。貌美就遭嫉妒，才干突出更会遭嫉妒，"善淫"则可以有效败坏美女，"骄傲自大"可以有效打击有才干的人。屈原用如此形象的比喻，用宫廷之女争宠比喻奸佞小人诬陷攻击，学生就感受到屈原的愤慨了。不仅楚怀王"浩荡"——来回改变，众臣攻击，连一般人都"偭规矩""背绳墨""追曲""竞周容"，社会充斥邪恶，屈原十分失望！如此环境之下，屈原"举世混浊而我独清，众人皆醉而我独醒，是以见放"。

课堂到这里，师生情感的蓄水池已充斥每一个细胞。程老师说："老师读这些句子有时想哭，同学们有没有这种情感？有的举手说一说。"学生把握了作者运用的双声、叠韵、叠字词语，情感的表达可见一斑。程老师为了让学生内化这种情感，又引用他人规劝的话再次启发学生："老师读这些句子又想哭，同学们有没有这种情感？有的举手说一说。"程老师的两次"想哭"是走了作者的心灵，这种情感必然感染学生。"据说郭沫若诗情发作时，全身颤抖，激动难已，就地打滚，有一种不吐即死的生命渴望。我们读他的《女神》及《雷电颂》就能感受到这种强烈的生命的脉搏。"[1] 显然，程老师走进了诗歌，俨然把自己当成了作者，与作者同呼吸共命运。叶澜教授说："每一个热爱学生和自己生命、生活的教师，都不应轻视作为生命实践组成的课堂教学，从而激起自觉上好每一节课，使每一节课都能得到生命满足的愿望，积极地投入教学改革。……我们把教学改革的实践目标定为探索、创造充满生命活力的课堂教学，因为，只有在这样的课堂上，师生才是全身心投入，他们不只是在教和学，他们还在感受课堂中生命的涌动和成长；也只有在这样的课堂上，学生才能获得多方面的满足和发展，教师的劳动才会闪现出创造的光辉和人性的魅力，教学才不只是与科学，而且是与哲学、艺术相关，才会体现出育人的本质。"[2]

---

① 程翔.语文人生［M］.北京：人民教育出版社，2003：109.
② 叶澜.让课堂焕发出生命活力［J］.教育研究，1997（9）.

叶澜教授的观点与程老师不谋而合。程老师的课堂有一种感悟生命意义的体验，这种体验往往是突发的、生成的。

程老师总结："他没有选择明哲保身，没有选择向权力低头，没有选择向世俗屈服，没有选择苟且偷生。他选择了'站立'！屈原的一站，就成了中国古代伟大人格永恒的泰山！他的选择使得中国文学有了灵魂！"学生基于对文句含义的理解，在接下来的朗读中，注意高低、疏密、虚实、升降、颤音、延长音，饱含感情，"以声求气"，不仅读出了诗人的悲伤、坚定，跌宕起伏的情感波澜，触摸到了诗人的爱国情怀，还依稀看到屈原走投无路的决绝，体会到了诗人选择的艰难道路。程老师这一环节的设计，让师生都沉浸在伟大灵魂的情感场之中。至此，课堂达到了高潮，

三、思辨式朗读，怦然心动

在拓展环节，程老师设计的拓展内容之一，是让学生思考——朗读本诗后有无感动，并引导学生由不感动到感动。程老师认为经过教师的引导，学生要是不感动，就要了解不感动的原因，并加以引导。当然，要允许学生不感动。正如程老师说："学生智力上的个性差异不能超越"①。因此，要允许学生不做屈原这样的人，但是总体上要引导学生学习屈原的爱国情怀和坚守的定力，从而产生对屈原的崇敬之情。正如于漪老师所说："语言不是无情物，教师要善于把课文中无声的文字通过有声的语言传递到学生心中。诗与文都是情铸成，教师备课深味文中情意，受熏陶感染，有真切体会，教课时情注其中，文字就不是无生命的符号，而是有血有肉，能给人以启示，以鼓舞，以力量。感人心者，莫先乎情。"②程老师深谙此道。为了真正让学生感动于心，他针对有学生认为屈原之死"不值得"的现象，组织学生讨论，培养他们的思辨能力，去伪存真。教师在学生的思辨中相机诱导，从而使学生走进

---

① 程翔.敬畏母语［M］.济南：山东教育出版社，2021：157.
② 于漪.于漪语文教育论集［M］.北京：人民教育出版社，1996：139.

屈原的内心世界，全面理解屈原。基于学生思维认识的局限性，教师讲解中国古代的两类诗人：一类是总能在苦难中得以解脱的具有旷达心胸的诗人；一类是忍受苦难，不改初衷，在用情的态度上固执到极点，令人肃然起敬的诗人。前一类出于《庄子》，而后一类则受屈原的影响——追求理想，虽不能至，但心依然在"求索"。至此，鼓励学生在学习和生活中"披荆斩棘，勇往直前"。

教师以学生朗读而触发的感动为切入口，对没有感动的学生加以引导，体现了程老师高超的教学艺术——在争论中理解，进而打开学生视野：豁达是一种境界；拧住不放，同样令人尊敬。如此，学生通过朗读，进入了深层阅读。从开始的自读，到疏通式朗读、感情式朗读，进而到思辨式朗读，层层进阶，步步深入。每一次朗读，有不同的收获：文字表层——辨字正音，文字肌理——得意于心，文字内核——蕴含深情，文字之心——思辨出理，如此，螺旋上升，学生进入诗人营造的意境中。

综上所述，程翔老师在诗歌教学中以朗读为抓手，并将其贯穿于课堂始终。他带领学生在朗读中扫除障碍，在朗读中体验、感受，在朗读中领悟、揣摩，最后登上思辨的高峰，即高阶思维。学生进入课文，习得文言词语，积累含蓄蕴藉的句子，抓住"香草美人"的象征手法，体会屈原强大的精神感召力。整堂课，语言和精神共舞，工具与人文齐驱，体现了程老师高超的教学艺术。

第三辑

写作
课例探析

拆解拼合

——以《写作课设计：脉络句训练法》课例为例

年级：高二 / 课时：两课时

写作课设计：脉络句训练法 ①

　　中学生的写作训练主要由三部分组成：立意训练、语言训练和章法训练。立意训练主要是寻求好的命意，做到新颖、深刻。我们的立意训练普遍存在着"成人化"的问题，积弊深固，殊难改观。语言训练需要长期实践，不能短时奏效。相比之下，只有章法训练可以在短时间内见效。

　　文章的章法指的是文章的结构艺术，其内容非常丰富。本文主要介绍一种最为基本的，同时也是容易见效的章法训练模式：脉络句训练法。

　　无论何种体裁的文章，都有一个贯穿始终的脉络，我们把它叫作"文脉"。体现文章脉络的句子就叫作脉络句。有体现整篇文章的脉络句，也有体现一个段落的脉络句。脉络句有两种表现形式：显性脉络句和隐性脉络句。显性脉络句，往往是一个个具

---

① 程翔.我的课堂作品（修订版）[M].北京：商务印书馆，2023：238-248.

体的句子，把这些句子摘出来，连接在一起，可以看出它们起着贯通全文或者全段的作用。这些句子有的长，可能有几十个字；有的短，可能只有一两个字。在叙述性的文章中，脉络句交代时间的变化；在议论性的文章中，脉络句体现思维的逻辑性；在说明性的文章中，脉络句表现空间的转换。隐性脉络句不能直接摘出来，它隐含在文意的转换之中，但可以总结归纳出来。

脉络句的使用在我国古代文章中是十分普遍的。钱钟书先生在《管锥编》中谈到《左传·昭公五年》使用"可乎""可""何故不可""何不可之有"时指出："此节文法，起结呼应衔接，如圆之周而复始。"刘勰在《文心雕龙·附会》中说："何谓附会？谓总文理，统首尾，定与夺，合涯际，弥纶一篇，使杂而不越者也。若筑室之须基构，裁衣之待缝缉矣。"他又说："凡大体文章，类多枝派。整派者依源，理枝者循干。是以附辞会义，务总纲领。驱万涂于同归，贞百虑于一致，使众理虽繁，而无倒置之乖，群言虽多，而无棼丝之乱；扶阳而出条，顺阴而藏迹；首尾周密，表里一体：此附会之术也。"可以说，刘勰是我国文章学史上第一个系统论述文章结构的文章学家，也是第一个涉及脉络句的学者。

古代文章中运用脉络句的例子比比皆是。以《过秦论》为例，其表示时间的脉络句为：

（1）秦孝公据崤函之固，拥雍州之地，君臣固守以窥周室，有席卷天下，包举宇内，囊括四海之意，并吞八荒之心。

（2）孝公既没，惠文、武、昭襄蒙故业，因遗策，南取汉中，西举巴、蜀，东割膏腴之地，北收要害之郡。

（3）及至始皇，奋六世之余烈，振长策而御宇内，吞二周而亡诸侯，履至尊而制六合，执敲扑而鞭笞天下，威振四海。

（4）始皇既没，余威震于殊俗。

这些句子体现了贾谊构思文章时的思路。作者沿着这样的思路去写，有条不紊；读者顺着这样的思路阅读，清楚明白。这是显性的脉络句。

《兰亭集序》一文中，作者用了"乐""痛""悲"三个字，就把全文的感情发展脉络表现得清清楚楚。当然，这三个字容易被忽略，这可算是半隐性的脉络句。

再看《前赤壁赋》。开头一段写江月美景，然后用"于是饮酒乐甚，扣舷而歌之"承接过来。然后写吹洞箫者"其声呜呜然"，转入悲戚，由此引出"苏子愀然"后的问话，接着引出了客人之语，由此进行了主客对话。这就好比有一根藤贯穿下来，这根"藤"就是"美景—乐甚—歌之—和之—对话—苦短—人生相对论"。这就是作者的写作思路。

在近现代文章中，使用脉络句也是很普遍的，而且更加成熟。比较典型的是鲁迅的《记念刘和珍君》：

（1）我也早觉得有写一点东西的必要了……

（2）可是我实在无话可说。

（3）忘却的救主快要降临了罢，我正有写一点东西的必要了。

（4）我还有什么话可说呢？

（5）但是，我还有要说的话。

（6）呜呼，我说不出话，但以此记念刘和珍君！

这六个脉络句向来为读者所称道，表达悲愤感情，犹如万里江河水，首尾贯通，一泻而下。

朱自清的《冬天》，写了三幅生活画面，用脉络句把它们巧妙而轻松地串联起来，就像一串糖葫芦：

（1）说起冬天，忽然想到豆腐。

（2）又是冬天，记得是阴历十一月十六晚上，跟S君P君在西湖里坐小划子。

（3）在台州过了一个冬天，一家四口子。

（4）无论怎么冷，大风大雪，想到这些，我心上总是温暖的。

三幅生活画面分别表现了父子情、朋友情、夫妻情，就像一条潺潺的小溪，清澈明净。

中国的文章是如此，国外的文章也是如此。恩格斯的《在马克思墓前的讲话》就是典型代表。下面是该文的脉络句：

（1）正像达尔文发现有机界的发展规律一样，马克思发现了人类历史的发展规律……

（2）不仅如此。马克思还发现了现代资本主义生产方式和它所产生的资产阶级社会的特殊的运动规律。

（3）一生中能有这样两个发现，该是很够了。即使只能作出一个这样的发现，也已经是幸福的了。

（4）他作为科学家就是这样。但是这在他身上远不是主要的。

（5）因为马克思首先是一个革命家。

（6）正因为这样，所以马克思是当代最遭嫉恨和最受诬蔑的人。

（7）他的英名和事业将永垂不朽！

这篇文章以其强大的逻辑力量成为悼词中的名篇，并且一直入选教材作为中学生的必修之文。

下面我们再来看选入中学语文教材的海明威《老人与海（节选）》中的脉络句：

（1）它把我的渔叉和所有的绳子也带走了，他想，况且我这条鱼又在淌血，别的鲨鱼也会来袭击的。

（2）可他没有办法不让鱼的气味散到水里去，老人心里清楚就要大难临头了。

（3）……因为还会有鲨鱼来袭。

（4）我什么也不能想，就等着别的鲨鱼来吧。

（5）直到太阳快落下之前，鲨鱼才再次来袭击。

（6）要是夜里来了鲨鱼，该怎么办？

（7）但是，到了半夜，他又上阵了，而且这次他心里明白，搏斗也是徒劳。

这些脉络句，既暗示了情节的发展，又很好地体现了意识流的创作特点。试想一下，假如没有这些脉络句，作者如何将故事连缀成篇呢？

另外，罗曼·罗兰的《〈名人传〉序》也使用了脉络句，只是这些脉络句显性和隐性并存罢了：

（1）整个欧洲笼罩着物质主义的气氛。（第一段）

（2）"不甘于平庸凡俗的人"在这种气氛下的生活状况。（第二段）

（3）为了援助他们，我才在他们周围集合了一般英雄的友人……（第三段）

（4）具体解释"英雄"的内涵。（第四段）

（5）传记中的英雄都是担当患难的人。（第五段）

（6）英雄的"首席"是贝多芬。（第六段）

（7）号召人们重新鼓起对生命对人类的信仰。（第七段）

这些脉络句环环相扣，因果关系明确，使得全文浑然一体。

在今天，人们写文章仍然离不开脉络句。下面看毕淑敏写的一篇小文章：

我所喜爱的女性
毕淑敏

我喜欢爱花的女性。花是我们日常能随手得到的最美好的景色。从昂贵的玫瑰到卑微的野菊。花不论出处，朵不分大小，只要生机勃勃地开放着，就是令人心怡的美丽。不喜欢花的女性，她的心多半已化为寸草不生的黑戈壁。

我喜欢眼神乐于直视他人的女性。她会眼帘低垂余光袅袅，也会怒目相向入木三分。更多的时间，她是平和安静甚至是悠然地注视着面前的一切，犹如笼罩风云的星空。看人躲躲闪闪、目光如蚂蚱般跳动的女性，我总怀疑她受过太多的侵害。这或许不是她的错，但她已丢了安然向人的能力。

我喜欢到了时候就恋爱、到了时候就生子的女人，恰似一株按照节气拔节分蘖结粒的麦子。我能理解一切的晚恋、晚育和独身，可我总固执地认为逆时辰而动，需储存巨大的勇气，才能上路。如果是平凡的女子，还是应珍爱上苍赋予的自然节律，徐步向前。

我喜欢会做饭的女人，这是从远古传下来的手艺。博物馆描述猿人生活的图画，都绘着腰间绑着兽皮的女人，低垂着乳房，拨弄篝火，准备食物。可见烹饪对于女子，先于时装和一切其他行业。汤不一定鲜美，却要热；饼不一定酥软，却要圆。无论从爱自己还是爱他人的角度想，"食"都是一件大事。一个不爱做饭的女人，像风干的葡萄干，可能更甜，却失了珠圆玉润的本相。

我喜欢爱读书的女人。书不是胭脂，却会使女人心颜常驻；书不是棍棒，却会使女人铿锵有力；书不是羽毛，却会使女人飞翔；书不是万能的，却会使女人千变万化。不读书的女人，无论她怎样冰雪聪明，只有一世才情，可书中收藏着百代精华。

我喜欢深存感恩之心又独自远行的女人。知道谢父母，却不盲从；知道谢天地，却不畏惧；知道谢自己，却不自恋；知道谢朋友，却不依赖；知道谢每一粒种子、每一缕清风，也知道要早起播种和御风而行。

通过上面的诸多例子，我们可以看出，使用脉络句是古今中外文章写作的一个最为基本的章法上的要求。叶圣陶说："作者思有路，遵路识斯真。"朱自清在谈到文脉时也说过，写文章时，心中要有"假想的读者"，要让读者知道你的思路。当代语文教育家章熊先生对脉络句进行了具体深入的研究。他在《语言的连贯性》一文中说："语言的衔接要借助衔接性词语。常用的衔接性词语有些就是复句所用的关联词语，有些是不常用于复句之中而多用于句与句之间甚至段与段之间的，包括某些实词和固定词组，如'这''那''那么''总而言之''由此看来''一言以蔽之''事实证明'等等。"古代文章则用"至于""若夫""既而""乃有""又若"等衔接性词语。这些衔接性词语可以归入脉络句之列。总体来看，使用脉络句可以使文章气韵贯通，体现其整体性和连贯性。因此说，使用脉络句是写作训练的基本内容。

那么，如何来训练学生使用脉络句呢？

第一，要结合不同的文体。传统意义上的三大教学文体，对于脉络句的要求是有明显不同的。在记叙文体中，脉络句往往是表现时间线索的句子；在议论文中，脉络句往往是表现逻辑关系的句子；在说明文中，脉络句往往是表现空间转换的句子。可以分开训练，一次只练一种文体。训练中，教师将学生的文章和经典文章加以对比，从而让学生发现问题，找出差距，明确改进方向。

第二，注意横式结构和纵式结构两种不同结构的文章的训练规律。以叙述为主的文章，往往采用纵式结构法；以描写和议论为主的文章，经常采用横式结构法。纵式结构的文章，脉络句往往是表现情节线索或递进趋势的句子；横式结构的文章，脉络句往往是表现发散思维或并列段落的句子。

第三，训练应该从显性脉络句入手，熟练了，再写隐性脉络句。显性脉络句的使用可以归入程序性写作知识，因此，要求教师明确训练步骤和方法，具体且具有可操作性。比如，我们可以先把一篇样文中的脉络句抽掉，然后与还原后的文章进行对比，让学生切身感受脉络句在作者表达和读者理解上的重要作用。我们也可以选一篇写得很混乱的文章当反面教材，让学生试着给它添加脉络句并使之条理清楚。经过了这样的训练之后，教师再要求学生写一篇有脉络句的文章，并且把脉络句标出来。经过一段时间的训练后，再去训练隐性脉络句。

第四，可以通过段落写作来进行脉络句的训练。从全息生物学的角度讲，任何一个局部，都包含了事物的整体信息。我们发现，即便在一个段中，也必须有脉络句。还是以《在马克思墓前的讲话》为例：

一生中能有这样两个发现，该是很够了。即使只能作出一个这样的发现，也已经是幸福的了。但是马克思在他所研究的每一个领域，甚至在数学领域，都有独到的发现，这样的领域是很多的，而且其中任何一个领域他都不是浅尝辄止。

这是一个句句递进的段落，思路非常清晰。我们的训练可以以段为单位来进行，这样更好把握。

第五，可以把脉络句的训练理解为写提纲。提纲写好了，文章的思路也就出来了。因此，传统意义上的提纲写作练习是行之有效的做法。

第六，脉络句有时候就是过渡句，写好过渡句也是训练脉络句的方法之一。过渡句主要有两种：一是由开篇向中心过渡的句子。很多同学在写材料作文时不会使用"始发叙述"，原因之一是不懂得把对原材料的复述与命意进行对接。对接需要脉络句。比如："……这则材料可以给我们很多启发，本文只想就……谈点感受。"二是行文过程中内容有转换时要用过渡句。比如《项脊轩志》中"然余居于此，多可喜，亦多可悲"，表明文章内容由"喜"转"悲"。

以上六个方面的训练都是很具体的，具有可操作性，教师可以尝试去做。

当然，脉络句毕竟是一种表面的语言形式，掌握好了，可以使文章主次清楚，文意连贯，脉络分明；掌握不好，可能会走向形式主义，甚至写成八股文。因此，对脉络句的写作练习要从实际出发，注重实效。但它毕竟可以在短时间内奏效，可以在一定程度上提高学生写作的成绩，充分重视它是必要的。一般说来，通过一个学期的集中训练，学生基本上可以掌握脉络句的表现技法，再用一学期的时间进行巩固，效果就很好了。特别是对那些作文成绩在中下游徘徊的学生，掌握此技法，可以起到强行引导写作思路的效用，从而使这部分学生的写作成绩有明显提高。

（注：此文略有删改。）

程翔老师认为，写作无外乎着眼于立意、语言和章法的训练。立意要做到新颖、深刻，与学生的思想认识不无关系；语言的表现能力绝非一日之功，需长期积累。这两方面，短时间无法实现。章法的训练则会短时见效。章法就是文章的结构艺术。如何安排文章结构呢？程老师对课内外的文章进行拆解与组合，探索出脉络句训练法，易学管用，具有操作性，为一线教师的写作教学提供了有效的模式。下面以程老师的《写作课设计：脉络句训练法》为例，谈谈脉络句训练法对提高学生写作素养的作用。

一、脉络句训练法——一个易学管用的知识"点"

阅读程老师的著作，他关于写作的论述有如下显著的特点：其一，教师教和学生学，其目标指向性强；其二，着眼于探幽发微，落点于写作教学的环节上；其三，体系完整，相对独立，细化到学段、学年、学期，甚至周次。在当代语文写作教育中，程老师的写作思想不可绕过。

程老师摒弃教学中尽说正确废话的无效现象，开发好懂、易学、管用的程序性知识。正如他所说："中学写作教学应该在重视陈述性知识的同时重视程序性知识。前者告诉学生是什么，是静态的，不能直接转化为能力；后者告诉学生怎么做，是动态的，可以直接转化为能力。提高中学生写作水平，很重要的一点是告诉学生具体怎么做。"[1]脉络句训练法就是让学生抓住文章脉络的句子来组织文章结构。因为每篇文章都有贯穿脉络的句子，有的段落也有脉络句。程老师在分析了这些文章脉络的基础上归纳出显性脉络句和隐性脉络句。显性脉络句，就是在文章中现成的句子，起到贯通文章或段

---

① 程翔.程翔与语文教学［M］.北京：中国人民大学出版社，2011：225.

落的作用。如果提取出来，就构成了具有逻辑关系的一组句子。它们在不同的文体中发挥着不可或缺的作用。比如，叙述性文章中的脉络句有时间变化的标志，议论性文章中的脉络句具有思维逻辑的关系，说明性文章中的脉络句则体现空间的转换。除此之外，还有隐性脉络句，它们随着文章意思的转换而逐渐呈现出来，需要读者自行归纳出来。总之，这样的脉络句无论何种文体，都是贯穿文章始终的。

因此，教给学生这种写作训练方法，对提高写作教学效率就尤为重要了。

二、脉络句训练法——一条贯通文章的"藤"

程老师从古今中外的文章中发现章法的基本要求——使用脉络句。这与叶圣陶提出的"作者思有路，遵路识斯真"是一脉相承的。当代语文教育家章熊对衔接性词语做了深入的研究，是脉络句研究的典范。程老师则从课堂阅读教学中探索出脉络句的规律。

比如，古代文章《过秦论》中表示时间的显性脉络句，是作者沿着文章的思路而写的。读者依照这些句子，读来丝丝入扣，有条不紊；《兰亭集序》一文，作者扣住情感发展的"乐""痛""悲"三字，形成半隐性的脉络句，脉络清楚，情感变化明白；《赤壁赋》在"美景—乐甚—歌之—和之—对话—苦短—人生相对论"的"藤蔓"中依次展开，作者的思路显而易见。近现代文章中，如鲁迅的《记念刘和珍君》，作者通过六个脉络句，贯通首尾，表达情感，文气充沛；朱自清的《冬天》采用糖葫芦式结构，用脉络句将三幅画面串联起来，分别表现了"父子情""朋友情""夫妻情"。

不仅中国的文章如此，外国的文章亦然。程老师独具慧眼，从恩格斯的《在马克思墓前的讲话》中找出体现文章逻辑力量的脉络句，凸显恩格斯科学、准确地评价马克思的一生。文章结构由浅入深，层层递进。海明威《老人与海》中的脉络句，将故事连缀成篇，体现了意识流的创作特点。罗曼·罗兰《〈名人传〉序》中的脉络句则环环相扣，因果关系明了，文章浑然一体。

通过教材中的课文，程老师教给学生脉络句的读书方法，让学生顺着这样的思路阅读，清楚明白，从而迁移到写作中。现在的文章是否需要脉络句呢？答案是肯定的。程老师以作家毕淑敏的《我所喜爱的女性》为例，提取该文的脉络句：

（1）我喜欢爱花的女性。

（2）我喜欢眼神乐于直视他人的女性。

（3）我喜欢到了时候就恋爱、到了时候就生子的女人，恰似一株按照节气拔节分蘖结粒的麦子。

（4）我喜欢会做饭的女人，这是从远古传下来的手艺。

（5）我喜欢爱读书的女人。

（6）我喜欢深存感恩之心又独自远行的女人。

这六个脉络句分别放在每段的段首，把它们拎出来，就发现具有逻辑关系。这些句子之间是递进关系。第一段"我喜欢爱花的女性"，实际上是表现女人普遍存在的一种天性——爱美、热爱生活。但这个并不是一个女人让人们感到特别敬佩的地方。那么，当一个女人有了独立性的时候，能够保持自己独立人格的时候，她能够去读书，有所追求的时候，我们觉得这个女人就超出了普通的人性，而有了一个更高层次的发展，所以毕淑敏把"我喜欢爱读书的女人"放在后面。这样，递进关系就清晰了。因此，具有内在逻辑关系的几个脉络句，就是文章的一条脉络。这样的几个脉络句都围绕着一个中心——我喜欢什么样的女性来阐释。脉络句像是一条"藤"，紧紧缠绕着文章的中心。

三、脉络句训练法——一个在拆解拼合中形成的素养"点"

脉络句在文章或段落中体现着"文脉"，贯通文章或衔接段落。把它们提取出来，就如同一本书的目录，让读者知道该书作者的思路，明白其中的主要内容；至于具体内容，则要靠与之相对应的段落，也就是"对应段"来体现。像这样的"目录句"，都属于脉络句。很多文章有"目录句"与"对应段"。程老师从教材的课文中引导学生对其进行拆解和拼合，让学生形成"因字而生句，积句而成章，积章而成篇"的组合结构形式。

比如，程老师在拆解和拼合《苏州园林》时，抓住四个"讲究"，分别从四个方面说明苏州园林的特点。这四个"讲究"如目录那样呈现在读者面前，条目清晰。"对应段"的拆解以《苏州园林》的第三段为例，从我国建筑的对称性，到苏州园林的不对称性，进而指出苏州园林的"自然之趣"，三个层次，思路清晰，以此突出"布局"方面的特点。该文四个"目录句"与"对应段"一一对应，如此拆解文章的主体部分，就理清了文章的脉络。

学生通过"目录句"与"对应段"梳理文章，就可以学会在写作训练中整理思路。比如，程老师以统编教材八年级上册说明文单元"写作实践"中的练习"利用下面材料，抓住坎儿井的一两个特征，整理出一篇说明文。题目自拟，不少于300字"为例，先让学生写出材料的"目录句"。学生写出的"目录句"与原文中的四个小标题基本一致，然后再选取一两个特征展开描述，就很容易完成了。

"对应段"的"拆解"与"拼合"步骤如下：先把"对应段"分层，理清层次之间的顺序，明晰每层的句式结构安排方法。如程老师引导学生把《中国石拱桥》一文中写"赵州桥"特点的"对应段"进行拆解——四个层次分别从大拱、小拱、拱圈和结构来介绍，层次之间是按照由主及次的逻辑顺序，每层的句式结构又是先介绍后评价。这样，学生明白了"拆解"方法。在程老师的下水作文《我们的校园》中，"目录句"就是"它有特殊的位置、广阔的面积，还有醉人的景色"。程老师意在告诉读者，该文的写作内容就从"位置""面积""景色"三个方面展开。

最让人自豪的是我们校园美丽的景色。// 春、夏、秋、冬，风景各异。春天，绿草茵茵，杨柳依依，百花斗艳，百鸟争鸣；夏天，绿树成荫，遮天蔽日，荷花盛开，香气四溢；秋天，果实累累，色彩斑斓，银杏叶黄，满地铺金；冬天，白雪皑皑，银装素裹，嬉戏玩耍，笑声满园。校园内有五座湖，看碧波荡漾，游鱼穿梭其中；听天鹅鸣叫，悟天人合一妙境！美丽景色令人心醉，少年性情得以陶冶。// 当然，除了自然景色，还有人文景观。在少年湖畔，矗立着一尊塑像，那是我们校友施光南的塑像。在刚刚公布的改革开放 40 年受表彰的 100 名杰出人物中，施光南名列其中。这可是我们的骄傲呀！

这一段分为三个层次，用双斜线划分。第一层对校园风景进行总体评价，第二层介绍校园自然景色并加以评价，第三层介绍人文景观并进行评价。第一层和第二、第三层之间是总分关系，而第二、第三层之间又是按照由景及人的顺序，层次清晰，井然有序。尤其在介绍校园自然景色时，程老师从四季之景和五湖风光两方面进行介绍，并领悟出中国传统文化中"天人合一"的妙境。在写四季之景时，每个季节的特点句式相同，运用了四个四字短语，朗朗上口。

学生建立了"目录句"与"对应段"的意识后，不仅能把文章分析得清晰，提高阅读速度，而且能够在写作训练中有意识地整理好写作思路，写出的文章条理更清楚。

四、开发程序性知识——一条通往写作教学的便捷"路"

脉络句训练法是一种程序性写作知识。程老师指出，在写作教学的具体实践中，加强程序性知识的教学，可以给学生提供切实管用的指导。如何构建写作的程序性知识？一是要"顺接"，即教师引导学生结合学过的重点课文进行写作训练，如写读后感、评论，或者进行改写训练等，从课文的学习顺势延伸到写作中，读写结合，无缝衔接。二是要"转接"，就是根据课文的特质，重建隐含于文本中的程序性知识。程老师认为，理想的程序性知识具有可操作性。程老师对课文中的"知识点"进行恰当转化，形成了程序性知识系列，如"脉络句构篇法""分歧式构思法""联想·分类·层进表现法""选取空间立足法""捕捉动情点"等。指导学生按照一定的模式，反复训练，在学生掌握了程序性写作知识之后，无论是"必写内容"，还是"自选内容"，学生可以从个人生活、家庭生活、学校生活和大自然等这些写作的源头活水出发，养成"整理思想"的习惯，从而写出体现人性、舒展心灵、充满独立见解，而又有思辨力和逻辑性的文章。

如何把文章写得生动感人呢？教学中，当然可以教给学生诸如"细节描写"的陈述性知识，但是，学生还是不知道如何"生动"。因为学生不知道"生动"是由什么组成的。程老师教给学生"捕捉动情点"的知识：抓住触动心灵的事物、景物，或看过的电影镜头、印象深刻的某个场景进行叙述，使文章有了开头的突破口，即确立"触点"，交代故事背景，这是第一步；第二步则要描写感动后"内在"和"外在"的表现，这是一个思维加工、深化的过程，围绕"触点"展开，这需要学生平时注意观察生活，感受生活；最后，揭示感动的原因，收束全文。文章综合运用记叙、描写、议论和抒情等多种表达方式。

　　除了"捕捉动情点"之外，程老师又探索出"分歧式构思法"，同样可以把生动感人的故事演绎得十分精彩。他在教学莫怀戚的散文《散步》时，从散步这种平常的小事中，发现了文章的秘妙。此文之所以生动感人，原因是产生了分歧，如果没有了描写"分歧"的情节，文章就失去了波澜。"文似看山喜不平"，"拐点"的出现使本来普通的散步显得不普通。文章就似在激流险滩中航行，自然吊起了读者的胃口。随着作者的笔触，学生感受到了亲情的可贵。这正符合曲折故事的模式：有困难（分歧）—目标（走小路）—完成挑战（母亲改变"走大路"的主意）—改变（"向着那菜花、桑树和鱼塘走去"）。那如何在写作中运用"分歧式构思法"呢？程老师先以"碰撞"为题引导学生思考、讨论，果然学生交流讨论得很激烈，纷纷发言，寻找表现亲情的素材。然后小组汇报，确立不同的"分歧"事件。最后，教师提供一些学生讨论的倾向性意见，如利用一家人饮食之间的差异，可拟定标题为"一顿饭的故事"，以此确定写作内容。有了"饮食差异"的"拐点"，再辅以程老师的下水文《一顿饭的故事》，学生不但有了写作的内容和构思的方法，而且还有了例文可以模仿，其思维品质得到了锻炼，他们对"分歧式"写作的认识也由模糊变得清晰，由肤浅而逐步深化，文章的立意布局也由此逐步清晰起来。

　　这样的写作教学，教师指导学生在课文中汲取可操作的程序性知识；在课堂的交流讨论与碰撞中确定写作内容，学生不再记流水账式写作，而是真实书写自身的亲身经历和深刻感悟，写出自我的真情实感。由此，学生不但更容易写出一篇好的文章，而且巩固了学得的程序性知识，更重要的是精神得以成长，并逐渐丰盈起来。

寻找心灵寄托的绿洲

——以《写作课设计：学写咏物作品》课例为例

年级：高一 / 课时：六课时

写作课设计：学写咏物作品①

说明：

训练重点：联系自己的生活，选择一个实物，运用描写和象征的手法，托物言志。通俗说法就是间接抒情散文（咏物作品）的写作训练。

第一课时

一、列举咏物作品

提问：同学们在日常生活中，有没有用来寄托自己心灵和情感的"实物"？你能不能对其加以吟咏呢？

估计有的同学对这句问话不能理解。其实，这里指的是写

——————————

① 程翔.我的课堂作品（修订版）[M].北京：商务印书馆，2023：255-264.

"咏物作品"。老师和学生一起背诵以下作品。

陆游的《卜算子·咏梅》：

驿外断桥边，寂寞开无主。已是黄昏独自愁，更著风和雨。

无意苦争春，一任群芳妒。零落成泥碾作尘，只有香如故。

周敦颐的《爱莲说》：

予独爱莲之出淤泥而不染，濯清涟而不妖，中通外直，不蔓不枝，香远益清，亭亭净植，可远观而不可亵玩焉。

刘禹锡的《陋室铭》：

山不在高，有仙则名。水不在深，有龙则灵。斯是陋室，惟吾德馨。苔痕上阶绿，草色入帘青。谈笑有鸿儒，往来无白丁。可以调素琴，阅金经。无丝竹之乱耳，无案牍之劳形。南阳诸葛庐，西蜀子云亭。孔子云："何陋之有？"

梅花、莲花和陋室这样的"实物"，寄托了什么？寄托了陆游、周敦颐和刘禹锡的心灵与情感。寄托了什么情感？请学生讨论。再提示几个例子。比如于谦的《石灰吟》：

千锤万凿出深山，烈火焚烧若等闲。

粉骨碎身浑不怕，要留清白在人间。

再比如王冕的《墨梅》：

吾家洗砚池头树，朵朵花开淡墨痕。

不要人夸颜色好，只留清气满乾坤。

王冕还写过《白梅》：

冰雪林中著此身，不同桃李混芳尘。

忽然一夜清香发，散作乾坤万里春。

在流行歌曲中，也有大量的托物言志之作，比如大家很熟悉的《小白杨》：

一棵呀小白杨，长在哨所旁，根儿深，干儿壮，守望着北疆，微风吹，吹得绿叶沙沙响罗喂，太阳照得绿叶闪银光……同我一起守边防，一起守边防。

关于《小白杨》，有一个很动人的故事。歌词中的"哨所"是中哈边界中国境内新疆塔城裕民县塔斯提边防哨所。20世纪80年代初，哨所的伊犁籍锡伯族战士程富胜回家探亲，将哨所官兵卫国戍边的故事讲给母亲听，母亲鼓励他在部队好好干，别想家，还让他带十株白杨树苗回哨所种上，叮嘱他要像白杨树一样扎根边疆，为祖国守好边防。于是，程富胜就把树苗栽在了营房边。由于哨所干旱缺水，战士们吃水都要到一公里外的布尔干河去挑。尽管战士们每天用洗脸刷牙节省下来的水精心浇灌，但是小白杨难以忍受干旱、风沙、严寒的肆虐，相继枯死。最终，十棵小白杨中只有一棵活了下来。这棵小白杨在战士们的精心呵护下茁壮成长，日夜伴随着守卫边疆的战士们。1980年，著名诗人、词作家，中国人民解放军总政治部歌舞团创作组的梁上泉同志到新疆采风，在塔斯提边防连黑板报上，他看到那个战士关于小白杨的日记，了解了小白杨的感人故事，心灵受到强烈震撼，于是写下了《小白杨》。作曲家士心为之谱曲。词精曲美，朴实感人，《小白杨》不胫而走。在1984年中央电视台春节晚会上，著名歌唱家阎维文饱含深情地演唱了这首歌。塔斯提哨所从此被称为"小白杨"哨所。这很容易让我们联想起茅盾写的《白杨礼赞》。

二、分析咏物作品的特点

咏物作品必须有描写。陆游和周敦颐分别对"梅"和"莲"进行了"描写"，描写其"形"。同时，咏物作品又是托物言志的，要抒发感情，这就是"神"。"形"为"神"服务，描写要生动传神。这就是中国古代"比兴寄托"的写作传统。（师板书"描写：形""抒情：神"）请学生对前面背诵的诗文进行分析，看哪些是"形"，哪些是"神"。

学生任选两个写。提示如下：

《卜算子·咏梅》：

形："零落成泥碾作尘"。神："只有香如故"。

《爱莲说》：

形："出淤泥而不染，濯清涟而不妖，中通外直，不蔓不枝，香远益清，亭亭净植"。神："可远观而不可亵玩焉"。

《石灰吟》：

形："千锤万凿出深山，烈火焚烧若等闲"。神："粉骨碎身浑不怕，要留清白在人间"。

《墨梅》：

形："吾家洗砚池头树，朵朵花开淡墨痕"。神："不要人夸颜色好，只留清气满乾坤"。

《白梅》：

形："冰雪林中著此身，不同桃李混芳尘"。神："忽然一夜清香发，散作乾坤万里春"。

《小白杨》：

形："根儿深，干儿壮，守望着北疆，微风吹，吹得绿叶沙沙响罗喂，太阳照得绿叶闪银光"。神："同我一起守边防，一起守边防"。

三、请学生归纳"形"与"神"之间的关系

这一环节很重要，是写作知识导引的关键。（1）"形"与"神"有些相似点。比如石灰"千锤万凿出深山，烈火焚烧若等闲"，这与人的"粉骨碎身浑不怕，要留清白在人间"的精神很相似。表面上写石灰，实际上是写人。（2）多用描写的表达方式，采用比喻、拟人、象征的修辞手法（或写作手法）。比如《爱莲说》中的莲花具有象征意义，象征了人的品质。（3）"形"为"神"服务。写"形"不是目的，写"神"才是目的。为了更好地传"神"，一定要让"形"为"神"服务。

第二课时

一、学习间接抒情的特点

间接抒情，除了借助物之外，还可以借助"事"。这里的"事"，不是普通

的事，而是有象征意义的"事"。可以让学生回忆初中学过的课文中有没有具有象征意义的"事"。

比如《珍珠鸟》。请学生想一想，作者写《珍珠鸟》，是为了表达爱护小鸟的主题吗？难道作者不懂得真正爱护小鸟就是把它放归大自然的道理吗？作者在文中并没有表达放归小鸟的意思，而是表达"信赖往往可以创造美好的境界"这一主题。这就是借助"事"来抒情的例子。

二、联系生活进一步思考

生活中，有哪些"事"具有象征意义呢？古人用得比较多的是"男女爱情"象征"君臣关系"。比如屈原在《离骚》中写"众女嫉余之蛾眉兮，谣诼谓余以善淫"。唐代张籍写的《节妇吟》很有意思，请学生欣赏：

> 君知妾有夫，赠妾双明珠。
>
> 感君缠绵意，系在红罗襦。
>
> 妾家高楼连苑起，良人执戟明光里。
>
> 知君用心如日月，事夫誓拟同生死。
>
> 还君明珠双泪垂，恨不相逢未嫁时。

这首诗表面看是写一位有夫之妇拒绝一位男子的追求，但真正的意思是拒绝李师道的拉拢，男女爱情只是凭借而已。现实生活中，有些事情往往具有象征意义。比如"摆渡"一词，其含义是可以引申的，可请学生讨论怎样引申。"摆渡"不仅仅指用船把人从此岸送到彼岸，可以象征伸出援助之手帮助困境中的人渡过难关，可以引申为帮助别人的思想、精神和心灵进步，也可以象征用美好的东西引导人们走向美好的境界，等等。俄罗斯作家屠格涅夫写的《门槛》就是典型范例。

请学生交流阅读体会。

有的学生可能会说，这些文章都是虚构的。这个认识很好。既然"事"具有象征意义，那么一定是真人真事吗？不一定。可以虚构。虚构不等于虚假，写真人真事也未必能反映生活的本真。当我们写作的思路打开之后，写一篇间接抒情散文就不是什么难事了。

第三、四课时

书写成文。

作文题目：灯。

要求：①写一篇咏物作品，即间接抒情散文；②"灯"为实物，要有描写；③字数不少于800字。

第五课时

讲评作文。

学生写作情况分析：120名学生，得80分及以上的有20位。70分至79分的有90位。60分以下的有10位。总体来看，绝大多数学生的作文合乎要求。

存在的突出问题：（1）没有写实物灯，只写了精神灯。（2）虽然写了实物灯，但灯没有成为主要表现对象，被其他的人或事湮没了。我们这次作文重点训练"寄托"手法，要求必须写实物灯。（3）要有描写。有的学生没有描写，或者描写不够理想。描写要为抒情服务，应处理好形与神之间的关系。这一点在第一节课上就提出了。

有的学生写雷锋是一盏灯，写海伦·凯勒是一盏灯，照亮了人们的心灵。这样立意本身是可以的，但却不符合这次作文的要求。而且写雷锋、海伦·凯勒实际上是写屈原、司马迁、苏轼等写作模式的翻版。这些中外名人被学生充分利用，似乎写任何文章都要提到这些人才行。这是才思枯竭、思维僵化的表现。过去，我们认为这样的文章似乎有文化品位，会给这样的文章一个高分，结果导致了千篇一律。更为重要的是，这次作文明确要求，必须写实物灯。只写精神灯，不写实物灯，是不合要求的。

学生以组为单位，对优秀作文进行评析，并填写"评析意见"；对问题作文

提出修改意见。教师一共选了三篇优秀作文，一篇问题作文。（文章略）

第六课时

　　欣赏巴金著名的散文《灯》。老师发《灯》的文字稿。请学生一边听录音，一边看这篇散文。

　　老师也写了一篇《灯》，作为下水文，请学生阅读并交流。

灯

　　我上幼儿园的第一天，妈妈就给我买了一盏台灯。那是一盏制作很精美的灯，红红的灯罩，白白的灯泡；圆圆的底座上有一个旋转开关，轻轻一转，灯就亮了，发出明亮而又柔和的光。我就在这盏灯下开始了新的生活。

　　起初，我觉得那盏台灯像是一个玩具。我喜欢听旋转开关时发出的清脆声音。我连续地打开、关上，"啪嗒"，"啪嗒"，那声音像小锤敲在铜器上，很好听。这时候，妈妈就说："孩子，它嫌疼。温柔点，好吗？"我笑了："妈妈说错了，它怎么会感觉到疼呢？"后来，我把其他玩具拿到灯下来玩，我特别喜欢把水晶做的小动物放在灯光下映照，水晶发出耀眼的七色光，很好看。我还在灯下和妈妈玩跳棋。有一次，我眼看就输了，便想耍赖。我趁妈妈不注意，很快地关上了灯。就在黑暗到来的一刹那，我挪动了一个关键棋子的位置。当我再打开灯的时候，棋盘上的局势就变得对我有利了。妈妈笑了："这鬼丫头。"现在想一想，那盏灯给我带来了多少童年的快乐呀。

　　我上小学后，爸爸给我买了一套《十万个为什么》。于是，我每天晚上在完成老师布置的作业后，就在灯下阅读《十万个为什么》。天文、地理、物理、化学、历史、人类、社会、艺术，等等，那是一个多么丰富美妙的世界呀！在明亮而又柔和的灯光下，我吸吮着知识的精华，那盏灯就成了我和知识之间的一道桥梁。到了初中，作业多了，在那盏灯下，我认真完成老师布置的作业，一道一道的练习题做完了，一张一张的卷子做完了，一篇一篇的优美课文背过了……寒来暑往，物换星移，那盏台灯始终陪伴着我，送走了一夜又一夜，迎来了明朝又明朝。

中考前夕，我连夜奋战，常常很晚才睡。妈妈看在眼里，疼在心里，每夜都陪伴在我的身旁。每当我学累了，妈妈就端来一杯水。这时，我望着妈妈的笑脸，在灯光的映照下，显得既美丽又疲惫；我们母女俩的身影映在墙壁上，简直就是一幅照片。

我顺利地考上了重点高中，那盏灯是立了功的。开学前，妈妈对爸爸说："女儿桌上的那盏灯太陈旧了，应该换新的了。"于是，爸爸买来了一盏新台灯，旧的台灯顺便送给了院内收旧家具的王师傅。新台灯很时髦，底座是一台收音机。爸爸说："学累了，可以听听歌，放松放松。"我打开收音机，里面正在播放歌曲，那是一首我们全家都喜欢听的李春波唱的《小芳》："村里有个姑娘叫小芳，长得好看又善良。一双美丽的大眼睛，辫子粗又长。"我见过妈妈年轻时扎长辫子的照片，那是爸爸最喜欢的照片。每当听到这首歌，妈妈和爸爸总要互相深情地望一望，眼神里传达出我不知晓的秘密。我只能仔细地去感受歌词里的含义，试图从中明白些什么。

"谢谢你给我的爱，今生今世我不忘怀。谢谢你给我的温柔，伴我度过那个年代。"多美的歌词呀，我的心中突然一动：灯，那盏被扔掉的灯，伴我度过几度春秋，怎么说扔就扔了呢？不行，我必须把它要回来。我起身就往外跑，我知道王师傅住在哪里。我一边跑着，脑子里一边闪现着灯下一幕一幕的往事。我找到了王师傅，要回了那盏旧台灯。我把它紧紧抱在怀里，觉得愧疚于它。妈妈说："孩子，你为什么把它要回来呢？"我眼里含着泪说："妈妈，我感受到它的疼痛了。"妈妈紧紧把我抱在怀里，眼里也含满了泪水。

"好孩子。"爸爸和妈妈几乎同时说。

我把那盏旧台灯放在了窗台上，天天都能看见它。它虽然不再发出明亮而又柔和的灯光了，但它在我的心中却永远明亮着。

本单元上到这里就结束了。鼓励学生修改或重新写一遍《灯》。

（注：此文略有删改。）

"寻找心灵寄托的绿洲",指在写作中,为了抒发内心的感悟而用来寄托的"实物",即"绿洲"。那么,如何教给学生这种寄托情感的方法呢?程翔老师经过探索,创立了"一点三步单元写作教学模式"。这里的"一点"是指写出"咏物作品",三步则指"写作的准备阶段""书写成文阶段""讲评、总结提高阶段"。这三步形成有机的整体,各有侧重,共同构成了一个比较完整的写作单元。下面以程翔老师的《写作课设计:学写咏物作品》为例,来谈谈咏物作品的程序性写作知识教学路径。

一、咏物作品的主题与文体

程翔老师说:"写作是可以教的,这一观点早已被证明。"[①] 又说:"写作有一个重要功能,就是促进学生个体精神生命的成长。写作一定是伴随学生成长的课程。离开了学生的成长,写作就失去了一大半的意义。学生精神生命的成长,不是靠拔苗助长实现的。那种只让学生写看似'高、大、上'题目的做法,只会败坏写作,进而败坏学生的精神生命。"[②] 因此,写作要"打开学生心灵世界,打开学生的思维空间。打开之后,需要科学的训练、反复的训练、长期的训练。训练点要合理分布。通过写作,教师引导学生实现对人生、人性的认识,这就是精神生命的成长,这一成长是必修课。陈平原教授说,语文在很大程度上决定了学生未来人生的走向。这句话的背后蕴藏了通过阅读与写作使学生实现对人生、人性认识的深刻含义"[③]。那么,咏物作品写作选择什么样的景物,这些景物给学生一种怎样的感悟,需要教师引导学生来选择。也许我们认为学生生活的世界,花草树木、山川河流,触手可

① 程翔.长在语文课堂 [M] .北京:语文出版社,2023:133.
② 同①:134.
③ 同②.

及，睹物有感，可学生一下笔，往往不知所云。这就需要教师将写作教学中关注的学校生活、社会生活以及家庭生活，通过教师的教学行为，与学生的精神世界发生联系。基础教育阶段的学生思想活跃，有较强的求知欲和上进心，对世界充满向往和追求。教师围绕学生的"兴趣点"和"价值点"，让他们思考人生、人性，如此就避免了学生写一些不痛不痒的东西。而由实物的外表走进其内里，学生的写作行为便与他们的内心世界建立了关联。正如程老师所说："写作要写心灵的疼痛。我们让学生读的经典课文，很多是写心灵疼痛的……可是我们的写作呢？大都让学生写一些不疼不痒的东西，写一些看似'高、大、上'的东西。于是，我们的阅读与写作出现了明显的撕裂。那些'高、大、上'的内容好不好？当然好，但是距离学生较远，甚至很远，学生只知其表面，无法进入其内里，勉强写来，很容易流于假、大、空。这样的写作教学没有意义，或者意义不大，反而会让学生说假话，导致文风不正，做人虚假。写作的生命在于真。"①

以上论述，程老师从文章写作主题的角度诠释了写作应围绕学生生活，为了学生的精神成长。

那么，作为记叙类文体的咏物作品，是一种怎样的文体呢？程老师从师生背诵经典名篇入手，如陆游的《卜算子·咏梅》、周敦颐的《爱莲说》、刘禹锡的《陋室铭》等，组织学生讨论像陆游、周敦颐和刘禹锡笔下的"绿洲"——梅花、莲花和陋室这样的"实物"里蕴含着作者怎样的情感，让学生对"托物言志"的"物"与"志"有了对应的感受。在此基础上，让学生拓展阅读于谦的《石灰吟》、王冕的《墨梅》《白梅》以及流行歌曲《小白杨》，深化阅读感悟，再来分析咏物作品的特点，由感性认识到理性认识，进而分析所列举咏物作品的"形"与"神"。"形"是"物"之特点的描写，"神"是所言之"志"的抒情议论。而描写要运用比喻、拟人的修辞手法或象征的写作手法，抒情、议论则要建立在"形"与"神"的相似点上展开。如何抒情？程老师为学生讲述了运用间接抒情的方法——借助物，或借助具

---

① 程翔.长在语文课堂［M］.北京：语文出版社，2023：135.

有象征意义的事，并引导学生学习课文《珍珠鸟》这一借助"事"来抒情的例子。同时，结合屈原的《离骚》和张籍的《节妇吟》以及俄罗斯作家屠格涅夫的《门槛》等，基于现实生活中具有象征意义的"事"，分析其表层义和引申义（深层义），从而打开学生的思路——"事"具有象征义，既可以是真人真事，也可以是虚构的。正如程老师所说："虚构不等于虚假，写真人真事也未必能反映生活的本真。"进而让学生明白——象征就是借助客观的事物、景物及人物表达主观的情感、意趣、哲思，以进入"言有尽而意无穷"的境界。《现代汉语词典（第7版）》这样解释"象征"："用具体的事物表现某种特殊意义。"正是"象征体"与"象征义"之间建立相似的关联，借助描写、拟人等手法抓住"象征体"的特征，并运用议论、抒情的表达方式揭示"象征义"，象征的手法才在不同的文体中体现其艺术效果。

二、咏物作品的写作全程指导

程老师提出，我们的写作教学如果能够坚持"写作全程训练"，而非蜻蜓点水，学生的收获就多，无疑会提高他们的写作水平。如何全程训练？一方面，要"一文多写"，即让学生对同一个作文题进行多次写作。学生每次写后，教师进行指导。"让学生进行对比，看哪些地方有变化，思考为什么这样变。这样下来，一次写作教学才算是基本结束了。"[①]另一方面，教师对一次写作训练在写前、写中和写后进行全程指导。

先看写前指导阶段的两课时。第一课时的教学环节为：首先"列举咏物作品"。学生通过背诵课文中的诗文，对这些作品有了充分的感知。这就为第二环节——"分析咏物作品的特点"做了铺垫。在此环节，程老师主要引导学生分析当堂背诵的诗文，从而明确"形""神"相关的句子。接下来，"请学生归纳'形'与'神'之间的关系"。这一写前指导的关键是"形""神"关系的处理，这是教给学生陈述性知识。学生了解了写"形"与"神"方

---

① 程翔.长在语文课堂［M］.北京：语文出版社，2023：177.

法的相似点、表达方式以及二者的孰轻孰重。显然，"神"的写作是重要的。这也就为第二课时做了铺垫。"学习间接抒情的特点"和"联系生活进一步思考"两个教学环节中，前者主要是为了学习情感的寄托方法——不仅借助物，还可以借助"事"；由此，再结合课文与生活进行深度思考。学生的思路打开了，将这种文体写作需要的知识和方法内化于心。

在写中阶段，教师为学生命制作文题目"灯"，并明确具体要求，学生据此书写成文。这一阶段用两课时。

而作文讲评阶段，是对前两个阶段的深化。如果缺失了讲评，学生则会茫然。这也是一线教师容易忽略的环节。程老师从整体上评价学生的写作得分等级，从定性上让学生明确自己的作文质量。这是宏观上的评价，不可或缺。那么，微观上，程老师特别指出了作文中的问题：对咏物作品中的"实物灯"和"精神灯"，学生要么忽略了前者，要么对前者只是蜻蜓点水，没有使之成为主要表现对象，更有甚者没有描写或描写不够理想。究其实质，是"实物"之"形"与"神"之间的寄托关系——描写之"形"为抒情之"神"服务——没有处理好。这是从理性上让学生知晓问题存在的原因。而学生感知到，却不一定能在作文中找出问题之所在。因此，程老师让学生从优秀作文中找出优点，而且不止于此，还让学生动笔写出"评析意见"，强化学生对此次写作的进一步认识，从而将咏物作品的写作知识内化于心。程老师还对问题作文提出修改意见。如此，让学生把学习到的写作知识运用到修改中，进一步巩固咏物作品的程序性知识。

程老师展示了学生的三篇优秀作文和一篇问题作文，看似完整的评讲课就结束了。可想让学生获得更高层面的认知，需要为学生提供"最近发展区"的例文。于是，程老师引导学生欣赏作家巴金的《灯》。程老师把此文下发给学生，让学生亲历名篇的阅读。他们安安静静听录音，沉浸在散文的意境中。"物"为灯，如何描写？"情"为何？怎样确立二者的相似点？学生在文字中徜徉，感悟着表情达意的写法，从而最终理解"形"为"神"服务的目的。

当下，教师能写下水作文的为数不多。如果在写作教学中，教师能够展示自己的下水作文，不仅可以拉近与学生的距离，而且可以让学生感受教师的生活，走进教师的精神家园，进而为学生的精神奠基。程老师的《灯》，叙述了"我"在灯的陪伴下一路茁壮成长的过程。特别是随着时间的推移，灯陈旧，可"我"依然珍惜往日与灯的情谊，从而告诉读者对帮助过我们的人，不能忘却，要心怀感恩。这就是用与灯相关的事件来寄托情感。

除此之外，教师写下水作文，对写作的重点与难点的确定更加明晰，打通了教师写作与学生写作之间的壁垒。只有这样，教师在写作教学时才能有的放矢，游刃有余。程老师几乎每部著作中都有他写的下水作文。这体现了程老师的写作学理之一——教师要勤动笔才能教好写作。他曾说，教师会写作是语文教师必备的专业素养之一，他亲身为我们做了示范。程老师在40多年的教学生涯中，从未停下手中的笔，创作了大量的课堂作品、文学作品、论文等。这些成就了他"教有学理的语文，做有灵魂的教育，做有尊严的教师"的学者风范。

三、构建写作教学体系

程老师的咏物作品写作教学，从时间上看，用了六课时，形成了比较完整的写作单元。这体现程老师的写作教学理念——不求写多，要写就写成一篇。他在写作教学中形成"一点三步单元写作教学模式"，循序渐进，条分缕析，环环相扣，扎扎实实地带领学生从阅读入手，感受文本的秘妙，提炼出语文要素；再从语文要素出发，把知识点转化为能力点，以程序性知识的操作要领，引导学生走进写作的殿堂。

这里的写作单元，有别于教材中的单元写作教学。程老师的这种单元写作教学呈现出序列化。每课时有清晰的教学目标，学生活动扎实，都指向于单元的写作目标。或者说，程老师把单元写作目标进行拆解，分散到每一课时，"走一步，再走一步"。学生在收获每课时的成果时，为下一节课做准备，形成完整的闭环。

教材中的单元写作教学往往以写作知识导引的方式为我们呈现。因此，教师在教学中，要注重转化，切不可一蹴而就，或急匆匆用两课时，一课时浮光掠影地讲解，一课时写作，或直奔考试写作。如此，一学期下来，练了数量，谈不上质量。因为每次练习都是眉毛胡子一把抓，从选材到立意，从语言到结构，虽面面俱到，但收效甚微。

程老师经过长期研究实践，开发了一系列程序性写作知识，形成了三维写作体系，即"内容""文体""素养"三者紧密结合，并将写作教学独立设课，为学生掌握写作能力奠基。

（一）框架搭建

以初中一、二年级为例。每学期安排六个写作单元，加上期中期末两次写作，一学期写八次。每次用三周时间，每周两课时，每次写作围绕一个"素养点"（技能点），依次安排"写前指导课""写中成文课""写后讲评、修改课"，形成"一点三步单元写作教学模式"。这样，整个初中阶段的作文训练有时间保证，有训练重点，有步骤可操作，从而使教师教有所依，学生学有抓手，评价有量可评。这样，切实提高了学生的写作能力，真正实现教、学、评一体化，从而改变以往写作课"上与不上一个样、学与不学无区别"的状况。

（二）内容设计

写作内容的安排具体呈现序列化，符合学生的心理特点和写作规律，指向性强。

程老师遵循学生的认知规律，在设计初一的写作内容时，先规划第一学期围绕"物"写作。而写"物"，安排六次，分别写"自然景物"和"动物或物件"。训练写"自然景物"的能力点，又分为三个方面："突出特点，语句通顺""修改提高：写景讲究顺序""修改提高：寓情于景物中"。先从写景要抓住特点入手，这是写景的基本要求，然后逐步训练写景的顺序。从特点到顺序，这是内容与结构的要求。怎样更有艺术性？显然，要遵循"一切景语皆情语"的原则，即寓情于景。这样，学生经过三次训练，由量变引起质变，夯实了写景的基本功。期中考试就考"自然景物"的训练点，要求学生写一篇写景文章，如此就达成了教、学、评的一致性。围绕"动物或物件"学写故事，贴近学生生活实际，容易引起他们的兴趣。写故事则要清楚故事的要素、价值，且讲究生动性。程老师按照学生的心理特点和认知规律，依次训练三个"素养点"，即"完整的情节：故事的时限""修改提高：故事的意义""修改提高：语言生动"。也就是说，教学要教会学生叙事前有伏笔、后有呼应，有头有尾，力求完整。所写故事不能一眼望到头，要有波折，即有情节。还要写出有内核的故事，这样故事才有意义。为了增强可读性，不可忽视语言的生动性。

初一第二学期由写物过渡到写人写事。前三次训练侧重于写自己、他人和学校。先从写自己开始，就是引导学生从认识自我，进而认识他人。写人要深入人物内心世界，感受人物情感变化，进而抓住人物特点，这就是"表现人物"的能力点。怎样落实这一能力点？程老师认为要运用表现人性的描写方法。叙述顺序方面则要让学生掌握顺叙、倒叙和插叙，以及双线组材和草蛇灰线的叙述顺序及方式。写人的文章，有了可写的对象，运用描写手法，加以结构安排，就容易多了。至于写学校发生的事，学生有话可说，而写什么，这又涉及选材的问题。因而，程老师设计了"选材要严"的能力点训练。这样，学生学会选取有价值的事来写，选材的方法就学会了。

以上是初一第二学期前三次的写作教学内容，后三次的写作，则是以童话故事、科幻故事为主的想象写作和"语文学习总结"的实用文写作。童话是一种学生喜闻乐见的文体，这里以"自然界"为载体，表现思想情感，学生内心易于接纳，也感兴趣。科幻故事则以"未知的事物"为写作内容，这样，由已知到未知，也符合学生认知规律。"总结"的训练，是结合学年结束的实际，梳理一学年语文学习的得失，实用且有必要。期中和期末的考查，就围绕本学期训练的写人或写事，择其一即可。

初一安排了 11 次记叙类写作和一次实用类写作。初二安排了五次记叙类写作、两次说明类写作、三次议论类写作和两次实用类写作。

初二第一学期的前三次写作，在初一写"真人真事"的基础上开始练习写虚构的人和事。虚构写作要写出真情实感。这里的"真"是创作的"真"，而"真人真事"的"真"是生活的"真"。写"课文中的人和事"是为了训练改写的技法。以校园和社会中的"热点事件"为内容撰写新闻稿，从而掌握新闻稿的格式和语言特点。期中考试的考查是以上三次练习的记叙类文体、写人或记事的散文，二选一。后三次写作则进行实用类文章的写作训练，以课本上的科学现象为内容，学写科学小品，科学小品的能力点体现在"说明的基本要素"上，要求掌握说明顺序、说明方法、说明语言；写指向"表达内心想法"的演讲稿则要训练"清晰表达内心想法"的能力点，这里的"清晰"应达到"具体""集中""条理""服人"等要求；针对写读名著活动的读书报告，程老师设计了"表达读书感受和收获"的能力点。"读"是输入，"写"是输出，只有输入，没有输出，就难以引起学生的深度思考。因此，把读书感受和收获具体地写出来，才能内化读书的内容。期末考试的写作，可安排写人写事的记叙类文章或实用类文章，二选一。

初二第二学期的前三次写作分别练习记叙类文体和说明类文体，而记叙类文体又分别设计练习以"风景名胜"和"写人叙事"为内容的游记散文和叙事散文。"读万卷书，行万里路"，祖国的大好河山和人文景观，欣赏后总有所触动，激荡情怀，如何立意？写出风景名胜背后的文化内涵，"观物取象，立象尽意"，与初一第一学期写"自然之景"相比，由浅入深，更进一步了。"写人叙事"的练习则要求"多种表达方式综合运用"，既是对初一写人记事的巩固和提高，又是促使记叙从单一化走向复杂化的方法，使写记叙类文体的能力得以提升。说明类文体针对"设计语文活动方案"来写"活动方案说明书"，着力训练"结构完整·表达明确"的素养点。期中考试尽量与第一单元的游记散文写作一致。后三次写作安排的是议论类文体，写作内容为"表达一个观点""评论一个观点""评论一个事件"，针对身边的人、事、社会热点问题，发表自己的看法。"评论一个观点"，训练要求是"用事实来证明"，也就是说，不仅能鲜明地提出观点，而且要用事实加以证明。"评论一个事件"，则要求具有"初步的分析能力"，这里的"分析"必然要运用逻辑思维，弄清楚事物之间的因果关系。评论时，要有鲜明而熟知的观点，这就要对观点加以筛选，评论时才有事实作为依据；又要富有挑战性，才能激发学生的写作欲望，使之写得兴趣盎然，乐此不疲。显然，这两次写作由"表达一个观点"到"评论一个观点"，由事实来证明一个观点到展开对观点的评论，是一个深度思考的过程。"评论一个事件"的写作内容，是在已有观点的基础上进行评判，即"依据标准评判"。那么，"标准"是什么？这考查学生的世界观。这样深度思考的过程，既能提升学生的思想境界，又有效地促进了他们世界观的形成。

综上所述，程老师构建的三维写作教学体系，体现了新课标的理念，即"写作要有真情实感，表达自己对自然、社会、人生的感受、体验和思考"。因此，教师要以"人、事、物、情、理"为写作内容，明确建立"文体"和"素养"的制约关系，引导学生依据文体规律，建构写作教学的目标，依据"内容"选"文体"，进而确立"文体"下的"素养"达成训练。三维写作体系的建构，既有力地体现了写作教学的基本观念，又达到了"整理思想"、"个性鲜明"、体现"悲悯情怀"等符合文体规律的要求。学习程序性写作知识，教师要充分利用好课本"例文"资源，满足自主写作和应试需求，体现出科学性、完整性和实践性。更为重要的是，这样能有效提升学生的文化素养，实现写作在促进社会发展方面不可替代的作用。

后 记

2023 年 11 月的一天，我与华东师范大学出版社的朱永通老师交流，说起要出版教学方面书籍的事宜。他建议我写关于名师研究的书。适逢我正在研读程翔老师的系列著作，就给朱老师汇报了我的研究成果，朱老师当即表示支持出版。对朱老师的厚爱，我长存感激！

我研究程老师的教学思想，源于读他的《敬畏母语》一书，感佩于程老师"教有学理的语文"。2022 年，深圳市龙岗区建区 30 周年，我受邀参加区里举办的"领读者计划"活动，做演讲《拥有心中的太阳》，推荐了此书。之后，我陆续购买了程老师的其他著作，对他贴近教学实际的论述产生阅读兴趣：往往随身携带，有时早早起床去读；有时挑灯去摘抄写感悟；有时中午都不休息，只为能读上几页而倍感满足。我边读边思，每有心得，便付诸成文，曾发表了一些研究论文。于是，我的研究持续深入，准备把研究成果出本书。我把这一想法告诉了程老师，得到了程老师的鼓励。他多次与我沟通，悉心指导，我很感激。程老师经常在微信中给我分享最新的研究成果，就教学问题与我讨论，让我眼界大开，增长了智慧。

2023 年 12 月 15 日，程老师到深圳科学高中龙岗五和学校做报告。我抓住机会，与程老师一起聊生活、谈教学、话读书。言语间，我领略到他儒雅的学者风范。他让我选取课例研究，其他的暂时不放入书中。我将拟好的书稿目录发给程老师请他指导，他叮嘱我：不同的课例要着眼不同的学理。程老师特别注重中华优秀传统文化的研究，并就此与我一起交流，指导我要潜心阅读古代典籍，吸收古代文化，有了文化的积淀，再上起课来就不一样了。他期盼我做一位研究型教师，从"旧我"

走向"新我"。就在这次，我拜程翔老师为师。程老师为我下一步的发展做出了规划，我由衷地感激程老师的厚爱！

感谢程老师提供研究的课例，并经常就我的课例分析进行指导。我每就一个课例进行分析，都要逐字品析、细致批注、理出思路、提炼理念，再厘清教学环节之间的逻辑关系，将每一个环节的推进、教师的评价、问题的设计、课堂的生成等教学细节一一找出，思考其背后的学理支撑。在研读程老师的《雷雨》教学实录时，我与程老师进行微信交流，摘录如下：

"程老师好，周朴园身为少爷，有难言之隐，不得已而为之，然而心底有对人性的美好追求；鲁侍萍勇敢冲破羁绊，直面心中美好人性，不屈服。这正是当下要对学生正确引导的人性追求。您的课沉潜于文字，唤醒学生对美好人性的追求。可以说，上到了学生的心坎上。真好！"

"谢谢兆刚老师！人们对《雷雨》的解读经过了一个复杂艰难的过程，主要是受'左翼思潮'的影响。至今仍然存在误读。"

"您上课的核心，语言与精神相得益彰。您的高度，在我读着课例时，内心不住颤动。您的语文教学是真正的高效——给学生的影响，深入学生心灵。"

"人生得一知己足矣！"

从以上对话可以看出，程老师精准的文本解读、精妙的教学设计、充沛的感情投入，让他的课例与我的研读实现高度契合。我为有程老师这样的导师而深感三生有幸！

当然，有时我绞尽脑汁，仍无从下笔，就再去阅读程老师的相关著作，直到找出相关的学理，去融入分析。有时研读一个课例要花上两三周的时间。最好的写作时光莫过于寒假了，可以集中精力，一气呵成，不知不觉中就完成了一篇。哪怕大年初一，我也没有停下笔。

书稿完成后，我发给程老师。程老师对书稿进行审阅后，给了我热情的鼓励！我非常感谢程老师，感激之情绵绵不绝！

我衷心希望阅读这本书的师友、同仁能提出宝贵意见。谢谢！

刘兆刚

2024 年 5 月 26 日于深圳

图书在版编目（CIP）数据

深究学理教语文 / 刘兆刚著. —上海：华东师范大学出版社，2024.

— ISBN 978-7-5760-5417-0

I. G633.302

中国国家版本馆 CIP 数据核字第 2024J8E595 号

大夏书系 ┃ 语文之道

深究学理教语文

著　　者	刘兆刚
策划编辑	朱永通
责任编辑	张思扬
责任校对	杨　坤
装帧设计	奇文云海·设计顾问

出版发行	华东师范大学出版社
社　　址	上海市中山北路 3663 号　邮编　200062
网　　址	www.ecnupress.com.cn
电　　话	021-60821666　行政传真 021-62572105
客服电话	021-62865537
邮购电话	021-62869887
地　　址	上海市中山北路 3663 号华东师范大学校内先锋路口
网　　店	http://hdsdcbs.tmall.com/

印 刷 者	北京密兴印刷有限公司
开　　本	700×1000　16 开
印　　张	16.5
字　　数	243 千字
版　　次	2024 年 11 月第一版
印　　次	2024 年 11 月第一次
印　　数	4 100
书　　号	ISBN 978-7-5760-5417-0
定　　价	69.80 元

出 版 人　　王　焰

（如发现本版图书有印订质量问题，请寄回本社市场部调换或电话 021-62865537 联系）